KB124064

가려진 세계를

넘어

Corée du Nord

Deux
Coréennes

우리의 목소리가 울려 퍼진다.
나란히. 공명하며.
음속으로 날아간다.
각자의 움직임이
서로에게 흔적을 남긴다.
글을 통해 우리는
세상과 새로운 관계를 맺어간다.

Corée du Sud

지금의 나를 있게 해 주신
부모님께

일러두기

① 이 책은 2019년 프랑스에서 출간한 『Deux Coréennes』(두 한국 여성)의 영역본을
  번역하여 펴냈습니다. 한국어판은 두 저자의 감수를 받았습니다.

② 채세린이 탈북 여성 박지현을 인터뷰해 얻은 기록을 바탕으로
  박지현 1인칭 시점으로 집필하였습니다. (2015~2018년)

③ 본문 중 '마음이 통하는 사람'(74~80쪽) '이야기를 나눈다는 것'(140~151쪽)은
  채세린이 박지현의 이야기를 자신의 생애 경험과 교차시켜 재구성한 에세이입니다.

④ 본문에 나오는 북한어, 일부 전문 용어의 표기·띄어쓰기는 저자의 기준에 따랐습니다.

사랑하는 독자들에게

나는 지현의 이야기를 쓰고 있다. 우리는 나이도 비슷하고 언어도 같고 김치도 좋아하는, 틀림없는 한국인이다. 지현은 독재정권을 벗어나 영국으로 망명했고 나는 남편 직장을 따라 런던에 와서 정착해 살고 있다.

지현처럼 두만강을 건너거나 고비 사막을 맞닥뜨린 적은 없지만 나도 여러 번 국경을 넘었다. 그때마다 거북이 등껍질처럼 나의 '집', 그러니까 한국인이라는 정체성을 이 나라 저 나라로 지고 다녔다. 지현은 북에서 나는 남에서 왔지만 둘 다 한국인이라는 인식만큼은 또렷하다. 그 덕에 하나가 될 수 있었다.

우리는 2014년 맨체스터에서 처음 만났다. 국제앰네스티가 제작하는 「또 하나의 인터뷰」라는 다큐멘터리 촬영 현장이다. 통역을 담당했던 친구가 내게 일을 대신 부탁했다. 지현과 한국어로 인터뷰하고 그 내용을 영어로 번역하는 일이었다.

불안했다. 북한 사람과 대화한다고 생각하니 편치 않았다. 위험하지 않을까, 북한 주민과 교류해도 되나, 한국 대사관에 간첩 혐의로 신고라도 당하면 어쩌지……?

이런 고민을 계속하면서도 알 수 없는 기분에 휩싸인 채 수락했다. 통역 계약서를 작성하고 런던에서 맨체스터로 가는 차 안에서 작업 내용을 안내받는 동안, 내 머릿속엔 전혀 다른 영상이 펼쳐졌다.

어린 시절 서울의 한 아파트에 있는 내 방. 벽에는 새빨간 바탕에 치켜든 주먹 아래로 커다랗게 "공산당을 물리치자"라고 써넣은 포스터가 붙어 있다. 채세린 1976. 서명과 연도가 적힌 그 그림은 학교에서 주최한 반공 포스터 경진 대회에서 은상을 받은 작품이다.

갑자기 들리는 날카로운 사이렌 소리. 민방위 공습 훈련을 알리는 소리다. 훈련이 시작되면 도로에서 차가 멈추고 운동장의 아이들도 사라진다. 집 안에 있던 사람들은 서둘러 지하 대피소로 내려간다. 서울은 유령 도시로 변한다. 그러다 20분이 지나면 아무 일 없었다는 듯 다시 움직인다. 다음 달 15일이 오면 똑같은 사이렌 소리와 헬기, 텅 빈 거리가 반복된다. 별다른 것 없는 익숙한 일상이다.

외교관 집안에서 자란 나는 '또 다른' 한국이 있다는 것을 또렷이 알고 있었다. 열두 살 때 우리 가족은 아프리카에 살았는데 그곳에 남한 출신 가정은 서너 집뿐이었고 모두 외교 관련 종사자였다. 북한 사람들도 대략 그 정도였다. 그들은 좀처럼 집 밖에 나오지 않았고 어쩌다 나오더라도 늘 무리 지어 다녔다. 슈퍼마켓에서 우연히 스치지 않는 한 마주칠 일은 드물었다.

난생처음 북한 사람을 본 날, 그렇게 가까운 거리에서도 우리를 가르는 경계는 절대적이었다. 무슨 일이 있어도 말을 걸어선 안 된다고 여겼다. 행여 납치라도 당할까 두려워 엄마 팔을 꼭 잡았다. 거리에서 자동차로 지나칠 때마다 그들을 노려보았다. 무섭긴 해도 최소한 유리창 너머로는 나를 채어갈 수 없으니 안전하다고 생각했다. 늘 적이라고 배워온 북한 사람과의 만남. 길어봐야 몇 초도 안 되던 그 순간이 내겐 강렬한 인상을 남겼다.

인터뷰 시작. 북한 사람과 처음으로 얼굴을 마주한다. 내 또래인 지현은 무척 평온해 보이는 얼굴에 나처럼 안경을 쓰고 있다. '악마'가 아니라 '평범한 사람' 같다. 하지만 두렵다. 내게 '더러운 남조선 미제 앞잡이'라고 하면 어쩌지? 거꾸로 내 쪽에서 뭔가 무례한 말을 해버리는 건 아닐까? 이런 상황에 처할 거라고는 생각도 못 해봤는데…….

그래도 단둘만 있지 않아 다행이다. 앰네스티의 카메라 감독이 마이크를 조정하고 의자 위치를 손보느라 중간중간 끼어드니 긴장이 조금 풀린다. 지현은 예의를 갖추어 차를 대접하며 미소 짓지만 나와 제대로 눈을 맞추진 않는다.

천천히 이야기에 빠져든다. 지현이 수용소 시절 다리에 생긴 상처를 보여주려고 검은 바지를 걷어 올리는 순간 두려움은 충격으로 바뀐다. 눈물이 차올라 눈앞이 흐릿해지는 와중에도 나는 지현이 하는 모든 말과 감정을, 미묘한 이면의 뜻과 어조를 잡아낸다. 인터뷰가 끝날 무렵에는 완전히 지쳐버렸지만 어쩐지 만족스럽고 안도감마저 느껴진다.

나는 북한 사람에 대한 내 안의 관념과 싸우며 정치적 입장을 넘어 한 인간에 대한 호의를 지켜내는 데 성공했다. 지금 나는 역사의 큰 그림엔 나타나지 않고 정치권에서도 전혀 거론되지 않지만, 삶 자체로 역사를 보여주는 사람을 마주하고 있다. 느닷없이 하늘에서 떨어진 작은 선물 같은 만남이다.

그 후 우리는 런던에서 열린 인권 콘퍼런스에서 몇 차례 더 마주쳤다. 서로 무척 반기면서도 적당한 거리감을 유지했던 만남으로 분단된 나라의 운명에 대한 관점이 서서히 바뀌었다.

지현은 북에서 나는 남에서, 경계선을 사이에 둔 채 우리는 거의 50년 동안 각자 방식대로 가상의 전쟁을 치러 왔다. 지현에겐 내가 적이고 내겐 지현이 적이었다. 이쪽이나 저쪽이나 '우리'는 좋은 사람이고 '그들'은 나쁜 사람이었다. 강대국과 권력자의 손에 붙들려 서로에게 등을 돌렸다. 우리는 모르는 새 서로의 적이 되었다. 의문을 떨칠 수 없었다. 함께 살아온 5천 년의 역사는 대체 어디로 가버린 걸까?

맨체스터 인터뷰 이후 내 견해는 계속 바뀌었고, 2년 만에 근본적인 정체성에 대한 의문을 마주하는 것은 나의 시급한 과제가 되었다. 어쩌면 지현과 내가 신뢰를 쌓는 데 필요한 시간이었는지도 모르겠다.

어느 날 지현이 물었다. 아이를 위해 자기 이야기를 기록하고 싶은데 그 일을 맡아줄 수 있냐고. 지현은 다른 언어로는 도저히 표현할 수 없는 마음을 또렷이 잡아내 줄 한국인 작가를 원한다고 했다. 통역 과정에서 놓치기 쉬운 자기 삶의 진실을 그 어떤 평가나 오해 없이 담아내길 원했다.

지현은 자신과 나의 마음을, 사람의 마음을 두드리고 싶다고 했다. 평범한 어느 북한 가족이 겪은 절대 평범하지 않은 고통을 꺼내 이야기하는 그 작업을 함께하고 싶다고 했다.

그래, 해보자. 역사에 기록되지 않은 사람, 갈라진 채로 외면당한 사람에게 목소리를 돌려주자. 제2차 세계대전이 끝난 후 이어진 분열로 인한 고난을 벗어나려는 이들과 함께해 보자. 어떤 대가를 치르든 우리는 혼란한 과거를 덮은 장막을 걷어내야 한다. 있는 그대로 말해야 한다. 우리는 책을 써야만 한다.

이 책을 위해 지현은 기꺼이 목소리를 냈다. 어린 시절부터 망명에 이르기까지 자신이 겪은 모든 일을 들려주었다. 나는 지현의 시선으로 그 내면세계에 접근했다. 나는 지현이 되었다. 서로 다른 삶을 살아왔지만 우리가 겪은 어린 시절의 행복, 고통, 죽음은 다를 바 없었다. 남과 북에서 각자 살아온 삶을 연결하며 분단으로 비틀린 궤적을 바로 잡고 싶다. 만약 우리나라가 분단되지 않았다면 우리 중 누가 지현이고 누가 나일까? 지현의 이야기는 어쩌면 내 이야기가 될 수도 있었다.

이 글은 우연히 만난 두 사람이 신뢰를 쌓고 평화의 꿈을 키우던 중에 태어났다. 한반도 이야기인 동시에 서로 마음을 연 이야기이다. 지현과 나는 더 큰 자유를 선택했다. 이 책은 그 선택의 결과물이다. 두 목소리, 두 자아가 만나 하나의 정체성으로 되살아난다. 하나의 한국, 한국인의 이야기다.

2021년 초여름
서울에서 채세린

차 례

밤나무 집

Les marronniers

"엄마…… 왜 날 버렸어?"

2012년 어느 날 오후, 맨체스터 공원에서 아이들과 뛰어놀던 철이가 내게 다가와 물었다. 순간 말문이 막힌 나는 얼른 대답을 못 하고 눈물만 주르륵 흘렸다. 무슨 말을 어디서부터 시작해야 하나? 철이는 무엇을 어디까지 기억하고 있는 걸까?

중국에 숨어 살다 북한 수용소로 끌려가던 그때 철이는 무척 어렸다. 1년 뒤 나는 철이를 찾았고 그 후 영국으로 망명했다. 이제는 안전하고 평온한 이곳에서 행복하게 잘 살고 있는데…… 그렇지 않니, 철아?

강풍에 휘감긴 나뭇잎처럼 머릿속에 질문이 떠도는 한편 '버렸다'라는 말에 심장이 쿵쾅대고 공포가 치솟는다. 내 마음의 상처를 억누르는 데 급급해 철이가 그런 아픔을 품고 있는 줄은 전혀 몰랐다. 죄책감이 밀려온다.

평온을 가장하여 침묵 속에 쌓아온 모든 것이, 과거의 고통을 묻어두고 견뎌온 위태로운 시간이 아이의 질문 앞에서 무너져 내리는 느낌이 든다. 그동안 차마 말을 꺼내지 못했을 철이의 심정을 헤아려보니 가슴이 찢어지듯 아프고 눈시울이 뜨겁다. 제 딴에는 그저 마음속에 묻어두는 편이 나을 것 같아서 우리가 떨어져 있던

2004년부터 지금까지 8년 가까이 말없이 버텨왔을 게 아닌가. 그 생각을 하니 고통스러워 견딜 수가 없다.

이제 더는 과거를 묻어두면 안 되겠구나. 아들에게 "난 널 버리지 않았어"라고 간단히 답할 수 없는 이유를, 목이 메어 아무 말도 꺼낼 수 없는 이유를 알려줘야 한다. 내 이야기를 해야 한다.

마치 어두운 꿈처럼 아득히 먼 과거가 돌아온다. 내게는 무엇보다 소중했던 사람들과 공간을 집어삼키며 눈앞에서 무너졌던 세계. 다시는 돌아가지 못할 그 도시는 북한 동해안에 있는 함경북도 청진이다.

———————

청진은 네모반듯한 계획도시로 한쪽 면은 바위산 지대에 접하고 반대편은 한국과 일본 사이를 흐르는 바다로 향한다. 동해 바다와 인접한 덕에 여름의 열기는 견딜 만해도 겨울에는 평균 기온이 영하로 떨어져 상당히 추웠다. 원래 작은 어촌이던 이곳은 1910년부터 1945년까지 이어진 일제강점기에 일본과 만주 사이의 전략적 요지가 되면서 신흥 도시로 발달했다.

70년대까지만 해도 청진은 해안을 따라 제강소와 제철소, 합성섬유 공장이 늘어선 역동적이고 번화한 공업항이었다. 일본과 소련의 우선적인 무역 동반자로 인구 50만 명을 넘기며 북한에서 세 번째 큰 도시로 빠르게 성장했다.

지금도 나는 네 살 무렵 그 도시의 남쪽 변두리 라남 구역에 있던 16제곱미터짜리 작은 아파트 시절을 기억한다. 당시 라남은 구덕의 닭공장과 청진에 들어선 공장 노동자를 위한 신축 주택단지로 유명했다.

　나의 아버지 박성일은 굴삭기 운전사였다. 어머니 로은숙은 아버지와 같은 공장에서 일했지만 결혼 후 주부, 그러니까 아줌마가 되었다. 모두가 노동해야 하는 북한에서는 직장에 다니지 않으면 배급도 받을 수 없지만, 결혼하고 아이를 키우기 위해 집에 머무는 경우 법적으로 생계를 보장하기 때문에 어머니는 그편이 더 이득이라고 판단했다.

　아버지는 어머니가 공장에서 일을 시작한 지 얼마 되지 않을 무렵 일찌감치 신붓감으로 점찍어 놓았다. 노모와 몸이 불편한 큰형님에 남동생 둘 여동생 하나를 돌봐야 하는 처지라 부지런하고 헌신적인 아내를 원했는데, 작은 기중기를 열심히 운전하는 어머니를 보고 반했던 모양이다. 다만 신분이 낮은 게 문제였다. 할머니가 로동당원이 아닌 낮은 계급 출신 며느리를 허락하지 않을 거라 생각한 아버지는 어머니의 신분을 숨기기로 했다.

　집에는 부모님과 나 이렇게 셋뿐이었다. 언니 명실은 내가 태어날 때부터 집에 없었고 동생도 생기기 전이었다. 부모님은 언니가 어디 있는지 물을 때마다 할머니 집에 있다고만 해서 나도 더 알려 하지 않았다.

　우리 아파트는 빛바랜 붉은 벽돌 건물 3층에 있었다. 층별로 열 집이 있고 모두 번호가 붙어 있었다. 짝수 방은 한 칸 홀수 방은 두 칸짜리였다. 우리는 부모님이 결혼할 당시 배정받은 4호에 살았다. 복도 중간쯤인 4호와 5호 사이에 옥상으로 가는 문이 있었는데 그 문을 여는 게 무서웠던 기억이 난다.

　동네에 있던 '제강소'나 '조선소' 같은 아파트 이름도 생각난다. 물론 정식 명칭은 따로 있었지만 청진에 있는 공장 노동자를 위해 지은 건물이라 모두 그렇게 불렀다. 지금 생각해 보면 같은 직장에서 일하고 같은 아파트에 살며 하나의 공동체를 이룬 그곳이 곧 노동자들의 천국이 아니었나 싶다.

주민들은 아파트별로 하나의 인민반으로 묶였다. 모든 것을 개인이 아닌 집단이 소유했기 때문에 '인민'이라는 단어는 자연스러운 일상어였다. 아파트 입구의 벽돌벽에는 작은 유리창이 달린 공간이 있었다. 아파트 관리자인 인민반장과 집에 있는 아줌마들이 일하는 경비실이었다. 아줌마들은 오전과 오후로 나눠 경비실을 지키며 방문객을 응대했다.

우리 아파트 인민반장은 최 씨 아줌마였다. 60년대 김일성이 내놓은 자립 사상을 실천하는 당원으로서, 우리 건물에서 제일 중요한 여성이던 이 아줌마는 벼락 같은 목소리로 매섭게 건물을 지배했다. 모두에게 명령을 내리고 언제나 평정심을 잃지 않는 냉정한 독재자 같은 사람이었다. 이웃 주민, 특히 아파트 내에서 불리한 위치에 있던 주민들을 감시하는 조직을 만들어 모든 정보를 곧바로 동 보위부에 보냈다.

관리실 유리창 맞은편의 커다란 게시판에는 손으로 쓴 아파트 청소 당번과 방공 훈련 공지문이 가득 붙어 있었다. 미국이 언제 침공해 올지 모를 판국이니 훈련은 일상적인 일이었다. 저녁마다 불을 끄고 방공 훈련을 실시해 불빛이 새 나오는지 감시했다. 주로 인민반장이 소리치며 돌아다니고 가끔은 확성기를 단 자동차가 돌기도 했다. 어디선가 희미한 불빛만 보여도 확성기에서 "3층 4호 불빛이 보입니다, 불 끄세요!" 하는 외침이 터져 나와 우리 동네는 물론 다른 동네까지 다 울려 퍼졌다. 행여 운 나쁘게 걸리기라도 하면 당국이 공동 책임이라며 아파트의 전기를 죄 끊어버려 내내 이웃의 원망을 들어야 했다.

집으로 가는 계단은 복도 중간에 있었다. 그 계단은 어쩜 그리도 깨끗했는지……. 하루는 어머니가 또 하루는 옆집 아줌마가 열심히 쓸고 닦는 모습을 바라보던 기억이 난다. 날이 갈수록 광이 나던 계단을 따라 3층까지 올라가면 우리 집이었다.

집 안은 하얀 칠로 도배가 되어 있었다. 한국 집 구조가 다 그렇듯 현관문 바로 안쪽에 신발장이 있고 오른쪽은 부엌, 왼쪽에는 작은 화장실이 있었다. 변기에는 배수 장치가 없어서 직접 물을 부어야 했다. 그래서 변기 옆에 물 내릴 때 쓰는 큰 물통이 놓여 있었고 고약한 냄새가 나는 비누와 소금이 있었다. 치약이 항상 부족했기 때문에 나는 처음부터 손가락에 소금을 묻혀 양치하는 버릇을 들였다.

화장실을 지나면 방이었다. 창밖으로 맞은편 아파트가 보이는 방에는 옷과 이불이 든 목재 장롱이 있었는데 우리 집 유일한 가구였다. 바닥에는 장판이 깔려 있었고 온돌로 난방을 했다. 밤에는 풀을 먹여 빳빳한 광목 요를 장롱에서 꺼내 바닥에 깔고, 셋이 이불 한 장을 함께 덮고 잤다. 다음 날 일어나면 요를 잘 개어 장롱에 다시 넣어두었다. 다른 집도 보통 이렇게들 살았다.

천장에는 전구가 하나 달려 있었는데, 구하기 어려운 물건이라 대신에 초를 켜는 경우가 많았다. 그러니 늘상 어둡게 지냈다. 이웃이 들을까 조심스러워 말도 거의 하지 않았다. 낮말은 새가 듣고 밤말은 쥐가 듣는다는 속담이 있지 않나. 아파트 벽이 얇아서 말소리가 쉽게 퍼져나갔다.

장롱 맞은편 벽에는 나무 액자에 담긴 사진이 걸려 있었다. 내게 말을 건네고 나를 지켜보며 심지어 마음까지 꿰뚫어 보는 김일성 원수님의 초상화였다! 어머니 아버지는 매일 하얀 레이스를 단 전용 위생 걸레로 정성스레 액자를 닦으며, 멋진 미소를 머금고 온화한 분위기를 풍기는 '경애하는 아버지'*를 극진히 모셨다.

북한에서는 생일을 치르지 않는다. 축하할 생일은 4월 15일 김일성 탄생일뿐이었다. 대신 각자 생일에 쌀밥 한 공기를 받았다. 나는 1968년 7월 30일에 태어났는데 해마다 생일이면 내 몫으로 나오는 쌀밥 한 공기를 아무에게도 나눠주지 않고 독차지하는 엄청난 사치를 누릴 수 있었다. 오직 나만을 위한 커다란 쌀밥 한 공기가 내겐 제일 귀한 선물이었다!

어머니가 직장을 다니지 않는다고 나와 놀아주는 건 아니었다. 살림뿐만 아니라 아파트 외벽을 새하얗게 유지하고 복도와 층계를 청소하는 것까지 전부 여성 몫이어서 주부라도 집 안에 머물지 않았다. 어머니 역시 '집사람'이 아니라 '바깥사람'이었다.

어린 우리를 받아주는 곳은 시끄럽게 까불며 뛰노는 아이들로 가득한 놀이터밖에 없었다. 놀이 기구 없이 모래만 가득한 놀이터에서 우린 신발 구멍으로 발가락이 튀어나와도 세상모르고 뛰어다니며 신나게 놀았다. 숨바꼭질도 하고 개천에서 올챙이도 잡고 미국놈 무찌르기 놀이도 했다.

어느 날 아버지가 나더러 이제 할머니와 함께 살아야 한다고 했다. 네 살 때부터 지금껏 할머니 집에 살고 있는 언니 명실처럼. 왜 그래야 하는지 물을 순 없었다. 다른 아이들도 네 살에 할머니

•
김일성에게는 '경애하는 아버지'
김정일에게는 '친애하는'이라는 수식어를 붙였다.

집을 가서 학교에 들어가는 일곱 살에 돌아오는 일이 많아 그러려니 받아들였다.

아버지는 할머니와 지내기 힘들 거라며 마음 단단히 먹으라 했다. 나는 속으로 다짐했다. '일없어! 난생처음 기차를 타볼 수 있다는데 무서운 할머니랑 사는 것쯤이야!'

타 지역으로 가는 여행 허가는 쉽게 얻을 수 없어서 한참 기다린 끝에야 짐을 꾸릴 수 있었다. 나는 처음으로 아버지와 여행을 떠난다는 사실에 너무 들뜬 나머지 어머니에게 인사하는 것도 잊은 채 길을 나섰다.

───────

우리는 함경도 동해안을 따라 남쪽으로 내려가는 기차를 탔다. 서너 시간 걸려 도착한 신북청에서 다시 열차를 갈아타고 할머니 집이 있는 북청에 내렸다. 그러고는 아버지가 입대하기 전 열네 살까지 살던 할머니 집을 향해 30분 정도 지긋이 걸어갔다. 다리가 아팠지만 칭얼대지는 않았던 것 같다.

아버지의 어린 시절, 홀로 자식들을 키우던 할머니는 몹시 가난했다. 아버지가 나이를 속여가며 일찍 입대한 것도 입 하나 덜어볼 요량이었을 거다. 강원도에 있는 금강산 전방 부대에서 10년 동안 복무한 아버지는 청진의 자동차 정비 공장인 제2금속기계공장에 발령받아 빨간 굴삭기 운전사가 되었다. 그 일은 아버지가 처음이자 평생에 걸쳐 종사한 유일한 직업이었다.

할머니 집에 가는 길은 오르락내리락하는 시골 산길이었다. 눈 닿는 곳마다 집단 농장이 있는데 농기계 모터 소리 하나 들리지 않았다. 강냉이와 배추가 사방에 가득하고 그 옆으로 소가 끄는 수레가 지나다녔다. 길가에서는 몇몇 여성이 삽을 들고 비에 무너진 도로를 열심히 복구하고 있었다.

흙빛 언덕 아래 황량한 들판 한가운데 서 있는 오래된 기와집 앞에 이르자 아버지는 걸음을 멈추었다. 지붕을 뒤덮은 기와는 제각기 다른 회색빛을 띠고 있었다. 새것은 칠흑처럼 어둡고 오래된 것은 곰팡이가 피어 녹색을 띠는가 하면 바위 색에 가까운 것들도 있었다. 빛바랜 모습이 집의 나이를 드러내주는 한편 분필처럼 하얗게 빛나는 벽면은 건조한 주변 풍경과 놀랄 만큼 대조적이었다.

집 앞에서 할머니와 언니, 큰아버지가 우리를 기다리고 있었다. 머리가 하얗게 세고 얼굴과 손에 주름이 가득한 할머니는 꽤 늙어 보였다. 흰 블라우스에 긴 검정 치마 차림으로 우리를 맞이했는데, 목소리가 아버지처럼 또렷하고 날카로우며 엄했다. 등은 똑바로 펴지 못할 만큼 직각으로 굽어 눈높이가 나와 비슷했다. 그런 모습으로 언니 손을 잡고 선 할머니를 보니 무서웠다.

아버지가 미리 일러준 덕에 할머니를 볼 마음의 준비는 돼 있었다. 하지만 미처 언니는 생각해 보지 못했다. 3년 전 할머니 집에 와 살던 언니는 이제 학교 다닐 나이가 되어 부모님 집에 돌아갈 참이었다. 갑자기 만난 언니와 나는 어색함을 감추려고 애썼다. 우린 자매지. 그런데 어쩌라고? 이런 상황에서는 어떻게 해야 하는 거야……? 다행스럽게도 그 순간 언니가 할머니 손을 놓고 함빡 웃으며 달려와 내 손을 잡았다. 말은 없어도 마음이 놓였다. 어쨌든 언니가 있다는 게 좋았다.

집 안은 휑하고 어두웠지만 나무 천장이 아늑했다. 라남 집의 차갑고 밋밋한 벽과 달리 근사해 보였다. 부엌이 어디 있는지는 된

장 냄새만 맡아도 바로 알 수 있었다. 바닥이 깊고 아궁이에 장작을 때는 한국 전통 부엌이었다. 2단으로 된 바닥 중 높은 쪽에 물을 끓이거나 음식을 하는 가마솥이 놓여 있었다. 낮은 쪽 바닥에 서면 허리 높이에서 요리할 수 있는 구조다. 나는 가마솥에 든 뜨거운 밥을 들여다보고 싶은 충동을 느끼곤 했는데 혼자 들기엔 뚜껑이 너무 무거웠다. 집 안은 대체로 훈훈했지만 위치에 따라 어디는 덜 따뜻하고 어디는 더 따뜻하고 그랬다. 그건 방바닥에 깔린 장판 색깔을 보면 알 수 있었다. 너무 뜨거워 장판이 타들어 간 흔적이 있는 부분이 가장 따뜻한 아랫목이었다.

언니와의 첫 만남은 짧게 끝났다. 다음 날 바로 출근하려면 아버지는 그날 저녁 언니와 청진으로 돌아가야 했다. 아버지가 떠나려고 언니 손을 잡을 때 내 손은 할머니 손을 붙잡고 있었다. 이제 겨우 만났는데 언니와 벌써 헤어져야 한다니 가슴이 아팠다.

언니가 울기 시작하길래 나도 덩달아 울었다. 슬퍼서라기보다는 언니를 따라 하고 싶어서였다. 반면에 할머니는 굳은 표정으로 언니를 한번 안아주지도 않았다. 공공연히 감정을 드러내면 안 된다는 유교적 신념 때문에 냉정하고 근엄한 태도를 지키려 했던 것 같다. 어떻게든 이별을 빨리 끝내고 싶은 듯 할머니는 내내 무뚝뚝한 얼굴로 손에 쥐고 있던 가방과 연필 몇 자루를 내밀었다. 입학하는 손녀에게 주려고 미리 사놓은 물건들이었다. 아버지는 다시 못 볼 것처럼 예의를 갖추어 노모에게 절을 했다. 그러곤 여전히 울고 있는 언니 손을 붙들고 길을 나섰다. 할머니는 둘이 떠나고 나서야 방으로 들어가 조용히 눈물을 흘렸다. 얼마 후 고개를 들어 나를 보더니 다정한 목소리로 옆에 와 앉으라고 했다.

"배고파?"

"아니요."

"그래, 됐다."

혹시 내가 배고파서 우는지 확인한 거였다. 배를 곯지 않게 하는 일이 할머니에겐 무엇보다 중요했다. 뒤뜰에는 밤나무가 있었는데 할머니 집 이름이기도 했다. 어느 집을 가리킬 때 보통 그 집 아이 이름을 부르는데 할머니네는 아이가 없으니 마을 사람들이 '밤나무 집'이라 불렀다. 어느 날 나는 큰 소리로 할머니를 찾았다.

"할머니 할머니 여기 좀 봐요! 고슴도치예요!"

그러고는 뾰족한 가시로 뒤덮인 채 마당 여기저기에 떨어진 둥근 물체를 가리켰다. 빙긋 웃으며 그건 밤이고 먹을 수 있는 열매라고 알려주던 할머니의 표정이 지금도 눈에 선하다. 나는 할머니를 따라 부엌으로 들어가 함께 밤을 구웠다. 잠시 후 아궁이에서 스며 나와 집 안에 가득 퍼진 군밤 냄새에 흠뻑 빠져든 나는 코를 킁킁거리며 잠자코 생애 첫 군밤의 맛에 취했다. 이 행복한 기분을 영원히 내 안에 가득 채우고 싶었다.

라남 집에는 먹을 게 부족해서 늘 배가 고팠다. 어머니가 공기에 담아 주는 강냉이 쌀밥은 한입에 냉큼 삼키면 끝이라 도무지 배가 차지 않았다. 할머니 집에서는 완전 팔자가 펴서 아침마다 반숙 달걀 한 알을 먹고 오후에는 간식으로 군밤을 먹었다. 군밤도 그랬지만 반숙 달걀이라니, 그렇게 맛있는 음식은 먹어본 적이 없었다.

날이 갈수록 할머니와 정이 들었다. 겉보기와 달리 할머니는 아버지에게 들은 만큼 무섭지 않았다. 숨바꼭질도 같이 하고 나를 배불리 먹이며 너그럽고 다정하게 대했다. 잠자리에 들 때는 방에서 가장 따뜻한 아랫목에 이불을 펴주었다. 전구보다 초를 주로 쓰던 할머니는 촛불 아래서 해와 달에 대한 신기한 이야기를 들려주었다. 그렇게 할머니의 사랑을 듬뿍 받았다.

마을에 사는 또래 아이들은 모두 탁아소*에 다녔지만 할머니는 나를 보내지 않고 집에서 돌봐주었다. 나는 매일 막대기나 돌멩이, 닭 떼를 친구 삼아 놀았다. 하루는 지나가는 뱀을 막대기로 때려 죽이기도 했다. 라남에 살 때는 막대기로 미국놈과 남한 사람들을 때려잡는 놀이를 했는데. 그때나 이때나 내 능력에 우쭐했다.

그렇게 한껏 뛰어다니긴 했지만 사실은 외로웠다. 부모님도 보고 싶고 라남의 친구들과 왁자지껄한 분위기가 그리웠다. 여행 허가를 받는 게 쉽지 않으니 부모님이 나를 찾아오지 않으리란 건 알고 있었다. 라남에서 늘 해야 하는 일로 자리를 비울 수 없다는 것도 알고 있었다. 언니는 할머니 집에 와서 지내는 동안 한 번도 부모님을 만나지 못했다. 전화가 없으니 대화도 못 했고 서로 편지를 주고받지도 않았다. 우리는 그냥 그렇게 지냈다. 그런데 뜻밖에, 돌아갈 날이 아직 한참 먼 어느 날 부모님이 찾아왔다.

———

사흘 전 나는 밤중에 옆방에서 들려오는 나지막한 곡소리에 잠에서 깼다.

"아이고……."

---

*

북한의 교육 과정은 탁아소, 유치원, 인민학교(2002년 소학교로 바뀜), 중고등학교로 이어진다. 이 중 탁아소는 부양가족 즉 어머니가 집에 있는 경우 갈 수 없으며 유치원부터는 모두 의무적으로 다녀야 한다.

고모가 울고 있었다.

"할머니가 돌아가셨어……."

돌아가셨다고? 나는 그게 정확히 무슨 뜻인지 알지 못한 채 잠자리로 돌아갔다. 다음 날 아침 이웃집에 밥 먹으러 갈 때까지도 뭔가 심각한 일이 생겼다는 걸 알지 못했다. 삼촌과 고모는 침울한 모습으로 내내 울고 있었다. 왜 할머니가 아침밥 하러 일어나지 않냐고 물어도 대꾸해 주는 사람이 없었다. 고모는 그냥 나가 놀라며 나를 밖으로 내보냈다.

얼마 후 이웃들이 커다란 나무 상자를 들고 왔는데 안쪽의 까맣고 끈적이는 칠 때문에 고약한 냄새가 났다. 나는 눈앞에 펼쳐지는 상황을 넋 놓고 지켜보았다. 어른들은 할머니가 늘 입던 흰 블라우스와 검정 치마를 입히고는 '관'이라고 부르는 상자 안에 할머니를 뉘었다. 옷을 입히고 들었다 내려놓는 동안 할머니의 몸이 왜 그리 축 늘어진 채로 있는지 궁금했다. 관은 큰아버지 방에 놓였다. 조문하러 오는 이웃들을 맞을 채비를 하기 전 나는 용케 상자 안쪽을 흘깃 들여다보았다. 할머니는 처량해 보였다. 내가 너무나 사랑하는 할머니…… 대체 무슨 일이에요? 왜 그렇게 슬퍼 보여요?

이튿날 밖에 놀러 나가도 할머니는 따라 나오지 않았다. 그냥 상자 안에 누워만 있었다. 한쪽 귀퉁이로 노란 액체가 새어 나왔다. 방 안에 고약한 냄새가 가득한데도 사람들은 날마다 계속 찾아왔다. 할머니가 상자 안에 누운 지 사흘쯤 되던 날, 밖에서 놀다 돌아오니 놀랍게도 부엌에 부모님과 언니가 와 있었다.

"아니…… 어떻게 여기……."

상상조차 못 했던 광경에 깜짝 놀라 혼잣말을 했다. 어떻게 왔지? 다들 할머니 집에……?

그제야 모든 게 이해되기 시작했다. 움직이지 않는 할머니의 몸. 우는 사람들. 갑자기 나타난 부모님. 나는 그 순간을 생생히 기억한다. 너무나 이상해서 절대 잊을 수 없는 순간이었다. 어딜 다쳐서 아픈 것도 아닌데 지난 며칠 동안 벌어진 일들이 마치 마중물처럼, 이후 오랫동안 나를 쫓아다닐 어떤 감정의 물꼬를 텄다. 공포였다. 뭔지 몰라도 너무 무서웠다. 나는 차라리 까맣고 끈적이던 칠이나 노란 액체가 되어 상자 안에 누운 할머니 곁에 영원히 붙어 있고 싶었다.

아무 귀띔도 없이 나타난 부모님을 본 순간에는 기뻐서 어쩔 줄을 몰랐다. 아버지에게 달려가 손을 붙잡았다. 평소 아버지가 내 손을 잡아준 적은 거의 없었지만, 그날따라 힘주어 정답게 손을 잡아준 덕에 할머니의 쓸쓸한 얼굴을 보고 느꼈던 슬픈 감정을 잊을 수 있었다.

관을 들고 마을 밖으로 나가 산속 장지까지 걸어가던 길은 어렴풋하게만 기억난다. 할머니를 다신 볼 수 없다는 것을 그제서야 깨달았다. 관 뚜껑을 닫기 전 온몸을 덮은 하얀 천 아래로 할머니가 영원히 사라져 가는 모습을 지켜보았다.

아침마다 먹던 달걀도 해와 달 이야기도 뛰노는 닭과 여우도 이제는 없다. 그래도 할머니는 내 마음속에서 영원히 함께할 것이다. 절대 잊을 수 없고 누구도 대신할 수 없다. 할머니를 덮은 하얀 천은 마치 한 장의 깨끗한 백지장처럼 나에게 인생의 다음 장을 새롭게 펼쳐주고 빛으로 가득한 미래를 안겨주는 듯했다.

잠자리
Libellules

할머니가 돌아가시는 바람에 나는 예정보다 빨리 라남으로 돌아가게 되었다. 시골에서 가족을 다 데려온 아버지는 이제 우리뿐 아니라 큰아버지와 삼촌까지 돌봐야 했다. 고모만 혼자 시골에 남았다.

큰아버지는 어릴 적 홍역을 앓으며 고열에 시달려 성장이 부진했다. 몸이 작고 피부에 흉터가 있고 말을 더듬었다. 학교에는 발도 딛어보지 못했고 온 동네에서 놀림거리가 되었지만 집에서만큼은 극진히 대접받았다. 할머니의 뜻이었다. 건강이 좋지 못한 아들 앞에서 늘 마음이 약해지곤 했지만 한편으론 큰아버지가 신체적 이유로 온전한 삶을 누리지 못할까 봐 유난히 엄하게 대하기도 했다. 귀한 자식 매 한 대 더 때린다는 속담처럼 말이다.

부모님이 모두 돌아가셨으니 이제 큰아버지가 집안의 어른 노릇을 해야 했는데 왜소한 몸으로 감당하기 쉽지 않았다. 그러니 둘째인 아버지에게 그 임무가 돌아갔다.

"라남에 가면 다 잘될 거야." 아버지가 말했다.

가족애와 열정, 낙관주의로 생활을 책임져 온 아버지는 비좁은 집이지만 기꺼이 큰아버지와 삼촌을 맞이했다. 지금 생각하면 어머니 마음이 얼마나 넓었는지 모른다. 어머니는 군입이 둘이나 늘어난다고 불평 한번 한 적 없었다. 물론 남편의 가족 한두 명과 함께 사는 건 흔한 일이었지만, 우리 가족은 이미 네 식구 먹고살기에도 빠듯한 형편이었다.

얼굴 한번 보지 못한 삼촌은 군대에 있었고 고모는 농지를 관리하느라 시골에 남았다. 사실 고모는 남자친구와 동거한다는 이유로 가족들 눈 밖에 났다. 마을 사람들은 마치 불륜이라도 저지른 양 고모를 손가락질해 댔다. 할머니가 모진 말을 할 때도 고모는 그저 못 들은 척했다.

라남에 돌아온 나는 유치원에 다니게 되었다. 시골에서 지내는 동안 언니처럼 도시로 돌아갈 날을 얼마나 손꼽아 기다렸던지! 글쓰기는 이미 할머니에게 배웠고 손가락을 꼽지 않고 숫자도 셀 줄 알았다. 할머니는 내 머리가 좋다며 모범생이 될 거라고 칭찬해 주었다.

유치원에 가는 첫날, 부모님은 군인 아파트 건물 앞 모임 장소로 나를 데려다주었다. 선생님이 아이들을 맞이하는 곳이었다. 하지만 그것도 단 하루뿐이었다. 이튿날부터는 나 혼자 가야 했다. 이미 인민학교에 다니고 있던 언니는 다른 장소에서 친구들과 만났다. 인도도 없고 포장도 하지 않은 도로를 혼자 걸었는데, 거리에 차도 트럭도 다니지 않아서 위험하진 않았다. 북한에서는 개인이 자동차를 갖는 게 불법이라 당에서 일하는 간부 외에는 거의 모든 사람이 걸어 다녔다.

나는 한혜림이라는 아이와 단짝이 되었다. 우리는 모임 장소에서 매일 함께 선생님을 기다렸다. 내가 먼저 이름을 부르면 혜림이는 달려와 나를 안아주었다.

"혜림아 안녕!"

"지현아!"

"공기놀이할까?"

"숨바꼭질은 어때?"

"음, 줄뛰기가 좋겠다."

"그러자!"

더없이 즐거운 시간이었다. 그곳에 모이는 아이들은 40명 정도로 모두 아버지와 같은 공장에서 일하는 집 자녀였다. 혜림이와 나는 일부러 다른 아이들이 오기 전에 미리 만나 숨이 턱에 차도록 실컷 놀았다. 혜림이는 우리 아파트 2층 2호에 살았다. 아버지는 도 보위부장 운전사, 어머니는 우리 어머니와 마찬가지로 주부였다. 키가 크고 늘씬한 혜림이는 우리 유치원에서 제일 춤을 잘 췄다. 혜림이가 추는 춤을 보러 평양에서 대표단이 종종 찾아왔고 그때마다 혜림이는 김일성 탄생일이나 설날 같은 큰 국가 행사에 불려 갔다.

동네 아이들은 내가 3년 전 할머니 집으로 가기 전부터 알던 사이라 몇 명 빼고는 두루 사이좋게 지냈다. 다들 생기가 넘치는 개구쟁이였다. 난 친구들이 참 좋았다!

옷이 한 벌뿐인 데다 어머니 일감을 늘리고 싶지 않아서 놀 땐 옷을 더럽히지 않으려 조심했다. 언니가 내 나이 때 입다가 물려준 까만 폴리에스터 바지와 하얀 티셔츠, '편리화'라고 부르는 감색 천 신발을 신었다. 놀 때 입는 교복이라 해도 될 정도로 다들 옷차림이 비슷했다. 남청진 백화점에서 파는 옷은 다 거기서 거기였으니까.

겨울에는 어머니가 떠준 스웨터를 입고 발목까지 올라오는

'동화'라는 겨울 신발을 신었다. 나는 눈비에 젖으면 엄청나게 무거워지는 그 신발이 싫었다. 눈 오는 날이면 어머니가 부뚜막에 젖은 신발을 주르륵 올려놓고 말리던 모습을 절대 잊을 수 없다. 온 집안이 신발로 가득하던 그 풍경.

　주말이면 어머니는 집에서 5분 정도 떨어진 강가에 빨래하러 갔다. 혼자 나가도 빨래터에 도착하면 항상 이웃 아줌마들과 수다를 떨었다. 겨울에는 너무 추워 집에서 했다. 비누는 지방이 많고 저렴한 정어리로 직접 만들어 썼다. 비누를 만들 때는 먼저 커다란 솥에 물을 끓여 정어리 대가리를 한 줌 넣고 물이 다시 끓어오르면 응고제를 넣었다. 그걸 책장에서 빼낸 서랍에 부어놓았다가 다 굳으면 작은 조각으로 잘라서 썼다. 코를 찌르는 생선 냄새만 빼면 머리를 감거나 몸을 씻을 때 빨래할 때 두루 쓸 만큼 아주 좋은 비누였다.

　선생님은 아담한 체구에 검은 정장이 잘 어울리는 분이었다. 옷차림 때문에 엄격해 보였지만 나는 전혀 무섭지 않았다. 오히려 다정한 사람처럼 느껴졌다. 나는 선생님이 참 좋았다. 선생님은 아침마다 모임 장소에서 "모엿!" 하고 외치며 우리를 열 명씩 두 줄이나 네 줄로 세우고 맨 앞에 서서 힘찬 걸음으로 행렬을 이끌었다. 우리는 혁명 가극 <피바다>에 나오는 노래를 부르며 뒤를 따랐다.

　　나가자 나가자 싸우러 나가자
　　용감한 기세로 어서 빨리 나가자
　　제국주의 군벌들은 죽기를 재촉하고

강탈과 약탈을 여지없이 하노나

영광스러운 투쟁에 나선 고귀한 영웅이 된 우리는 유치원에 도착할 때까지 얼굴이 파랗게 질리도록 큰 소리로 노래했다. 수업은 여덟 시에 시작되었다. 오전에는 국어와 수학, 김일성의 생애를 배우고 오후에는 음악이나 미술 수업을 했다. 국어는 좀 어려웠다. 한글의 자모를 모아둔 가갸표를 펼쳐서 모음 열 개와 자음 열네 개를 조합해 글자를 만든 다음 전부 베껴 써야 했다.

가갸거겨고교구규그기 나냐너녀노뇨누뉴느니…… 이렇게 해서 마지막 자음인 '하'까지 가는 거다. 중요한 내용이라 열심히 하긴 했지만 어찌나 지루하던지! (지금 맨체스터에 사는 내 아이들은 이렇게 단순 암기로 글을 배우지 않아 다행이다.) 국어와 달리 수학은 아주 좋아했다. 1부터 100까지 숫자 쓰기는 항상 내가 1등이었다. 할머니 말씀대로 나는 학교가 적성에 잘 맞았다.

김일성의 생애를 담은 노래를 배우던 오후 음악 시간에는 선생님이 손풍금을 연주했는데, 그 모습이 정말 멋있고 자랑스러웠다. 악기를 연주하는 호사는 아무나 누릴 수 없는 거라 우리 같은 학생은 꿈도 꾸지 못했다. 재능이 대단히 뛰어나서 학교나 중앙당의 눈에 든 아이는 청진예술학원이나 청진궁전이라는 예술 학교에 다녔다. 무용 학교에 간 내 친구 혜림이처럼. 혜림이는 김일성 수령님 앞에서 춤을 추는 영광을 누릴 것이 거의 확실했다.

한편 내 기억력이 좋아서 덕을 볼 거라던 할머니의 말은 옳았다. 김일성 탄생일인 1912년 4월 15일부터 시작해 김일성의 가족과 혁명에 관련된 모든 활동을 외워야 했기 때문이다. 벽에 걸린 김일성의 사진을 가리키는 방식도 정해져 있었다. 선생님은 사진

왼쪽에 서서 손바닥이 위를 보도록 두 손을 모아 든 다음 팔을 구부려 손이 어깨높이까지 올라오면 사진을 향해 부드럽게 밀어 올렸다. 초상화를 그냥 '이 사진'이라고 부르면 안 되었다(지금도 여전하다). '왼쪽에 있는 이 사진은 우리의 경애하는 아버지 김일성 원수님'이라고 해야 한다. 절대 손가락으로 가리키면 안 된다. 잘못하면 학교에서 비판 대상이 되고 심지어는 가족까지 위험에 빠질 수 있었다.

"경애하는 아버지 김일성 원수님은 우리 민족의 태양이십니다." 선생님은 매일같이 이렇게 말했다.

김일성은 세상에서 가장 중요한 인물이었고 우리가 그분을 사랑해야 하는 건 당연했다. 부모님 겉옷에 달린 빨간 배지에도, 할머니 집 벽에도, 거리에도, 열차 안에도, 신문에도…… 어디든 그분의 초상화가 있었다. 공원에는 거대한 동상이 있었는데 우리는 탄생일마다 동상 앞에 꽃을 바쳤다.

아버지도 새해 소원을 빌 때 부모님보다 먼저 경애하는 아버지 김일성 원수님을 떠올려야 한다고 말했다. '경애하는 아버지 김일성 원수님 고맙습니다'라고.

'김일성의 생애'는 곧 내가 제일 좋아하는 수업이 되었다. 수업은 매일 45분씩 '김일성 혁명 역사 연구실'이라는 교실에서 했다. 원장실 바로 옆에 있던 교실은 늘 잠겨 있고 열쇠는 원장 선생님만 갖고 있었다. 사방의 흰 벽이 전부 김일성 사진으로 뒤덮인 그 방에 들어가려면 선생님 뒤에 한 줄로 서서 아무 소리도 내지 않도록 "쉿" 하고 검지 손가락을 입술에 대고 있어야 했다. 그냥 양말을 신으면 바닥에 자국을 남길 수 있기 때문에 하얀 덧버선을 신었다.

오직 이 수업에서만 신도록 어머니들이 직접 바느질해 만든 것이다.

그곳에 처음 들어서던 날, 엄숙한 분위기에 어찌나 긴장했던지 고요한 가운데 쿵쾅거리는 내 심장 소리가 들릴 정도였다. 제일 먼저 눈에 들어온 건 1926년에 찍은 김일성 사진으로, 금속 단추를 단 까만 교복에 까만 모자까지 맞춰 쓴 학생 시절 모습이었다.

사진은 모두 40장이었는데 그 아래에 적힌 글을 다 외워야 했다! 우리가 아직 글을 잘 읽지 못하니 선생님과 부모님이 도와줄 거라고 했다. 그래도 나는 이 수업이 좋았다. 마법 같은 신성한 그곳에 들어갈 날을 늘 고대했다.

선생님은 김일성이 평양 만경대라는 지역의 몹시 가난한 집에서 태어났다고 했다. 여태 아파트에서만 살았던 나는 그런 집을 한 번도 보지 못했다. 할머니 집은 농촌집이긴 해도 기와지붕에 흰 벽을 세운 신식 주택이었다. 사진 속 집 앞에 놓여 있던 항아리 세 개가 특히 흥미로웠다. 심지어 그중 하나는 찌그러져 바닥에 뒹굴고 있었다. 집에서조차 못 보던 것이라 경애하는 아버지 김일성 원수님은 진짜 가난했구나 싶었다. 어머니는 깨진 항아리를 쓴 적이 없었다.

그렇게 가진 것 하나 없이 자랐는데도 20세기에 세계적인 지도자가 되어 일본으로부터 우리를 해방하고 6.25전쟁을 승리로 이끌었다. 그리고 평생 북한 인민에게 행복을 안겨주기 위해 헌신했다. 놀라운 이야기였다. 우리가 살아 있는 게, 먹을 밥과 잘 곳이 있는 게 다 그분 덕이었구나! 집에서도 할머니 집에서도 왜 그렇게 초상화를 귀히 대하는지, 왜 그분을 '강철의 령장' '한별' '장군님' '원수님' '수령님'이라 부르는지 알 것 같았다. 모든 게 그분의 은혜였다. 친구들과 나는 꼭 그분 앞에 다 같이 서서 경탄할 날이 오기를 바랐다.

그날 저녁 아버지는 장롱 맞은편 벽에 걸려 있는 초상화 앞에 나를 세웠다. 나는 평소보다 훨씬 오래 그 자리에 서서 초상화를 바라보았다.

"아버지, 어째서 아버지보다 경애하는 아버지 김일성 원수님을 더 존경해야 합니까?"

답은 이미 학교에서 배웠지만 아버지 입을 통해 재확인하고 싶었다.

"쉿, 그런 말 하지 마라. 옆집에서 들을라."

아버지가 말을 이었다.

"지금은 좀 이상하게 느껴질 수 있지만 좀 더 크면 알게 될 거다. 우리는 수령님을 존경하고 충성을 다해야 한다. 우리가 행복을 맛볼 수 있는 건 그분 덕이니까. 그동안 너는 유치원에서 배운 대로 실천하고 공부도 열심히 해야 한다. 그분에게 존경을 표하는 건 그 방법밖에 없다. 알아들었지?"

"네, 아버지."

나는 흔쾌히 아버지의 말을 믿었고 우리는 두 번 다시 그 얘기를 꺼내지 않았다.

———

라남으로 돌아온 뒤로는 늘 배가 고팠다. 어머니는 매일 우리 밥그릇을 채우느라 온갖 수를 짜냈지만 여의찮았다. 할머니 집에서 먹던 달걀이나 사과는 구경도 할 수 없었다. 시골에서 배부르게 지낸 것은 할머니가 손녀를 챙기고, 큰아버지와 삼촌과 고모도 조카를 위해 어떻게 해서든 먹을 것을 구해다 주었기에 가능한 일이었다.

내 배는 항상 꼬르륵거렸다. 밤에는 바닥에 몸을 웅크리고 누워도 배가 고파 잠이 들지 않았다. 다음 날도 사정은 마찬가지였다. 겨우 여섯 살밖에 안 되는 나이였지만 한 번도 불평한 적은 없다. 그래봐야 얻을 게 없다는 걸 알고 있었으니까.

그래도 유치원에서는 매일 따뜻한 밥과 국을 한 공기씩 먹을 수 있었다. 식사 전에는 다 같이 "경애하는 아버지 김일성 원수님 고맙습니다!"라고 외쳤다. 의무적이기도 했지만 그런 말이 절로 나올 만한 상황이었다. 우리가 이 밥을 먹을 수 있는 건 어쨌거나 그분 덕이었으니 말이다.

교실에서 된장 냄새가 나면 밥때가 왔다는 걸 알았다. 나를 포함해 식사 준비를 맡은 당번 셋은 앞다퉈 주방에 내려가 우리 반 차례가 오기를 기다렸다. 다른 아이들보다 힘이 세고 민첩한 편이던 나는 이런 까다로운 임무를 맡은 게 뿌듯했다. 장작불에 밥을 지은 커다란 솥을 내가 받아서 번쩍 들고 계단을 오르는 사이, 다른 두 친구는 국이 가득 담긴 솥을 머리에 이고 쏟아지지 않도록 조심스럽게 두 손으로 붙들며 올라왔다. 식사 땐 일절 말을 할 수 없었다. 밥 한 그릇 국 한 그릇 비우는 데는 그리 오래 걸리지 않아서, 10분도 채 안 돼 빈 그릇을 모아 들고 주방에 갖다주면 점심시간이 끝났다.

식사 후에는 선생님이 우리를 바닥에 눕혀 재웠는데 나는 한 번도 잠든 적이 없었다. 자고 나서 하는 체조 시간을 몹시 기다렸기 때문이다. 체조 시간이 되면 우리는 선생님의 구령에 따라 인민보건 체조를 했다.

팔 벌리고…… 숨 쉬고…… 팔 접고…… 숨 쉬고……

하나 둘 셋 넷. 딱딱 떨어지는 구령에 맞춰 정확한 동작으로 차례차례 몸을 움직였다. 유치원에서부터 하나의 소리에 모두가 같은 동작으로 하나가 되어야 한다고 배웠다. 이것이 내 어린 시절의 전부였고 그 세계에서 우리는 소중한 존재라고 느끼며 살았다.

일상은 분 단위로 촘촘히 짜여 있었다. 점심시간 이외에 딱 한 번 있는 휴식 시간은 화장실 다녀오기도 바쁠 정도로 짧았다. 오후 다섯 시에 수업이 끝나고 선생님이 모임 장소로 다시 데려다주면 거기서 각자 집으로 돌아갔다. 가끔은 과자나 강냉이를 튀긴 뻥뻥이를 받기도 했지만 보통은 배고픈 상태로 먹을 것을 그리며 집을 향해 달려갔다.

아파트 입구에 들어설 때는 늘 강냉이를 요리하는 달콤한 냄새가 났다. 집마다 동시에 음식을 준비하다 보니 복도는 음식 냄새로 가득했다. 어쩌다 군밤 냄새를 맡으면 할머니가 떠올랐다. 닭도 뱀도 여우도 그리웠다. 저녁마다 한 시간 동안 라남 전체가 어둠에 잠기던 통금 시간이면 언니와 삼촌과 옹기종기 앉아 시골에서 보낸 행복한 시절, 아름다운 추억을 함께 떠올리곤 했다.

건물 앞 유리로 된 관리실 맞은편 벽에는 놋쇠 종이 매달려 있었다. 새벽 다섯 시가 되면 인민반장이 쇠망치로 그 종을 세차게 쳤다. 아파트 책임자로서 하루 중 맨 먼저 해야 하는 일이었다. 한 번 두 번 세 번…… 처음 메아리처럼 들려오는 건 사실 다른 건물에서 친 종소리가 잇따라 울려 퍼지는 소리였다. 앞 뒤 옆으로 모두 여섯 곳이나 되는 아파트에서 때려대는 종소리는 마치 전염되듯 여기저기로 퍼지며 마구 뒤섞였다. 그토록 꽉 짜인 사회에서 좀

처럼 상상하기 어려운 혼돈을 맛보는 순간이었다.

청소하러 나오라고 인민반장이 소리쳤다. 1층은 도로 2층은 마당 3층은 복도, 이런 식으로 층별로 나눠 맡았고 매주 담당이 바뀌었다. 종소리를 못 들어 늦는 집이 있으면 인민반장이 문을 두드리며 "나오세요!" 하고 외쳤다.

청소를 마치고 나면 인민반장이 주간 회의를 소집했다. 그날 회의 장소를 제공하는 주민이 큰 소리로 김일성 원수님의 교시를 읽었다. 내용은 대부분 연설문이나 뉴스 또는 시청에서 인민반장에게 보낸 정보였다. 그런 식으로 우리 어머니 같은 주부들이 지도자의 뜻을 숙지할 수 있었다.

회의 중 '생활총화'라는 시간에는 자기에 대한 비판과 타인을 지명해서 비판하는 '호상비판'을 했다. 맡은 역할을 제대로 못했을 때 그 사실을 직접 고백해야 했다. 예를 들어 "어제 복도 청소를 못했습니다"라거나 "초상화 닦는 걸 깜빡했습니다"라는 식이었다. 자백 내용은 인민반장이 꼼꼼히 기록했다.

———

여느 이웃 아줌마와 마찬가지로 어머니의 하루는 새벽 다섯 시 아침밥 준비로 시작되었다. 그런 다음 청소나 회의 등으로 잠시도 쉴 틈 없는 하루를 보낸 뒤 집에 돌아오면 몹시 지쳐 있곤 했다. 어머니는 이렇게 엄격한 체계를 갖추지 않으면 사람들이 게으름 뱅이에 거짓말쟁이가 될 거라며, 우리처럼 사회주의 강성대국으로 향하는 국가에서 그런 일은 있어서는 안 된다고 설명했다.

아파트 담당 구역 청소와 집 안 청소는 맡이인 언니가 주로 맡아서 하고 나는 잡일을 도왔다. 아버지가 청소할 때도 있었지만 극히 드문 일이었다. 여성과 남성이 동등하다는 건 이론일 뿐 현실은 그렇지 않았다.

학교를 마치고 돌아오면 어머니는 항상 숙제 먼저 해놓고 놀라고 일렀다. 나는 한글 자모를 다섯 번씩 쓴 다음 1부터 100까지 숫자도 대여섯 번씩 쓰고, 마지막으로 출입문 바로 옆에 걸린 시계를 보며 시계 읽는 법을 익혔다.

전기를 아끼느라 촛불을 켜 놓고 밥 먹을 때 쓰는 접이식 상에 언니와 마주 앉아 함께 숙제했다. 공부하는 동안은 우리만의 세계 우리만의 행복을 누릴 수 있었다. "아니 어떻게 그걸 모를 수가 있어, 어?" 언니는 입가에 미소를 띤 채 나를 놀리기도 했지만 우리 사이는 무척 끈끈했다.

종이와 연필 같은 학용품은 남청진 백화점에서 구했는데 연필이 아주 비쌌던 기억이 난다. 어머니는 형편상 연필을 딱 한 자루씩 사서 반으로 잘라 칼로 가늘게 깎아주었다. 나머지 반쪽은 혹시 잃어버릴 때를 대비해 통에 넣어두었다.

숙제가 끝나면 드디어 밖으로 나가 놀 수 있었다. 자주는 아니었지만 일을 마치고 빨간 굴삭기를 몰고 퇴근하는 아버지와 마주치던 때가 생각난다. 나를 무척이나 기쁘게 해 주었던 소중한 순간……. 아버지가 체제를 신봉하는 모범시민일 뿐 아니라 무려 빨간 소련제 굴삭기 운전사라는 사실이 나는 너무나 자랑스러웠다. 아버지가 우리 아파트를 지나서 차를 대고 내려오면 친구들은 전부 다 아버지에게 몰려가 주위를 둘러쌌다. 나는 기회를 놓치지 않고 자랑을 해댔다.

"청진에서 빨간 굴삭기는 이거 한 대뿐이야!"

"정말?"

"그렇다니까! 전국에 세 대밖에 없는데 이게 그중 한 대라고!"

"넌 진짜 좋겠다. 한번 올라타 보면 안 돼? 한 번만, 응?"

"안돼! 너네 같은 애송이들이 타는 차가 아니라고, 비켜!"

나는 시샘하는 아이들을 제치고 굴삭기에 올라타 앉았다. 이건 우리 아버지 굴삭기라고! 지금 생각하면 어지간히도 건방지게 굴었지만 그래도 내 주위에는 친구가 많았다. "너는 언니랑 어쩜 그렇게 다르냐? 언니는 여자답고 착하고 차분하고 예의도 바른데 너는 맨날 선머슴처럼 뛰어다니기만 하니 말이다!" 시골에 살 때 할머니에게 자주 듣던 말대로, 나는 항상 밖에서 뱀이나 여우를 쫓아다니기를 좋아했고 싸우기도 많이 싸웠다. 하루는 친구가 우리 어머니를 "뚱띠보 아줌마"라고 놀렸다.

"지금 뭐라고 했어? 그래 뚱뚱하다. 그게 너랑 무슨 상관이야? 우린 그래도 부자라고, 이 간나시키야!"

"개간나시키, 어쩔래!"

그러고는 머리채를 잡아 물고 뜯었다. 사실 나는 어머니가 왜 그렇게 살이 쪘는지 알지 못했다. 기억 속 어머니는 언제나 그런 모습이었으니까. 하지만 알고 보니 이유가 있었다. 어머니는 아버지가 중국 국경 근처인 무산에 일하러 가 있는 동안 집에서 홀로 나를 낳고, 산후 관리를 못해 건강이 나빠졌는데 제대로 처치를 못 받았다. 무상 의료라고 해봤자 병원은 아무 도움이 안 됐다. 근방에 실력 있는 의사도 없고 적당한 약이나 의료 장비도 없었다.

속이 타들어 가던 아버지는 한 달 반이 지나서야 겨우 특별 허가를 받아 새로 태어난 아이를 보러 청진으로 올 수 있었다. 산후병에 신장도 좋지 않아 몸이 많이 부은 어머니에게 먹이려고 귀하

45

다는 산청(꿀)을 사 왔다. 그 덕에 어머니는 많이 나아졌지만 단 음식이라 계속 물을 들이켜다 보니 붓기 탓인지 살이 찐 것처럼 보였다. 사정을 모르는 사람들은 그저 어머니가 부자라서 뚱뚱하다고만 생각했고 나와 친구들 사이에 싸움이 나곤 했다. 다행스럽게도 그 싸움보다 나의 흥미를 더 끄는 것이 있었으니 바로 전쟁놀이였다.

"저 양키 개새끼들이 더러운 남조선 괴뢰들과 편먹고 이렇게 잘살고 힘센 우리나라를 쳐들어오려고 한다! 누가 착한 편 할래?"

"나! 내가 북한 군대 할래!"

"아니야, 내가 할 거야!"

"나도!"

"너무해! 맨날 나만 남조선 괴뢰군 새끼들 시키고……"

"나도 맨날 미제 앞잡이 역할이야!"

"인민의 적! 죽어라, 이 남조선 괴로도당들아!"

"으악! 에잇! 이야아아!!!"

우리는 막대기로 서로를 치며 뛰어다녔다. 그야말로 야단법석을 떨며 신나게 놀았다. "조국이여, 영원하여라! 크아앙! 나는 승리하는 조선의 자식이다! 위대한 우리 조선민주주의 인민공화국은 내가 목숨 바쳐 지킨다!"

나는 김일성 장군님 보호 아래 행복을 만끽하는 고귀하고 자랑스러운 애국자였다. 남한 아이들은 너무 가난해서 학교도 못 가고 굶어 죽고 있는데, 우리는 위대한 장군님 덕에 일본과 싸워 조선을 해방하고 위대한 전쟁을 승리로 이끈 지혜로운 사람들의 후손이 되었다.

내 친구 혜림이도 함께 어울려 놀았다. 그 애 어머니는 집에 찾아오는 것을 좋아하지 않아 우리는 아파트 앞에서 소리 높여 혜림이를 불러냈다. 혜림이에게는 동생이 둘 있었는데, 운 좋게도 할머니와 고모가 함께 살아서 나처럼 어머니를 도와 집안일을 할 필요가 없었다. 나는 혜림이만큼 오래 밖에 있을 순 없었지만 가끔은 밤 열 시가 넘도록 함께 놀기도 했다.

우리는 별이 가득한 하늘을 올려다보길 좋아했다. 천천히 호흡하면서 학교에서 배운 별자리를 떠올리며 북두칠성이 어디 있는지 함께 찾아보곤 했다. 온 사방에 별이 가득했다. 수학을 그리 잘하던 나조차 셀 수 없을 정도였다. 하늘은 풍성하고 아름다우며 평화로웠다. 반짝이는 별빛에 가슴이 벅차올랐다. 언젠가 라남으로 돌아간다고 해도 그때만큼 별들이 밝게 빛날지는 모르겠다.

―――――――

언니는 절대 집 밖으로 나가는 일이 없었다. 집에선 숙제를 함께 했지만 밖에서 같이 논 적은 한 번도 없다. 언니는 친구도 별로 사귀지 않고 주로 김일성 일가에 관한 책을 읽으며 시간을 보냈다. 맏딸의 표본이었다. 이웃들은 저마다 언니가 참 모범적이라며 칭찬했고 나도 그런 언니가 자랑스러웠다.

4월 15일에는 학교에서 김일성 탄생일을 기념했다. 모자를 쓰고 팔에 책을 낀 학생 김일성의 동상을 보러 다 같이 라남 공원으로 갔다. 동상 높이는 3~4미터 정도 되었는데 내 눈엔 우리가 동상에 바칠 꽃을 꺾으러 올라간 언덕만큼이나 높아 보였다.

닦고 광내는 사람이 하도 많아서 동상은 마치 우리 아파트 계단처럼 번쩍였다. 어린 우리는 각자 챙겨 온 볏짚으로 만든 짧은 빗자루와 쓰레받기로 동상 주변 바닥을 쓸었다. 선생님 신호가 떨어지면 작은 빗자루 40개가 분주히 움직였다. 주변이 티끌 하나 없이 깨끗해질 때까지 우리는 개미처럼 바지런히 돌아다녔다.

그날은 또 언니와 내가 떡 먹을 기대에 부풀어 해가 뜨기도 전에 일어나던 날이었다. 어머니는 항상 흰 쌀에 팥소를 넣은 송편, 아무것도 넣지 않은 네모난 절편, 쌀가루로 만든 찰떡을 준비했다. 4월 15일은 배급이 후하게 나왔다. 배급소에 가서 쌀을 받고 상점에서 식품을 받아 오는 건 내 몫이었다. 나는 한참 줄 서서 기다린 끝에 1인당 달걀 두 개와 설탕 100그램, 기름 콩나물 두부 돼지고기 등을 받았다.

이렇게 특별 배급이 나와도 가족 수대로 송편을 만들 쌀가루를 마련하려면 어머니는 몇 달 전부터 쌀을 조금씩 모아두어야 했다. 떡을 더 먹겠다고 싸운 적은 한 번도 없었는데도 어머니는 늘 공평하게 하나씩 세어서 나눠주었다. 굉장히 드문 날인 만큼 한 사람도 빠지지 않게 챙겨주고 싶어 했다. 1년 중 국경일은 김일성 탄생일, 당 창건 기념일, 설날 이렇게 딱 3일밖에 없었다*. 오직 그 3일만이 마치 꿀처럼 입에서 녹아내리던 떡을 먹을 수 있는 날이었다.

나는 언니를 무척 좋아했다. 하지만 허락 없이 자기 물건에 손대기라도 하면 언니는 불같이 화를 냈다. 떡도 나중에 여유롭게 맛보려고 따로 숨겨두는 성격이었는데, 반대로 나는 그 자리에서 전부 먹어 치우는 편이었다. 그건 지금도 마찬가지라서 절대 나중을

---

*
훗날 김정일 탄생일이 추가됨.

위해 음식을 남겨두는 법이 없다. 어떤 때는 간식을 너무 잘 숨기는 바람에 찾지 못한 언니가 나더러 같이 찾아달라고 부탁하기도 했다. 나는 기꺼이 도와주면서도 이럴 때는 언니가 좀 바보스럽다고 생각했다.

언니는 맏딸이라 모두가 귀하게 여겼다. 물론 질투가 났지만 언니를 탓하거나 불평할 수 없었다. 아버지는 항상 내게 언니는 손윗사람이니 존중해야 하고 절대 맞서 싸우면 안 된다고 당부했다. 마찬가지로 부모님에게도 절대복종해야 했다. 북한 사람들이 잘하는 것 딱 하나를 꼽으라면 손윗사람을 존중하는 자세라고 할 수 있겠다.

언니가 강냉이 국수를 좋아해서 나도 덩달아 많이 먹었는데 너무 오래 끓여 불어 터진 그 국수가 나는 너무 싫었다. 그래도 가족 모두가 먹을 음식을 마련하느라 고생하는 어머니를 생각해 군말 없이 먹었다. 어머니는 이전에 꿔준 국수를 받아 오라고 이웃집에 나를 보내곤 했다. 배급으로 모두가 정량을 타서 먹다 보니 식량이 떨어질 때가 많았는데, 그럴 때면 다른 집에 가서 식량을 꾸어다 먹고 배급을 타면 다시 갚았다. 하지만 배급을 타도 돌려주지 않으면 직접 받으러 가야 했다. 어머니는 언니를 보내지 않고 나만 보냈다. 내 성격에 빈손으로 돌아오지 않으리라는 걸 알았기 때문이다. 국수를 돌려주지 않은 이웃들이 얼마나 궁핍하게 사는지 전혀 몰랐던 나는 그저 할 일을 할 뿐이었다.

언니는 생선 냄새를 싫어해도 괜찮았다. 돼지비계를 접시에 남겨도 괜찮았다. 언니는 다 허용되었다. 나는 나름대로 가리지 않고 다 먹으려고 하는데 언니는 시도조차 하지 않았다. 부모님이 왜 언니를 봐주는지 이해할 수 없었지만 불공평하다는 말은 꺼내지 못했다. 언니에게는 절대 못된 말이나 안 좋은 행동을 해선 안 되었다. 그런 집안 분위기에 나는 점점 더 화가 치솟았다.

하루는 집에서 작은삼촌과 놀다가 세게 밀친 적이 있었다. 할머니 집에서 처음 만났을 때 고작 열네 살이던 작은삼촌은 내게 삼촌보다는 오빠 같은 존재였다. 잠자리 잡는 법이나 개구리알 먹는 것도 알려주고, 내가 시골 생활에 적응하게 해 주었다. 그때부터 우린 친한 친구처럼 지냈고 언제나 함께 놀았다.

그날 나는 실수로 작은삼촌 팔에 약간 생채기를 냈다. 작은삼촌은 아파하지도 않고 웃어넘겼는데 어머니는 삼촌을 다치게 하고 버릇없이 굴었다며 내게 버럭 화를 냈다. 부당하다고 생각하면서도 늘 그랬듯이 아무 말도 입 밖에 내지 못했다. 억울한 감정을 떨쳐보려고 화장실에 들어가 문을 잠그고 한참 울다가 얼굴에 찬물을 끼얹어 슬픔을 씻어냈다. 그러고는 아무 일도 없다는 듯 가만히 나오곤 했다.

셋째 장

세상에 부러움 없어라

Rien à envier

남들이 속으로 무슨 생각을 하는지 알기란 쉽지 않다. 나는 배우는 게 재밌어서 학교를 좋아했고 반 친구들도 나와 같으리라 생각했다. 하지만 지금은 잘 모르겠다. 학급 친구 중에는 아닌 척 미소 띤 얼굴로 마음을 잘 숨기는 아이들이 있었을지도 모르니까.

1974년 9월, 봉남에 있는 인민학교에 입학했다. 내 나이 일곱 살이었다. 집에서 도보로 30분 거리에 있던 학교는 일제 시절 지은 건물이었다. 외벽은 라남에서 익히 보던 빛바랜 붉은 벽돌이 아닌 연노란색이었다. 바닥에는 나무가 깔려 있었는데 그 마룻바닥을 매일같이 청소해야 했다.

청소할 때는 책상을 전부 교실 뒤로 밀어 놓고 젖은 대걸레로 닦은 다음 마른걸레로 한 번 더 닦았다. 그 위에 초를 칠하고 다 끝나면 책상을 제자리에 돌려놔야 했다. 매일 이 허드렛일에 시간을 많이 뺏겼다. 운 좋게도 몇 달 안 가서 학급 반장을 맡은 뒤로는 그 일에서 벗어날 수 있었다. 직접 청소하지 않고 감독만 하니 한결 살 것 같았다.

반에는 여자아이가 50명 정도 있었는데 모두 같은 유치원 출신이었다. 남자애들은 반이 달랐다. 연필 두 자루와 공책 두 권을 놓기에도 비좁던 그 조그만 책상이 기억난다. 나는 이금옥이라는 아이와 한 책상을 썼는데 그다지 뛰어난 학생이 아니어서 마음에 들지 않았다. 내내 콧물을 흘려 별명이 코흘리개였고 바지가 너무 짧은 데다 무릎이 터져 있는 것도 별로였다. 선생님은 자주 나더러 금옥이의 숙제를 도와주라고 했다. 선생님 말씀을 거스르고 싶지 않아 억지로 하긴 했지만 그 애 때문에 시간을 낭비하는 게 너무 싫었다. 내 숙제만 하기도 벅찬데!

복순이라는 친구와도 한 반이었다. 나는 혜림이 다음으로 그 애와 친했다. 머리칼은 윤기가 나고 입꼬리가 살짝 올라가 무척 예쁘고 똑똑한 아이였다. 심지어 화장실에 갈 때도 책을 들고 갈 정도였으니까. 어머니에게 배웠다는 손풍금도 정말 잘 켰다. 다만 어머니가 학교 등록을 늦게 하는 바람에 나이가 한 살 더 많아 대가를 톡톡히 치렀다.

"야, 묵은돼지!"

"뭐라고? 닥쳐!"

"닥쳐? 이 묵은돼지가! 네 나이가 많은 걸 나보고 어쩌라고!"

내가 웃으며 소리치면 복순이는 화난 척을 했지만 사실은 별로 신경 쓰지 않았다. 그저 농담일 뿐이라는 걸 우리 둘 다 잘 알고 있었다.

코흘리개 금옥이와는 인민학교 졸업 후 연락이 끊겼다. 그 애는 지금도 우리 어릴 때 살던 라남의 아파트에 살고 있을까? 어린 시절 친구들 소식이 궁금해질 때가 많다. 누가 학창 시절 친구를 다시 만났다는 이야기를 들으면 부럽다. 그리 어렵지 않아 보이는 일도 내게는 불가능하니까.

그 시절 내 눈에는 세상에서 우리 담임 김건옥 선생님이 제일 아름다워 보였다. 대학을 갓 졸업한 젊은 선생님 얼굴은 복순이처럼 동그랗고 피부가 도자기처럼 매끈했다. 까맣고 긴 머리에 늘 행복한 느낌으로 가득한 선생님은 마치 여신 같았다. 결혼 후 아줌마답게 짧은 파마머리를 하고 돌아오기 전까지는 말이다. 남편이 소녀처럼 보인다며 긴 머리를 싫어했다던가. 결혼 생활이 그리 행복해 보이지는 않았다.

우리 50명의 소녀들은 한 책상에 두 명씩 다섯 줄로 가지런히 앉아 뚫어져라 선생님을 바라보았다. 지식을 향한 갈증을 풀고 싶어 안달하며 저마다 손에 책을 쥐고 팔을 책상 위에 쭉 뻗은 채로 칠판을 응시했다.

책은 늘 부족했기에 어머니들이 복사해서 준비한 경우도 있었다. 우리는 학교에서 열심히 공부하는 것밖에 몰랐고 부모님과 선생님이 바라는 것도 그게 다였다. 학교에서나 집에서나 매 수업 매 순간 "열심히 공부해서 경애하는 아버지 김일성 원수님께 충성을 보이도록 해!" 이런 말을 들었다. 그때마다 다들 눈썹 하나 까딱하지 않고 반사적으로 "네!" 하고 힘차게 답했다.

아침에는 항상 교탁 맞은편 칠판 위에 걸린 김일성 초상화를 닦아야 했다. 한 달에 열 번 정도는 이 영광스러운 역할이 내게 돌아왔다. 나는 마룻바닥 청소는 싫었지만 초상화 닦기는 좋아했다! 가장 우수한 학생에게 주어지는 임무라 모범생으로 인정받는 게 기뻤다. 초상화를 닦을 때마다 양옆 벽에 걸려 있던 김일성 연설 발췌문을 보고 외울 수 있어서 더 좋았다.

교복은 흰 티셔츠와 까만 모직 바지였다. 아버지 급여가 한 달에 120원 정도였는데, 모직 바지는 어머니가 남청진 백화점에서 무려 50원이나 주고 사 온 거라 귀중하게 다룰 수밖에 없었다. 돈 많은 집 아이는 키가 자라면 새 바지를 사 입으니 바지 길이만 봐도 누가 부자인지 아닌지 알 수 있었다.

학교에서는 매주 토요일 조직총회와 생활총화가 열렸다. 명칭은 다르지만 절대 빠지면 안 되는 중요한 회의로 사실상 둘 다 호상비판을 하는 시간이었다. 학생들이 각자 지정된 날에 나서서 지각했거나 떠들었거나 무례한 태도를 보인 사람을 고발하는 식으로 진행되었다.

"쟤가 김일성 원수님 역사 수업 시간에 공책에 낙서했어요."

한 아이가 증언하면 선생님은 지목당한 아이에게 말했다.

"경애하는 아버지 김일성 원수님 혁명 활동 시간에 그렇게 산만한 태도를 보이는 건 심각한 모독이라는 걸 알고 있습니까? 비판을 듣도록 하겠습니다."

"저는 역사 수업 중에 산만해져서 공책에 낙서했습니다. 제 행동이 어떤 결과를 가져올지 몰랐습니다. 다시는 그런 짓을 하지 않겠습니다. 경애하는 아버지 김일성 원수님의 교시처럼 학생에게 맡겨진 의무인 공부를 더 열심히 하도록 노력하겠습니다. 제발 용서해 주십시오."

"생활총화 학습장에 제대로 기록을 하세요, 알겠습니까?"

"네, 선생님."

나는 새벽 네 시에 일어나 숙제를 재확인하곤 했다. 성적 때문만이 아니라 생활총화 때 비판 대상이 되고 싶지 않아서였다. 고발을 피하기란 거의 불가능했고 나도 반 아이들을 비판해야 했다. 주로 누가 성적이 나쁘고 태도가 좋지 못한지에 대해서였다.

친구들과 무엇을 비판할지 미리 약속하는 식으로 서로 돕기도 했다. 예를 들어 혜림이와 복순이가 나를 비판하고 나도 그 애들을 비판하기로 미리 짜두는 거다. 어쩌다 다른 아이가 우리 중 누군가를 비판하면 참기 힘들 정도로 화가 나곤 했다!

선생님들도 예외는 아니었다. 훗날 내가 수학 교사로 일할 때 임신한 동료가 있었는데 구역질 때문에 할 일을 잠깐 제대로 못했다는 이유로 교장실에서 열린 총회에서 심하게 비판받은 일도 있었다.

나는 역사 시간이 제일 좋았다. 낙서할 겨를도 없이 집중했던 그 수업 시간에 김일성이 한국전쟁 후 망가진 조국을 되살렸다고 배웠다. 김일성은 겨우 열두 살에 홀로 만주에서 평양까지 '배움의 천리길'을 걸었고, 열네 살에는 다시 '광복의 천리길'을 걸었다. 그때 이미 일본으로부터 조선을 독립시킬 꿈을 꾸었다고 했다.

그 여정을 기념하고 결속을 다지기 위해 우리는 매년 1월 14일에 130킬로미터를 걸었다. 나는 열네 살이 되면 김일성처럼 조국의 재건에 힘을 보태겠다고 다짐했다. 하지만 그렇게 멀리 떠날 필요는 없었다. 우리가 자주 부르던 노래 가사처럼 우리는 필요한 걸 다 갖췄으니 세상에 부러울 게 없었다.

세상에 부럼 없어라
하늘은 푸르고
내 마음 즐겁다
손풍금 소리 울려라
사람들 화목하게 사는
내 조국 한없이 좋네
우리의 아버진 김일성 원수님
우리의 집은 당의 품

우리는 모두 다 친형제

세상에 부럼 없어라

"사람들 화목하게 사는" 곳이라 했는데…… 어린 시절 나는 행복하다고 믿었지만 그렇게 배워서인지 정말로 그랬는지 잘 모르겠다. 나의 행복은 이미 처방되어 있었고 복용할 약은 가족과 학교에서의 집단생활 그리고 낙관주의였다. 복용량은? 매일 낮 열두 시간 밤 열두 시간.

사실 우리는 하루하루 충실히 보내느라 자기 삶을 생각하거나 돌아볼 여유가 없었다. 매시간 매분 무언가를 배워야 했다. 밤에 잠들 때조차 어서 빨리 일어나 학교로 돌아가고 싶어 안달했으니 말이다. 어쩌면 생각할 겨를이 없었던 조건 덕에 행복할 수 있었던 걸까?

학교를 빠진다는 건 있을 수 없는 일이었다. 아파도 가고 집에 무슨 일이 있어도 가야 했다. 내가 기억하는 한 선생님이 출석을 부를 때 결석한 학생은 아무도 없었다. 혹시 안 나온 학생이 있으면 학교 위원을 집에 보내 확인하고 상황이 심각하면 선생님이 직접 갔다.

나는 수두나 홍역 같은 소아 질병을 앓은 적 없고 열이 몇 달 동안 지속되는 '백일해'에 걸린 적도 없지만 친구 중에는 더러 있었다. 그런 병에 걸린 아이는 격리차 집에 있어야 했다. 김일성의 자녀인 우리는 어떤 병마든 싸워 이길 수 있으며 허약한 사람은 혁명의 길동무가 될 수 없었다. 학교에서는 전염병을 막기 위해 아이들에게 소아마비, 결핵, 홍역 백신 주사를 놓고 해마다 구충제를 먹였다.

식구가 또 늘었다. 1976년 1월 8일 서른한 살이던 어머니가 셋째 아이를 낳았다. 얼어붙도록 추운 밤 창밖으로 보이는 청진 거리에는 눈이 가득했다. 긴 하루를 보내고 집으로 돌아오는 어머니는 늘 지친 모습이었지만 그날 저녁은 평소보다 더 피곤해 보였고 배가 너무 아프다고 했다. 일찍 퇴근한 아버지가 곧바로 상황을 수습하고 이웃집에서 자고 오라며 우리를 내보냈다. 나는 이웃집을 좋아하기도 했고 평소와 다른 뜻밖의 상황이 반가워서 선뜻 나섰다.

다음 날 아침에 집으로 돌아와서야 아기가 태어나고 있다는 걸 알았다. 공장으로 돌아가야 하는 아버지를 대신해 같은 아파트에 사는 아줌마들이 찾아왔다. 아내가 출산한다고 공장을 빠진다는 건 상상도 못 할 일이었다.

언니와 나는 장작을 때서 따뜻해진 부엌에 피해 있었다. 나이든 조산사가 어머니 곁에 있었는데, 특별한 자격증을 가진 건 아니고 누가 아이를 낳을 때 대가 없이 도와주러 오는 아줌마였다. 나는 부엌과 연결된 작은 미닫이문 유리창 너머로 무슨 일이 벌어지는지 보려 했지만 허사였다. 그러던 중 갑자기 조산사가 외치는 소리를 들었다. "너희 남동생 생겼다!"

우렁찬 아기 울음소리를 들으며 방 안으로 뛰어 들어갔다. 언니는 조산사가 시키는 대로 부엌에 가서 물을 끓이고 다시 방으로 돌아와 아이를 번쩍 들어 품에 안았다. 나는 별로 할 일도 없고 지루하기도 해서 밖으로 나가 놀았다. 그날 밤 집에 돌아온 아버지는 드디어 아들을 얻었다며 감격했다. 아이에게 '정호'라는 이름을 붙여주고는 곧바로 동 안전부에 출생신고를 하러 갔다.

나는 남동생이 생겨서 무척 기뻤지만 한편으론 곤란했다. 이제 3등으로 밀려나게 생겼으니까 말이다. 언니는 맏이라서 언제나 모두의 주목을 받고 남동생은 아들이니 그다음이고 내 자리는 세 번째였다. 이런 내 처지가 싫었다.

정호가 태어난 그해 말에 외갓집 식구들이 설 명절을 쇠러 청진에 왔다. 그런데 이모가 언니랑 동생에게는 용돈을 30원씩 주고 내게는 20원밖에 안 줬다. 너무 분했던 나는 기분이 안 좋을 때 으레 그랬듯 화장실에 들어가 문을 쾅 닫았다. '상관없어. 어차피 용돈은 어머니 손에 들어갈 거고 교복이나 학용품 사는 데 쓸 거니까.' 이렇게 속으로 되뇌었지만 내가 자라면서 누린 평등의 원칙을 무시당한 건 아무래도 속상했다. 어느새 나는 원칙을 중시하는 아이로 자라고 있었다.

남동생을 낳은 뒤 어머니는 딱 하루만 쉬고 이튿날에는 평소와 다름없이 일찍 일어나 집 안과 아파트 청소를 했다. 아이를 낳은 산모는 백일 동안 쉬는 전통이 있지만, 옆에서 도와줄 어머니나 자매도 없고 곧바로 일하러 나가야 하는 어머니는 그럴 처지가 못되었다. 그래서 보자기에 갓난아이를 감싸서 등에 업고 나가 아파트 벽을 닦았다. 아기가 건강하고 모유 수유를 하니 딱히 핑곗거리도 없었다. 언니는 기저귀를 갈고 아기를 씻기고 더러워진 기저귀도 손으로 직접 빨았다. 나는 기저귀 냄새와 비누의 생선 비린내가 풍기는 화장실 근처에 얼씬도 하지 않았다.

동생이 태어난 후로 나는 아주 독립적인 생활을 해야 했다. 숙제도 혼자 하고 기저귀를 제외한 빨래와 집 청소도 도맡아 했다. 언니는 요리와 설거지를 하고 정호와 나를 돌봤다. 차분하고 부지런하고 꼼꼼한 언니는 장녀 노릇을 정말 잘 해냈다. 반대로 나는 열정적이고 기운 넘치며 적극적인 성격이었다. 그렇게 다른데도 언니와 나는 어머니를 돕고 동생을 돌보는 덴 언제나 마음이 잘 통했고 싸우는 일도 없었다. 나는 언니가 시키는 일이라면 무엇이든 해냈다. 그런 면에서 우리는 손발이 잘 맞는 자매였다.

1978년에 나는 소년단* 입단 자격을 얻었다. 아무 도움 없이 어린 남동생을 돌보면서 노래 다섯 곡을 익히고 40쪽 분량의 김일성 생애를 공부하는 건 만만찮은 일이었다. 하지만 소년단 넥타이를 목에 두를 생각을 하니 너무 설레서 입단에 필요한 과제를 기꺼이 해냈다. 소년단이 되려면 학교 성적도 좋아야 하지만 성분, 그러니까 출신 계급이 맞아야 했다. 어느 날 수학 선생님은 성분을 이렇게 설명했다.

"성분은 1957년에 로동당이 조선 인민을 정치·사회·경제 집단으로 나누며 수립한 계급제도다. 그러니까 너희 운명은 전적으로 여기 달려 있다! 조국을 건설하던 1948년 9월 9일, 바로 그날 너희 가족이 무얼 하고 있었느냐에 따라 정해진 성분을 타고난 거다. 한 명도 빠짐없이!"

엄중한 그 말의 무게에 짓눌려 반 아이들 모두 입을 떡 벌린 채 말없이 듣고만 있었다. 선생님은 설명을 이어나갔다.

"성분은 크게 세 가지로 분류하지만 실제로는 각기 다른 51개의 조항이 있다. 최상층인 백두 혈통은 김일성이 속한 '엘리트'로 항일 투쟁에 참여한 사람과 가족이 속한다. 그다음은 특별한 문제

---

*
1932년 6월 6일 김일성이 창립한 소년단은
공산당 최고사령관의 명령에 따라 혁명 전사를 육성하는 조직으로
8~13세 아이들로 구성되었다.

가 없는 보통 사람이 속하는 '중간층'. 제일 낮은 '적대계급'은 월남한 가족이 있거나 당에 잘못을 저지르거나 심각한 범죄를 행한 사람이 속한다."

우리 집안은 1930년대에 친할아버지가 김일성의 삼촌인 김형권과 항일 투쟁을 한 덕에 최상층에 속한다고 알고 있었다. 집에 사진 한 장 남아 있지 않아서 얼굴도 모르는 할아버지는 남쪽 전라도 출신으로, 최상층이긴 한데 유명 인사는 못 되는 정도였다. 어머니 성분은 아버지보다 낮았지만 왜 그런지는 몰랐다. 어쨌든 성분은 어머니보다 아버지 쪽이 더 중요했다. 선생님은 다음과 같은 무서운 이야기로 설명을 마쳤다.

"성분은 사는 동안 바뀔 수 있다. 너희가 영웅적인 행동으로 조국에 봉사하면 더 높이 올라갈 수 있지만 잘못된 행동을 하면 더 아래로 떨어지고 그 영향을 너희 가족 삼대가 이어받을 것이다! 강등되고 싶지 않으면 최선을 다하도록 해라!"

그러니까 나는 모범적인 학생일 뿐 아니라 아버지 성분이 좋았기 때문에 소년단 입단 자격을 얻은 것이다. 입단은 김정일 탄생일인 2월 16일, 김일성 탄생일인 4월 15일, 조선소년단 창립기념일인 6월 6일 이렇게 1년에 딱 세 번만 실시했다. 나와 함께 입단한 학생은 옥서와 마향숙 둘뿐이었다. 둘 다 최상층에 속했고 부모님이 당원이었다. 옥서 아버지는 주택기업소 회계사라는 요직에 있었다. 자격을 얻지 못한 친구 혜림인 4월 15일까지 기다려야 했다. 내가 먼저 입단해 소년단 넥타이를 받았을 때 혜림이는 몹시 부러워했다.

입단일은 얼어붙을 정도로 추워서 기념식을 시내 영화관에서 진행했다. 흰 벽으로 둘러싸인 영화관은 한가운데에 나무 의자가,

뒤쪽에는 커다란 영사기가 있었다. 축사하러 연단에 오른 교장 선생님에게 소년단 넥타이가 얼마나 중요한지 설명을 듣고 김일성 초상화 앞에서 큰 소리로 입단 선서를 했다. 그리고 목에 넥타이를 둘러준 선생님들께 오른손을 45도로 들어 올려 "항상 준비!"라고 외치며 인사했다. 집에 돌아와서도 나는 소년단 넥타이를 풀지 않았다.

북한에서 진정한 정치 교육은 소년단에 입단하면서 시작되는 것 같다. 언니와 나는 정해진 학교 수업을 마친 후에도 추가로 김일성 로작*, 김일성 교시** 등을 공부했다. 왜 김일성에게 충성해야 하는가? 우리의 적은 어느 나라인가? 남조선 일본 미국……. 귀가 따갑게 들었다. "우리 조선을 둘로 갈라놓은 미제는 물러가라!"라고. 우리나라가 갈라지고 전쟁을 겪은 건 그놈들 때문이었다. 정말 미웠다. 집에 오면 부모님도 함께 미국놈을 성토했다.

소년단에 들어가기 전까지 나는 사회적 지위를 따지지 않고 모두와 어울려 놀았다. 하지만 입단하고는 나보다 성분이 낮은 아이와 놀면 안 된다는 의식이 생겼다. 그런 이유로 나는 1984년 4월 어느 날 황혜련과 앞으로 함께 놀지 않기로 했다. 혜련이는 정말 좋은 친구지만 아버지가 당원이 아니니 그 애도 나쁜 아이라는 생각이 들었다. 얼마나 못된 행동이었는지…… 그때는 전혀 죄책감

---

*
김일성의 철학, 정치관 등을 담은 각종 저술로 비교적 분량이 긴 글을 가리킴.

**
짧은 문장 형태로 나온 김일성의 각종 지시 사항으로 사회 각 분야와 정책에 중요한 영향을 끼침.

을 느끼지 않았다.

우리는 서로 경계하도록 교육받았다. 혜련이 가족은 황해남도 출신인데 해방 전 지주 집안이었다는 이유로 신분이 낮아졌다. 어느 날 줄뛰기를 같이 하자던 그 애에게 나는 사람이 너무 많아서 못 끼워준다고 했다. 그리운 혜련이, 정말 재밌는 친구였고 참 친했었는데…… 그 후로는 주로 향숙이 혜림이 복순이와 함께 놀았다.

선생님들은 학생의 성분을 밝히지 않고 모두 공평하게 대했다. 우리가 성분을 알게 되는 건 연초에 아버지 직업과 당원 여부를 표시하는 서류를 쓰면서였다. 조부모가 과거 김일성을 비판한 전력이 드러나기라도 하면 그 아이는 쫓겨나 다시는 학교에 다닐 수 없었다.

사회적 지위에 따라 계층을 나누면서도 '사회주의 기적의 나라'로 자평하는 사회였다. 지금 생각하면 얼마나 기만적인지! 성분이 좋다고 반드시 잘사는 것도 아니었다. 성분이란 단지 누릴 수 있는 기회가 어디까지인지를 가르는 기준일 뿐이란 사실을 우리는 곧 알게 되었다.

―――――――

그즈음 내 인생에 아주 중요한 사건이 일어났다. 1978년에 어머니가 돼지를 키우기 시작한 것이다. 군 식량을 충당하기 위해 정부는 모든 가정에서 충성과 감사의 뜻으로 돼지를 키워 바치라고 했다.

우리 아파트에는 집마다 석탄과 나무, 김칫독을 보관하는 조그만 실외 창고가 있었다. 어머니는 그 창고 바닥을 파서 돼지 키울 공간을 마련했다. 돼지 사육은 쉬운 일이 아니어서 대다수가 정부 명령에 따르느니 배급만 받고 사는 편을 택했다. 하지만 어머니는 국가에 충성도 하고 군 식량도 보탤 수 있어 가치 있는 일이라고 판단했다.

우리 집이 제일 먼저 뛰어들자 다른 집들도 하나둘 참여했고 얼마 지나지 않아 길모퉁이마다 온통 킁킁거리는 돼지 소리가 울려 퍼졌다. 돼지는 정말 시끄럽고 지저분하고 냄새도 많이 났다. 그나마 창고에서 키워 얼마나 다행이었는지!

돼지 밥을 챙기는 건 언니와 내 몫이었다. 우리는 채소 껍질과 쌀뜨물을 모으러 이 아파트에서 저 아파트로 계단을 오르내리며 집마다 문을 두드리고 다녔다. 돼지가 점점 늘어나니 그만큼 힘도 더 들었다. 어머니는 우리가 키우는 암컷 돼지를 수컷 키우는 집에 일주일 정도 보내 두곤 했다. 돼지 엉덩이를 막대기로 때리며 쫓아가 잡던 어머니와 웃음을 터트리며 그 뒤를 따라다니던 내 모습을 떠올리면 절로 미소가 번진다.

얼마 안 가 돼지는 열다섯 마리로 늘었다. 매년 한두 마리는 정부 몫으로 남겨두고 새끼 돼지가 태어나면 내다 팔았다. 이 사실을 눈치챈 사람들이 돼지를 사려고 집 앞에 줄을 섰다. 어머니는 돼지 사육이 잘되는 데다 군에도 이바지할 수 있으니 기뻐했다.

원래는 개인이 돼지를 도축하면 안 되지만, 처음 집에서 돼지를 잡은 날 어머니는 고기를 약간 떼어 저녁상에 올리고 흰 쌀밥까지 곁들여 주었다. 냉장고가 없으니 남은 고기는 약간만 떼어 비닐로 꽁꽁 감싸서 화장실 물탱크에 담아두고 나머지는 내다 팔았다.

당국에서는 돼지를 키워 바치라고 했을 뿐 판매할 권리를 주지는 않았다. 문제의 소지가 있긴 했지만 자기 사업을 펼쳐나가는 어머니가 나는 무척 자랑스러웠다. 어머니 사업이 잘되는 걸 시기한 이웃들은 매주 여는 생활총화 시간에 어머니를 추궁했다. 하지만 돼지 덕에 돈맛을 본 어머니는 한술 더 떠서 계속 가격을 올렸다. 그렇게 챙긴 돈으로 우리에게 흰 쌀과 새 옷을 사 주었다. 이때부터 나는 할머니 집을 떠난 후 처음으로 배불리 먹을 수 있었다. 훗날 이 사업이 우리 가족을 갈가리 찢어놓으리라고는 누구도 상상하지 못했다.

동생은 아주 영리해서 뭐든 빨리 배웠다. 한 살 때부터 걸었고두 살 때는 말을 했는데, 제일 먼저 한 말은 자기 이름인 정호였다. 어머니가 공식적으로는 직업이 없으니 탁아소에 보낼 수 없어서돼지 사업으로 바쁜 어머니 대신 내가 주로 돌봤다. 우리는 숨바꼭질과 미국놈 죽이기 놀이를 했다. 작은삼촌에게 배운 잠자리 잡는법도 알려주었다. 건물 앞 모래 더미에서 깨진 유리 조각에 모래를담고 쌀밥을 대접하는 척하며 소꿉놀이도 함께 했다. 내가 숙제할때는 정호 혼자 놀았다. 그 나이 때의 나처럼 정호도 혼자 노는 법을 익혀야 했다.

1978년 여름 군 복무를 마친 일록 삼촌이 깜짝 방문했다. 동아시아에서 제일 큰 아연 광산이 있는 함경남도 단천 검덕광산에서일하게 되어 그전에 일주일 휴가를 받았다. 삼촌은 피부가 희고 안색이 좋은 데다 눈매까지 고왔다. 살구 한 자루를 선물로 가져왔는데 우린 난생처음 보는 과일이라 흥분해 야단법석을 떨었다.

하지만 그 난리를 치는데도 삼촌은 가만히 보기만 할 뿐 입을 잘 열지 않았다. 살구를 맛보게 해 준 건 고마웠지만 무뚝뚝한 삼촌에게 나는 그다지 흥미를 못 느꼈다. 그러는 사이 아침 여섯 시부터 룡암에서 밭일을 하던 큰아버지와 명식 삼촌이 돌아왔다.

"형님!"

명식 삼촌이 소리쳤다.

"명식아, 잘 지냈냐?"

"이게 얼마 만이에요?"

"……."

아버지는 눈물을 참지 못했다. 16년 동안 한 번도 못 본 동생이었다. 감정이 북받친 아버지는 바닥에 앉아 뒤로 손을 뻗어서 밥 먹을 때 쓰는 낮은 상을 삼촌 앞으로 끌어당겼다. 그 위에 어머니가 감자로 담은, 아버지가 특별할 때 마시는 농태기*병을 꺼내 놓았다.

"이리 와 앉아라, 여기가 제일 시원한 자리다."

아버지는 일록 삼촌을 끌어당겼다. 일섭 성일 일록 명식, 네 형제가 상에 둘러앉아 술잔을 들었다.

"어째서 그리 먼 곳에 배치를 한 건지! 16년이나 못 만났잖아! 아예 연락도 안 되고 말이야. 가족들 사는 데로 보내면 좋았을 텐데……."

큰아버지 일섭이 화난 목소리로 속삭였다.

"당에서 배치한 곳인걸요. 멀리 떨어져 있어도 우린 언제나 가

---

*
집에서 담근 술을 가리키는 말.

족이지 않습니까? 조국이 부르는 일터로 가는 게 옳죠."

일록 삼촌이 답했다. 멀리 떨어져도 가족이라는 말을 듣자 갑자기 고모가 떠올랐다. 할머니 돌아가시고 헤어진 후로 어느덧 2년이 지났다. 고모는 어디서 어떻게 지내고 계실까? 남자친구와는 지금도 사귀고 있을까?

할머니가 북청 중심가를 떠나 교외로 이사한 것도 그 연애 소문을 가라앉히기 위해서였는데. 그날 저녁 내내 고모 생각이 가시지 않았다. 그 후로도 삼촌과 언니가 결혼할 때까지 15년이나 더 고모를 보지 못할 거라고는 상상도 못 했다.

어느새 밤은 깊어갔고 농태기 병은 눈 깜짝할 사이에 바닥났다. 그리고 일록 삼촌도 떠났다. 소리 없이. 그날이 내가 삼촌을 마지막으로 본 날이었던 것 같다.

열한 살 때쯤이었나, 하루는 아버지가 퇴근길에 빵 한 덩이를 들고 왔다. 강냉이나 쌀이 아니라 밀가루로 만든, 적어도 15원은 줘야 하는 비싼 빵이 틀림없었다. 청진항에 있는 갈매기 식당에서 굴삭기 작업을 도와주고 받은 선물이라고 했다. 식당 지배인이 수고했다고 아이들 주라며 아버지에게 건넨 것이었다. 이렇게 흔치 않은 선물을 받은 게 알려지면 이웃이 질투할 수 있으니 조용히 몰래 먹어야 했다. 조심하지 않으면 금세 고발당할 수도 있었다.

이 이야기를 하다 보니 아버지에게 들은 일화가 생각난다. 언니가 어머니 배 속에 있던 시절, 아내가 먹는 게 부실하다는 걸 안 아버지는 어느 날 퇴근 후 냄비를 들고 강가로 갔다. 불을 때고 주머니에 담아 간 쌀을 꺼내 밥을 지어서는 조심스레 들고 돌아와 어머니에게 주었다. 왜 굳이 강가에 가서 밥을 지었냐고 물으니 그때 주위에 젊은 부부가 많았는데 죄다 영양부족 상태였단다. 집에서 밥을 지으면 냄새를 맡은 이웃들이 어디서 난 거냐 물을 수도 있고 비밀경찰인 보위부 조사를 받게 될 수도 있었다. 나중에 아버지는 그 쌀이 이웃에서 널어놓은 셔츠를 훔쳐 장에서 바꿔 온 거라고 고백했다. 실제로 우리 집은 여러 차례 조사를 받았지만 쌀 한 톨 나오지 않았고 아무도 잡혀가지 않았다.

어머니는 빵을 똑같은 크기로 잘라 나눠주었다. 얼마나 맛있던지 꿀을 삼키는 느낌이었다. 이런 별미를 처음 먹어본 우리 셋은 너무 기뻐 밤새 떠들어댔다. 가족 외에는 누구에게도 말할 수 없었다. 혜림이나 복순이처럼 제일 친한 친구마저도 모르는 사실이었다.

배급표는 한 달에 두 번 받았다. 일하는 사람은 어떤 일을 하는지에 따라 식량을 700~800그램씩 받았다. 가정주부는 300그램 어린아이는 100그램. 어머니와 나는 둘 다 300그램씩 받았다. 내가 중학교에 들어가고는 언니와 마찬가지로 400그램을 받았고 대학에 들어가면 600그램씩 받을 수 있었다. 짙은 색 종이 배급표가 지금도 기억난다. 표에는 우리 집 번호인 '256'과 가족 수에 따라 받을 수 있는 식품 분량이 표시되어 있었다.

'419'라는 또 다른 번호도 있었다. 배급받는 날이 매달 4일과 19일이라는 뜻이었다. 밥상에 흰 쌀이 올라오는 그 마법 같은 날을 우리는 목이 빠져라 기다렸다. 밥은 남자든 여자든 아이든 모두 똑같이 받았다. 남자가 더 많이 먹는 집도 있었지만 아버지는 밥그릇이 커도 더 많이 받지 않고 항상 우리에게 양보해 주었다. 생각해 보면 아버지는 정말 공정하고 존경받을 만한 사람이었다. 입으로 평등을 외치면서 실제로는 마초같이 구는 대부분의 북한 남자와는 전혀 달랐다.

매달 4일과 19일이면 어머니와 언니는 배급표를 들고 집에서 5분 거리에 있는 식량 배급소에 갔다. 하루는 언니가 아파서 내가 어머니를 따라갔다. 배급소에는 문이 두 개 있었다. 하나는 들어가는 문이고 또 하나는 나오는 문이었다. 입구에서 우리가 받을 양이 적힌 배급표를 건네니 안에 있는 담당자가 표를 들고 옆방으로 갔다. 우리는 대기실에 난 작은 창 너머로 상황을 살피다가 우리 번호를 부르는 소리를 듣고 들어갔다.

하얀 도금 양동이 두 개에 각각 강냉이와 쌀이 담겨 있었다. 담당자들은 손으로 쌀과 강냉이를 퍼서 조심스럽게 무게를 잰 다음, 반대쪽 벽에 난 구멍을 통해 우리가 서 있는 방으로 이어지는 대야를 향해 부었다. 바닥에 떨어진 곡식은 절대 못 줍게 했다. 가끔은 배급소에서 국수도 나왔는데 먹고 나면 금방 배가 고파져 남동생과 나는 싫어했다.

어머니는 식량을 주머니에 담아 배낭에 넣어 메고 집으로 왔다. 배낭 안에는 쌀 약간과 강냉이를 섞은 잡곡, 식용품 상점에서 받은 간장 된장 소금이 들어 있었다. 김일성 탄생일 같은 특별한 날에 나오는 기름과 달걀처럼 귀한 식품은 찾아볼 수 없었다.

한편 배급품이 부족할 때는 어떻게 해결했을까? 돈이 있다면 '상점'에 가서 장을 볼 수 있었을 테다. 남새 상점 혹은 물고기 상점이라고 부르던 상점은 당 직영으로 동네에 단 하나뿐이었는데 마침 우리 아파트 바로 건너편에 있었다. 아주 작은 좌판을 놓고 한번에 딱 한 가지 물품만 판매하는 곳이라, 예를 들어 생선이 들어오면 아줌마들 사이에 금방 소문이 돌았다. "생선 자동차가 있더라. 서둘러! 빨리 가서 줄 서자고!" 말문이 떨어지자마자 눈 깜짝

할 새에 아줌마들이 길게 줄을 섰다. 물건은 보통 좌판 뒤쪽에 있어 줄을 선 상태로는 얼마나 남았는지 알기 어려웠다. 모두에게 돌아갈 만큼 물건이 남지 않았다 싶으면 질서정연하던 줄이 금세 무너져 난장판이 되었다. 어른 아이 임산부 누구라도 봐주지 않았다. 먹고 살려면 무슨 짓이든 했다.

"머리카락 당기지 마, 이 간나새끼!"

"여기! 여기 주세요! 우리가 먼저 왔다고요. 줄 서세요!"

나는 상점 가는 걸 싫어했지만 어머니는 항상 나를 보냈다. 역시나 내가 절대 빈손으로 돌아오지 않으리란 걸 알아서였다.

부모님은 언제든 음식이 생길 때를 대비해 배낭을 들고 다녔다. 어느 여름날 어머니가 배낭 가득 복숭아를 담아 왔다. 그 신비로운 과일을 보고 나와 언니 남동생까지 셋이 기뻐 날뛰던 모습이 지금도 생생하다. 그런 맛은 난생처음이었다. 과즙이 넘쳐흐르고 풍미가 가득했다. 나는 씨앗을 입에 물고는 즙이 안 나올 때까지 계속 빨아댔다. 곧바로 복숭아를 하나 더 먹게 해 주겠다는 어머니 말을 듣고서야 씨앗을 뱉어냈다. 다음 복숭아를 다 먹고 나면 또 씨앗으로 똑같은 장난을 쳤다.

북한에는 도시마다 생산하는 과일이 달랐다. 라남에서는 배를 키웠고 복숭아는 주로 김책에서 재배했다. 북청에서도 약간은 재배했지만 품질이 그리 좋지 않았다. 어머니가 우리에게 근사한 간식을 마련해 줄 수 있었던 건 돼지 사육 사업 덕분이었다. 얼마 안되는 돈이나마 벌어서 이런 걸 맛보려고 어머니는 지칠 줄 모르고 일했다.

우린 진짜 복 받았어, 복순이는 복숭아 같은 거 못 먹어봤을 거야. 나는 그 애에게 절대 물어보면 안 된다고 속으로 다짐하고 또 다짐했다. 복숭아는 영원토록 나에게 귀한 음식으로 남을 것이다. 내가 다시 복숭아를 맛본 건 그로부터 20년이 더 지난 후 중국에서였다.

마음이 통하는 사람

"주문하시겠습니까?"

"지현 씨, 뭐 마실래요? 난 커피 마시려고요."

런던 빅토리아 광장의 카페 루즈. 늘 앉던 안쪽 자리에 앉은 우리는 커피를 따라주는 점원을 지켜본다. 점원은 설탕 단지를 탁자에 내려놓은 뒤 예쁜 미소를 띠고 성큼성큼 멀어져 간다. 진하고 풍미 가득한 커피다. 우리는 이 카페에서 주로 만난다. 지현이 맨체스터에서 올 때면 꼭 빅토리아 고속버스 터미널에서 내리기 때문에 여기가 편하다. 기차푯값이 만만치 않아서 야간 버스를 타고 오는데도 지현은 매번 약속 시간에 맞춰 여덟 시 정각에 나타난다.

터미널은 언제나 사방에서 몰려든 여행객으로 북적이지만 카페는 누가 어떤 이념을 가졌든 신경 쓰지 않고 마주 앉아 대화할 수 있는 공간이다. 이렇게 평온한 상태로 우리는 차이점보다는 공통점에 더 집중하면서 서로의 삶을 마주한다. 지현은 설탕 두 스푼을 잔에 넣는다. 이제는 커피 맛을 즐기기 시작했지만 처음 내가 커피를 권했을 때 지현은 절대 설탕 없이는 마시지 않는다고 말했다. 반드시 두 스푼을 넣어야 한다면서.

어린 시절 이야기를 들려주는 지현의 얼굴에 그리움이 묻어난다. 나는 두 시간 가량 열성적으로 받아 적으며 어린 소녀 지현이 보낸 일상은 어땠는지 자세히 들으려고 안간힘을 쓴다. 지현에게는 힘든 일일 수 있다. 어릴 때 어떤 옷을 입었는지도 기억하기 어려워 그저 윗옷은 흰색, 아래는 검은색이었다고만 말한다. 놀라운 일이다. 지현의 기억은 모두 흑백이다. 나는 수첩에 이렇게 메모하고 옆에 별표를 단다. 중요.

우리는 아주 다른 삶을 살아왔지만 지현이 하는 이야기는 듣기만 해도 확 와닿는다. 한 마디 한 문장 다 들리고 느껴진다. 나와 너무 다르면서도 너무 친숙한 이 여성이 한때 경계선 반대편, 세계가 외면한 나라이자 내가 지옥이라 여기던 그곳에 살았다는 사실이 여전히 실감 나지 않는다.

"시골에서 보낸 어린 시절 이야기를 들으니 꼭 제 이야기 같았어요."

나는 고개를 들고 말한다.

"그래요?"

지현이 흥미로워한다.

"바닥이 낮은 부엌이랑 온돌, 아궁이에 걸려 있는 까만 무쇠솥과 솥뚜껑. 우리 친가 어르신들 살던 시골집도 똑같았어요. 그리고 할머니라는 호칭…… 저도 할머니라는 말 입에 달고 살았거든요. 이렇게 똑같은 말을 쓴다는 사실이 우리 사이를 확 끌어당기는 듯해요. 할머니 같은 단어는 마치 살아 있는 생명체처럼 가슴에 쿵 날아와 박혀요."

"할머니 집에 자주 갔었나요?"

지현은 '나도 질문 있어요!'라고 말하듯 수줍은 미소를 띠며 묻는다. 나는 사생활을 무척 중시해서 주변 사람에게 내 이야기를 잘 꺼내지 않는다. 감정도 별로 드러내지 않는 편이다. 하지만 지현에게는 대답해야 한다.

"네, 어릴 때요. 성탄절과 여름방학 때 부모님과 함께 갔어요. 자라면서 해외에 살다 보니 점점 안 가게 되었지만요. 아버지가 외교관이셨거든요."

"뭐라고요? 외교관?"

"……외교관이요."

나는 더듬대며 지현을 바라본다.

뭔가 하면 안 되는 말이라도 한 걸까. 내가 살아온 세계가 지현과는 너무 멀고 다른 걸까? 혹시 기분을 상하게 했나? 진심을 전하기 어렵다. 갑자기 불편해진 이유가 뭔지 모르겠다. 감당이 안 된다. 나는 '좋은' 한국에서 태어났고 지현은 '나쁜' 한국에서 태어났다. 그건 내 탓이 아니다. 나라를 두 동강 낸 전쟁 범죄자들이 제일 쉬운 해법을 택했기 때문이다. 그냥 그대로 내버려 두는 것. 삶은 38선 앞에서 멈추었다.

"와, 아버지가 정말 중요한 사람이시네요! 공무원이셨다니 …… 이 책 쓰기로 하기 전에 망설인 이유를 알겠어요. 쉬운 일이 아니었겠네요."

나는 아무 말 하지 않는다. 암묵적으로 이 작업에 참여하는 게 나한테도 모험이었음을 인정한다. 지현은 고마운 눈빛을 보낸다.

"아니, 난 세린 씨가 그냥 런던에 사는 평범한 남한 사람인 줄만 알았죠. 알고 보니 '백두 혈통'급이었네요."

지현이 장난치듯 내게 말한다. 지현의 유머 감각이 좋다. 그 말에 나는 대화를 이어나갈 힘을 얻는다.

"그렇지 않아요. 한국에서는 시험에 합격하면 외교관이 될 수 있어요. 사회 계층과는 아무 상관이 없고 그냥 똑똑하고 열심히 공부하면 돼요. 굳이 말하자면 저희 아버지는 자수성가한 분이세요. 아마 전쟁 직전이었을 텐데 열네 살 때 <타임>지를 팔에 끼고 다녔대요. 아버지 외에는 동네에 그런 사람이 아무도 없었다는데. 세계를 둘러보고 싶어서 아버지는 열심히 영어를 공부해 외교관이 되었어요."

"열네 살이면 저희 아버지가 군에 입대하셨던 나이네요!"

"네, 그러셨죠…… 기억해요."

나는 가능한 한 빨리 지현 얘기로 돌아가고 싶다. 어떻게 말을 이어야 좋을지 고민한다.

"우리 아버지처럼 지현 씨 아버지도 조국에 봉사하려고 자기 삶을 헌신하셨죠. 서로 방법이 달랐을 뿐. 지현 씨 아버지는 안타깝게도 학교 다닐 사정이 안 되었던 거고. 하지만 각자 자기 직업에 충실히 임하려고 평생 최선을 다하셨잖아요?"

"맞아요."

우리 둘 다 감동에 젖는다. 약간 울컥하기까지 한다. 잠시, 지금껏 걸어온 기이한 삶의 여정을 돌아보느라 서로를 놓친다.

"아버지는 어디서 자라셨어요?" 지현이 묻는다.

"남서쪽이요. 전라도."

"전라도요? 우리 할아버지 고향도 전라도인데! 할머니에게 들었어요. 남쪽 사람이라고요. 세린 씨 아버지도 김일성의 선조도 다들 전라도 출신이었군요!"

"정말요?"

나는 놀라서 대답한다. 말문이 막힌다. 학교에서는 누구도 김일성이 남쪽 출신이란 걸 알려주지 않았다. 솔직히 북한을 연구하는 사람이 아니고선 이런 사실을 아는 사람은 거의 없을 것이다. 이 일을 알고 나니 한국사를 되짚어 보며 알려지지 않은 사실과 인물을 다시 끄집어내고 싶은 욕구가 솟구친다.

"세린 씨 아버지 형제자매는 어떻게 돼요?"

아버지 얘기로 돌아가서 지현이 질문을 이어간다.

"아들 셋 딸 하나요. 저희 아버지도 차남이었지만 경제적인 걸 포함해서 가족을 많이 책임졌어요."

"아, 알 것 같아요. 저희도 그랬으니까요. 할머니 장례식이 끝나고 아버지가 두 형제를 라남에 데려와 우리와 함께 살았죠."

지현이 고개를 끄덕이며 말한다.

"외교관이 된 후로 아버지는 항상 급여 중 일부를 시골에 계신 부모님께 보냈어요. 친할아버지 친할머니는 초가집에 사셨는데, 아버지가 보낸 돈으로 기와를 올릴 수 있었대요. 70년대에 기와는 부의 상징이었거든요. 나중에 시골에 갔을 때 초가지붕이 사라지고 못생긴 기와가 얹힌 걸 보고 너무 슬펐던 기억이 나요. 주변 경치와 전혀 어울리지 않았어요. 그걸 보니까 어린 시절이 내 눈앞에서 갈기갈기 찢겨나가는 듯했어요. 부유해질수록 왜 모든 게 더 볼품없어지는지 이해할 수가 없었죠. 그 반대여야 하잖아요."

"어, 잠시만요. 저는 초가지붕을 사진으로만 봤는걸요! 김일성 생가 사진 같은 데서요. 항상 아파트에서만 살아서, 제가 아는 주택이라고는 할머니 집이 전부인데 그 집은 기와지붕이었어요!"

"확실히 70년대만 해도 북한이 남한보다 더 잘 살았나 봐요."

나는 약간 풀이 죽은 채 대답한다. 여태껏 항상 남한이 더 부유하고 북한이 더 가난하다고 믿고 살아왔는데, 새로운 역사를 소화하기가 쉽지 않다. 마음이 불편하다. 이 일을 기억해 뒀다가 아버지께 여쭤야겠다. 지현과 나는 말없이 서로 바라본다. 우리는 결국 인위적으로 조성한 차이의 산물인 걸까?

"있잖아요. 지현 씨는 말할 때 억양이 별로 없어요. 그러니까 북한 특유의 억양이요. 그동안 함부로 물어볼 수가 없었는데 지금도 그게 궁금하네요."

"알고 있어요. 말투를 고치려고 엄청 노력했어요. 사람들이 얕잡아 보거나 차별할까 봐. 남한 출신을 만날 때는 억양에 특히 신경 써요. 북한을 떠나고 나서 세린 씨를 알기 전까지 남한 사람을 제법 많이 만났어요. 중국에서도 그렇고 런던에서 참석한 인권 콘퍼런스에서도요. 그다지 튀고 싶지 않았어요. 생존 본능이랄까요."

"연습 많이 했어요?"

"그렇게 많이 하지는 않았어요. 언어에는 소질이 좀 있는 편이에요. 중국어를 빨리 익히느라 애썼던 데 비하면 이 정도는 아무것도 아니었어요."

"영국에서 처음 만난 남한 사람은 어땠어요?"

"다른 나라로 자유롭게 여행을 다니고 원하는 곳에 살 수도 있다는 얘기를 듣고 정말 놀랐어요! 그러니까 누구와도 선뜻 친해지기 어렵더라고요. 여전히 내 안에는 증오가, 그렇게 느끼도록 훈련받은 증오가 너무 많이 남아 있었어요. 그걸 없애는 게 쉽지 않아요. 사실 솔직히 말해서 제가 신뢰할 수 있었던 남한 사람은 세린 씨가 처음이에요. 언젠가 맨체스터에 와서 우리 아이들과 놀아주는 모습을 봤을 때 처음 느꼈어요."

지현의 말에 나는 몹시 감동한다. 하지만 마음을 가다듬어야
한다. 내 이야기를 하러 온 것도 아니고 더군다나 나는 감정을 그
렇게 쉽게 드러내지 않는 사람이니까. 최대한 차분하게 말한다.

"저도, 우리가 다큐멘터리 현장에서 만났을 때는 편하지 않았
어요. ……그런데 바로 조금 전에 뭔가 다른 느낌을 받았어요. 친
밀감이랄까, 마치 우리가…… 자매라도 되는 듯이요. 왜 그런지는
모르겠어요. 하지만 정말로 처음 얼굴을 보게 된, 북에서 온 나의
자매 같았죠. 그 순간 굉장히 친근한 느낌이 들었어요."

지현은 고개를 끄덕인다. 우리가 방금 공유한 그 순간의 마법
을, 여태 우리를 옭아맨 침묵을 깨는 '신뢰' '자매' 같은 말의 중요성
을 지현은 또렷이 알아챈다.

"우리는 서로 다르게 자랐고 정반대 방향으로 걸어왔어요. 그
래도 우린 서로를 알아보았죠."

지현이 낮은 목소리로 말한다. 행여 큰 소리를 내어 우리를 둘
러싼 마법이 깨지길 원치 않는다는 듯이.

넷째 장

열세 살 아이에게 인생은……

La vie à treize ans

나는 숫자를 잘 외운다. 그냥 날짜만 들어도 무슨 날인지 기억해 내곤 한다. 1912년 4월 15일은 태양절이라고도 하는 김일성의 탄생일이다. 1892년 4월 21일은 김일성 모친 생일. 1948년 9월 9일은 조선민주주의인민공화국 건국일. 1942년 2월 16일은 광명성절인 김정일 탄생일. 지금도 날짜를 들으면 그날 일이 떠오르는데 거꾸로는 잘 안 된다.

날짜를 외우기 시작한 건 유치원 때부터다. 그러고 보면 온갖 날짜로 차 있던, 근사한 흰 종이에 찍힌 경전이자 내 어린 시절을 지배한 책 『김일성 전기』는 적어도 특정한 목적은 달성한 셈이랄까. 내 기억 과다증을 유발한 건 분명 그 책이다!

1979년 9월 열한 살이 된 나는 남청진 여자중학교에 입학했다. 그해에는 눈이 일찍 와서 입학 며칠 전에 남동생 정호와 거리로 달려 나가 눈사람을 만들었다. "미국놈들을 때려 부수자!" 세 살배기 정호는 앳된 목소리로 외치며 눈사람 머리에 뜨거운 물을 들이부었다. 겁에 질린 눈사람은 아무 말도 못 한 채 우리가 보는 앞에서 빠르게 녹아내렸다. 그 모습에 우리는 웃음을 터트렸다.

학교 가는 날에는 다섯 시에 일어났다. 늘 내가 제일 먼저 깼다. 여느 때처럼 목에 소년단 넥타이를 두르고 학교에 가서 김일성의 혁명적 투쟁을 열성적으로 공부하고 방과 후에는 체육과 음악 활동에 참여했다. 전과 달리 새로 추가된 과목은 외국어였다. 소련어를 배웠는데 키릴문자를 쓰는 이 동슬라브 언어는 매력적이고 재미있었다. 한자도 배웠다.

중고등학교 교육비는 인민학교 때와 마찬가지로 나라에서 댔다. 교과서는 모두에게 돌아갈 만큼 충분해서 어머니들이 복사본을 만들 필요는 없었다. 다만 새 교과서는 공부 잘하는 학생들이 받고 나머지는 위 학년이 내놓은 낡은 교과서를 받았다. 나는 새책을 받을 자격이 있는 공부 잘하는 학생에 속한다는 사실이 매우 자랑스러웠다. 그래도 책값은 부담해야 했는데, 책을 살 형편이 되던 나는 학년이 끝날 때면 사정이 좋지 않은 아이에게 책을 물려주었다.

교실과 화장실 청소도 한층 새로워졌다. 이제는 책상과 시멘트 바닥에 초 칠을 했다. 책상 서랍에 조그만 걸레를 챙겨두는 건 그 때문이었다. 쉬는 시간마다 그걸 꺼내서 책상을 닦고 짠! 하는 용도로. 화장실은 교실 건물과 별도로 바깥에 있었는데, 호상비판 시간에 고발을 당한 사람이 청소를 맡았다. 고맙게도 나는 한 번도 걸린 적이 없었다. 퇴비에 쓰려고 주기적으로 분뇨를 실어 가는 인근 농부들이 제때 오지 않으면 화장실은 금세 넘쳤다. 특히 비가 많이 오는 여름엔 배설물과 진흙이 몽땅 뒤섞였다. 겨울에는 특히나 문 바로 앞에 커다란 오물 웅덩이가 그대로 얼어붙어서 학생 여럿이 달려들어 곡괭이로 파내야 했다!

중고등학교 시절에 정말 새로웠던 일은 매 학기 나가던 농촌 동원이었다. 추수철이면 협동 농장들이 학교에 도움을 요청해 무급 단기 농장 노동자를 쓸 수 있었는데, 그 노동자는 바로 우리 같은 학생들이었다. 이런 바깥 체험은 소풍이라기보다는 양치기를 따라가는 어린 염소 떼 행렬에 더 가까웠다. 양치기 선생님을 따라 나간 우리는 풀을 뜯는 대신 서투른 손놀림으로 땅을 갈았다.

해마다 4월이면 이렇게 집 밖에서 40일 정도를 보냈고 김매기가 아직 남아 있거나 모내기를 끝내지 못했을 때는 더 오래 머무르기도 했다. 쌀과 강냉이를 수확하러 가는 10월에는 2주 정도면 끝이 났다.

처음 강제 노동 체험을 하러 나간 1981년에 나는 열세 살이었다. 9월의 어느 즐거운 오후 우리는 라남을 떠나 기차로 한 시간 거리에 있는 어랑으로 향했다. 어랑 농장에서는 주로 쌀과 강냉이를 재배했는데, 선생님을 포함해 우리 반 전체가 농원 일에 동원되었다. 첫 기차 여행에 들뜬 서른여섯 명의 아이들은 가는 내내 웃고 까불었다.

창밖으로 여러 마을이 빠르게 지나다가 산을 넘자 드넓은 논이 펼쳐졌다. 비포장도로를 따라 할머니 집처럼 흰 벽에 회색 기와 지붕을 얹은 시골집들도 연달아 스쳐 지나갔다. 끝없이 이어지는 길을 따라 "모두 다 가을걷이 전투에로"라고 적힌 커다란 글자판이 틈틈이 튀어나왔다. 전투적 태세로 쌀을 재배하라고 인민들을 독려하는 문구였다.

협동 농장은 도로를 따라 늘어서 있었다. 소가 끄는 쟁기와 수레를 썼고 사정이 좀 나은 곳에선 트락토르*가 눈에 띄었다. 소련제도 가끔 보였지만 아주 드물었다. 농촌 동원이 굉장히 힘들 거라

•
북한 내에서 제작한 트랙터.

고 언니에게 들었지만 두렵지 않았다. 나는 언니보다 힘도 훨씬 세고 라남에서 몸 쓰는 일도 많이 해봤으니까.

하지만 막상 겪어보니 이 노동은 그런 일과 차원이 달랐다. 서로 경쟁하는 건 여기서도 예외가 아니어서 우리 학년 일곱 반 전체가 맞붙을 예정이었는데, 선생님은 틀림없이 우리 반이 제일 잘할 거라며 사기를 북돋아 주었다. 부모님은 어릴 때 이런 일을 해본 적이 없었기 때문에 육체노동이 얼마나 고된지 알지 못했다. 그래선지 그저 위험하니 밤에 밖에 나가지 말라고만 일렀다. 어머니는 배낭에 갈아입을 옷과 칫솔 등 세면도구를 넣고, 가마에 덖은 강냉이알과 물에 걸쭉하게 타 먹는 '펑펑이 가루'도 챙겨주었다.

어랑역에 도착한 우리는 기차에서 내려 씩씩한 걸음으로 걷기 시작했다. 오후 중반쯤 농장에 도착해보니 모두 밭에 나가고 아무도 없었다. 누군가 올 때까지 농장 사무실 앞에서 기다리는 수밖에 없었다. 나는 신이 나서 속으로 '야호, 자유 시간이다!' 하고 외쳤다. 우리는 바로 옆에 흐르는 어랑강에 뛰어들었다. 햇볕을 쬐며 휴식을 취하던 선생님은 그런 우리를 말리지 않았다.

물놀이는 처음이었다. 라남에서 바다까지는 40분도 안 걸리고 라북강도 집에서 멀지 않았지만 강에는 절대 가지 않았다. 건설 자재로 쓸 흙을 퍼내느라 강바닥을 파헤쳐서 물살이 거칠고 빠져 죽는 사람이 많으니 가까이 가면 안 된다고 부모님께 들었기 때문이다.

반면에 어랑의 강물은 잔잔하고 바닥이 발에 닿을 정도로 얕았다. 우리는 멈출 줄 모르고 한없이 첨벙대며 놀았다. 아무도 수영을 할 줄 몰랐지만 상관없었다. 처음 해보는 물놀이는 그 자체로 충분히 즐거웠다. 야단법석을 떠는 와중에 들려온 향숙이와 해영이의 비명이 우리를 더욱 자극했다.

"뱀이야!"

애들이 목이 터지라 외쳤다.

"살려줘어어! 밖으로 나가자!"

우리는 놀라서 아우성쳤다.

"야 이 바보야! 뱀이 아니라 뱀장어잖아!"

누군가 말했다.

"와…… 저것 좀 봐. 등이 무지개색이야. 너무 예쁘다!"

선생님은 이런 우리를 꾸짖지 않고 그냥 두고 보기만 했다. 처음 겪는 상황에 당황한 듯 조금 불편하고 불안해 보이기까지 했다. 그래도 우리는 아무 생각 없이 웃음을 터트리며 놀았다. 열세 살 아이들에게 인생은 그저 아름답기만 했다.

몇 시간이 지나서야 농부 한 명이 밭에서 돌아왔다. 선생님은 그 사람과 함께 일손을 어떻게 나누고 잠자리는 어떻게 배정할지 의논했다. 우리는 각자 무작위로 주민들 집에 배정받았는데 운 좋게도 나는 미술에 소질이 있는 인희와 한방을 쓰게 되었다. 인희는 그림을 잘 그렸고 그 애 어머니는 종이꽃을 정말 잘 접었다. 우리가 머문 집 주인은 어머니와 비슷한 연배에 홀로 사는 여성분으로 온화하고 친절했다.

다음 날 아침에는 밭에 나갈 줄 알았는데 강냉이와 배추를 씻으라고 했다. 수확해 온 강냉이 껍질을 벗겨 알갱이를 훑어내야 했는데, 어린 우리 손은 단단히 들어찬 알갱이를 분리할 만큼 여물지 못했다. 얼마 안 가 황금색 강냉이가 피와 고름으로 물들어 갔다. 강냉잇대를 감싼 껍질을 빨아 먹으면 달짝지근한 즙이 나왔다. 꿀 같은 그 즙을 삼키는 맛으로 우리는 작업에 열중했다. 잡담을 금했기 때문에 몰래 서로 속삭이기만 할 수 있었다. 작업하는 내내 농부가 우리를 지켜보았고 선생님은 안 보였다. 아무도 선생님이 어디 있는지 몰랐다. 이렇게 시골에서 강냉이 껍질을 까는 동안 수업은 중단해도 호상비판 시간만큼은 절대 생략하지 않았다.

밭으로 가는 길에 우리는 길가에 자라는 무를 뽑았다. 도시에서 보던 것과 달리 길고 가늘고 하얀 무였다. 몰래 하는 짓이라 맛있게 느낀 건지 정말로 맛있는 무였는지 알 수 없지만 게걸스레 무를 먹어 치웠다. 물론 걸려서 벌도 받았으나 배가 너무 고팠던 우리는 뱃속에 뭔가 집어넣을 수만 있다면 벌 받는 것 정도는 견딜 수 있었다. 집에서 챙겨 온 식량은 열흘도 채 안 되어 바닥났다.

결국 언니 말이 맞았다. 육체노동은 거칠고 힘겨웠다. 다들 매일 밤 잠들기 전 어둠 속에서 눈물을 흘렸다. 열세 살밖에 안 된 아이들이 입을 열 기운이 없을 정도로 피곤해서 아무 말도 못 했다. 고요한 어둠 속에서 눈물을 흘려보내는 게 그나마 위로가 되었다. 라남 집도, 이웃끼리 웃으며 농담을 주고받던 할머니 집도 그리웠다. 이 마을 농부들은 웃을 힘도 없고 이웃과 떠들 기운은 더더욱 없을 정도로 죽도록 일만 했다. 어린아이는 저마다 혼자 울다 잠드는 그런 마을이었다.

그해, 성적도 좋고 인기도 많던 나는 반장이 되었다. 함께 일하는 학급위원 세 명이 학생을 나눠 맡아 숙제 검사를 했다. 조직 부위원장인 나는 호상비판을 주도했다. 고발당한 아이들의 명단을 선생님께 제출하고 벌로 바깥 화장실 청소를 시키는데, 정말 괴로

웠다. 누가 내게 비열한 술수를 쓰는 건 아닌지 끊임없이 경계해야 했다. 나는 내 의무를 다할 뿐이라는 생각 뒤에 숨어 냉정하고 흔들림 없이 주어진 역할을 수행했다.

고등학교 시절은 이렇게 내내 일만 하며 보냈다. 주중에는 학교생활과 육체노동을, 일요일에는 온종일 시험공부를 했다. 그나마 주말엔 친구들과 모여 서로 숙제를 도울 수 있어 다행이었다.

종이는 정말 귀해서 함부로 낭비할 수 없었다. 『김일성 전기』를 제외한 모든 교과서와 공책은 거친 갈색 종이로 만들어서 글씨를 쓰기 힘들었다. 어느 날 길주에 있는 종이 공장에서 일하고 온 아버지가 실과 바늘로 종이를 꿰어 글을 쓸 수 있는 연습장을 만들어주었다. 아버지가 가져온 종이는 나무 위에 글 쓰는 느낌이 들 정도로 질이 좋지 않았다. 그래도 종이가 있다는 게 어딘가. 반 아이들은 그조차도 갖지 못했다.

방과 후에는 김일성과 김정일 탄생일 같은 국경일 기념 공연을 위해 강도 높은 합창 연습을 해야 했다. 나는 노래를 그다지 좋아하지 않아 항상 시 낭송 쪽으로 빠졌다. 봄에 농촌 지원을 끝내고 돌아온 뒤에는 체조 대회에도 참가해야 했다. 육체노동에 지쳐 거의 걷기도 힘든 상태였지만, 매일 방과 후 서너 시간씩 다리 찢기와 그 외 여러 동작을 꾹 참고 연습해야 했다. 여덟 시 전에 집에 가는 일은 없었다. 우리 반은 언제나 제일 높은 성적을 올렸는데 가끔 생각해 보면 과연 그만한 가치가 있었나 싶다.

열네 살 되던 이듬해 봄, 두 번째 농촌 지원을 나갔다. 이번에 간 곳은 '새별'이란 도시였다. 지금은 경원군으로 바뀐 새별은 한반도의 북동쪽에 자리한 청진에서도 북쪽으로 더 올라간 중국 국경 지대 근처에 있었다. 훗날 거기서 얼마나 많은 봄과 가을을 보내게 될지 그때는 알지 못했다.

청진에서 그곳까지 가는 길은 험난했다. 기차를 두 번 갈아타야 했는데 매번 한밤중이나 꼭두새벽에 도착하는 바람에 한 번도 그곳 주변 풍경을 둘러보지 못했다. 우리는 모내기를 하기 전 모판에서 작은 볏모를 뽑아 묶는 일을 했다. 가끔 걸터앉을 수 있는 나무 의자를 받았지만 앉을 시간은 전혀 없었다. 아침 먹기 전에 각자 길이 5미터 폭 2미터짜리 모판 하나를 끝내려면 단 1분도 자리에 앉을 수 없었다.

봄이라도 해 뜰 무렵은 추웠다. 우리는 따뜻한 옷도 없었고 손발은 꽁꽁 얼어붙어 식전 작업을 마치고 나오면 발에 아무런 느낌이 없을 정도였다. 시간 내에 자기 몫을 끝내지 못한 사람이 있으면 도와주어야 하는데 다들 너무 지쳐서 거들어주기 힘들었다. 일을 끝내지 못한 사람은 그날 호상비판 시간에 고발당했다. 다행히 나는 손이 빠른 일꾼이라 언제나 제시간에 내 몫을 끝냈다.

제일 고통스러운 시간은 식사 시간이었다. 부모님이 챙겨준 배낭 속에 남은 음식이라고는 간장 된장 단무지가 다였다. 그래도 누구든 식사 준비를 맡는 사람은 운이 좋았다! 하루는 내가 당번이라 강냉이를 갈아 죽과 국수 만드는 일을 맡았다. 종일 국수 기계 앞에 구부리고 서 있느라 허리가 끊어질 듯했지만 그 고통은 참을 만한 가치가 있었다.

"이거 네 방에 좀 가져가서 친구들과 나눠 먹어."

선생님이 말했다.

"정말요?"

"아무도 모르게…… 지금 바로 챙겨 가."

평소 선생님 마음에 들려고 했던 나의 모든 노력이 헛되지 않았다고 느낀 순간이었다. 필요가 도덕을 이기는 법이라, 나는 선생님의 행동에 의문을 제기하기보다는 실리에 따르는 편을 택했다. 저항해야 하는 거 아니야? 그런 생각은 전혀 들지 않았다. 나를 지키는 것이 혁명보다 더 중요했다.

하루는 두만강이 멀지 않은 들판에서 일했다. 강 동쪽은 북한과 중국 사이의 국경인데 건너편으로 내다보이는 들판에는 일하는 사람이 아무도 없었다. 이상했다. 선생님은 전혀 설명해 주지 않았고 우리도 묻지 않았지만 저 건너편이 다른 세상이라는 건 알고 있었다. 건물도 옷차림도 다른 곳, 바로 중국이었다. 들판에 거대한 까만 비닐을 덧씌워 둔 기이한 모습이 눈에 띄었다.

"저 중국인들 말이야, 되게 게으르다. 아무도 나와서 일을 안 해." 내가 속삭이듯 말하자 인희가 동조하듯 말을 보탰다.

"농사짓는 방식이 확실히 이상해 보여."

"우리처럼 손에 흙을 묻히지 않고도 농사짓는 법을 아는 걸까?"

"푸핫, 완전 멍청이들 아냐? 저 아래서 무슨 일이 벌어지는지는 모르겠지만 정말 바보 같은 사람들이네. 게으름뱅이 같으니. 우리가 얼마나 힘들게 일하는데! 저 사람들은 절대 우리를 따라잡지 못할걸."

다시 일하러 가기 전에 인희는 경멸하듯 말했다.

이따금 중국인들이 강변에 빨래하러 내려왔다. 그들이 우리를 빤히 쳐다보면 우리도 똑같이 쏘아보았다. 거리는 20미터 될까 말까 했지만 누구도 입을 열지 않았다. 우리는 서로 할 말이 없었다. 20미터는 두 세계를 갈라놓기에 충분한 거리였다.

주체사상*이 이 거리감을 설명해 줄 수 있을까? 우리는 아주 어려서부터 자립하는 법을 익혔다.

"홀로 서는 법을 배워야 한다. 여섯 살이 되었으니 선생님이 계시는 모임 장소까지 혼자 찾아가라. 숙제는 스스로 해라. 가족들이 바쁘면 혼자 놀아라."

이런 가르침은 우리에게 놀라울 정도로 강인한 성격을 심어주었지만 감정이 발달할 여지는 주지 않았다. 지금도 그 점을 생각하면 몹시 슬퍼진다. 아이와 함께하는 나와 달리 부모님은 자식과 놀아줄 형편이 못 되었으니……

1982년은 큰 사건이 있었던 해다. 김정일의 40세 생일을 맞아 그의 초상화를 부친 김일성 초상화 옆에 걸 수 있게 되었다. 당에서 보내주는 초상화를 받기까지 몇 년이나 기다려야 하는 학교들과 달리 우리 학교는 제일 먼저 초상화를 받았다. 그 사실이 정말로 자랑스러웠다.

수업, 숙제, 운동경기, 수학대회…… 우리의 고등학교 생활은 너무나 꽉 짜여 있어 가벼운 시간을 보낼 여유가 별로 없었다. 열다섯 살이 되던 1983년 10월 어느 날 이웃에 사는 친구 몇 명이 나를 찾아왔다.

---

*
일제강점기에 저항 정신으로 발생한 주체사상은
'자기 자신의 힘을 믿으라'며 자율성을 온전히 발휘해
자기 운명을 스스로 만들어가자고 주장한다.
이 자립 관념은 경제와 군사 영역에 그치지 않고
가정생활까지 좌우했다.

"과수원에서 사과를 공짜로 나눠준대!"

친구들이 숨이 턱에 차서 외쳤다.

그 말을 듣자마자 나는 순희와 인옥이, 정금이와 회색 천 배낭을 챙겨 들고 언덕을 향해 달렸다. 구덕으로 향하는 가파른 오르막이었는데 얼마 못 가 숨이 가빠졌다. 과수원에서는 사람들이 잔뜩 모여 바닥에 떨어져 상한 사과를 골라내고 있었다. 일이 끝나면 신선한 사과를 대가로 받았다. 아이들은 참여할 수 없다고 해서 우리는 주위에서 나뭇잎을 모으며 노는 척했다. 과수원 농부가 등을 돌리면 나무를 향해 달려가 재빨리 가지에 매달린 사과를 따서 가방에 숨겼다. 잡혔다간 호상비판 시간에 벌을 받을 만한 짓이었다.

우리는 할 수 있는 한 빨리 달려 사과나무에서 제일 높은 가지에 기어올랐다. 그 높은 곳에 오른 뒤에야 겨우 마음이 놓여 일이층짜리 건물이 늘어선 작은 마을을 둘러보았다. 나뭇가지에 앉은 채로 드디어 노획물을 즐기려고 꺼내 보니 사과가 너무 딱딱해서 어린 우리 이로는 베어 물 수조차 없었다. 한마디로 먹을 수 없는 사과였다.

화가 치밀어서 이건 사기라며 울부짖었다. 순희와 인옥이도 헛수고했다고 투덜댔다. 농부가 우릴 보고 이야기할 때 이상하게 웃던 이유를 그제서야 알았다. 이런 멍청이! 머리끝까지 화가 난 나머지 집으로 가는 내내 한마디도 하지 않았다.

집 근처에 다다랐을 때 코를 찌르는 고약한 냄새 때문에 나는 더 화가 났다. 발코니에서 명태 말리는 걸 처음 보는 것도 아니고, 그 냄새 나는 생선이 사실은 맛있다는 것도 알았지만 흡사 발 냄새 같은 악취가 그날따라 화를 돋웠다. 왜 다들 생선을 밖에 내다 말리는 거야, 대체 왜?

게다가 그곳에는 군 복무를 마친 병사들을 위해 최근에 지은 공동주택 건물인 '삼천명 합숙'이 있었다. 3천 명 넘는 사람들이 밤새 옆 건물에서 지내는데 모르고 살 수는 없었다. 청진 제강소나 제철소에서 일하는 그들은 다 같은 시간에 퇴근했다. 천둥 치듯 요란한 발소리가 들리면 퇴근 시간이라는 걸 알 수 있었다. 그 엄청난 물결에 휩쓸리지 않으려면 출퇴근 시간에는 근처에 얼씬대지 않는 편이 좋다는 것도 알았다. 다들 평범해 보였지만 아버지는 그 사람들이 배가 고파 물건을 훔칠지 모른다며 우리에게 주의를 줬다.

나는 매 순간 긴장한 채로 사는 게 피곤하고 지긋지긋해졌다. 집에 오는 길에 겨우 돼지 소음과 말린 생선에서 나는 악취나 거리를 가득 채운 군인 무리와 맞닥뜨리려고 이렇게 힘들게 살았단 말이야? 햇빛에 얼굴이 타고 입술이 갈라지도록 온종일 들에서 강냉이를 심고 나르다가 거칠어진 손바닥으로 돌아와서는 이불 속으로 기어들 힘조차 없는 상태로 쓰러져 하루하루를 견뎌내야 하나……. 도대체 뭐 때문에? 꼭 이러고 살아야 해?

어디 그것뿐인가, 누에는 또 어떻고. 이번에는 모든 가정에서 누에를 길러 누에고치를 헌납해 조국의 섬유 산업에 기여하라는 명령이 내려왔다. 이 일은 아파트 내 아줌마들의 또 다른 의무가 되었다. 검은깨 한 알만큼 작은 누에씨를 축축한 뽕잎 위에 올려놓으면 부화한 애벌레들이 그 나뭇잎을 먹으며 자랐다. 나뭇잎이 어찌나 많이 들어가던지 결국 어머니는 산에서 뽕나무를 통째로 가져와서 화분에 꽂아 방 한구석에 두었다. 그 아래서 잠을 청하니 마치 탁 트인 하늘 아래 캠핑하는 기분이 들었다.

밤이면 하얀 벌레가 눈처럼 우리 머리 위로 떨어져 내렸다. 마디 있는 다리가 달린 그 흐물흐물한 원통형 생명체가 사방에 가득했다. 나는 팔이며 목과 얼굴에 우글우글한 누에를 역겨워하거나 짜증 내지 않고 그저 기계적으로 떼어내곤 했다. 그 작은 애벌레는 적어도 성가시지 않았고 시끄럽게 굴거나 악취를 내뿜지도 않았다. 우리의 동거, 우리의 임무는 애벌레가 자기 몸을 고치로 감싸고 나면 끝이 났다. 일단 고치가 생기면 모아서 공장에 보냈다. 누에고치를 끓이고 풀고 자아내 만든 실크 실은 수출용 직물 제작에 쓰였다.

나는 새벽 다섯 시마다 누에 동산을 피해 개울로 갔다. 집 근처에 어머니가 빨래하러 가던 이름 없는 작은 개울이 내게는 유일하게 고요한 장소였다. 집중력이 꽤 필요한 수학 문제 풀이와 『김일성과 김정일 혁명력사』 외우기에 딱 좋았다. 날짜 하나만 잘못 외워도 미래가 위태로워질 수 있었지만 다행히 우리 가족은 모두 수학의 달인이었다. 그중에서도 언니는 특히 실력이 뛰어나 컴퓨터 프로그램 개발 대회에도 종종 나갔다.

컴퓨터가 없었지만 언니는 학교에서 특별히 제작해 준 모형 키보드로 타자를 익혔다. 까만색 물감 뚜껑에 흰색으로 한글 자음과 모음을 써서 플라스틱 상자에 끼워 만든 것이었는데 언니는 저녁마다 그 키보드를 집에 가져와 연습했다. 마치 소리 나지 않는 피아노를 연주하듯 언니의 손가락이 자판 위를 바삐 날아다녔다. 그런 다음 공책 가득 수학 공식을 써넣었다. 컴퓨터를 한 번도 만져본 적 없는데도 언니는 그런 식으로 프로그램을 짤 수 있었다. 내게 바람에 날리는 공화국기 이미지를 만들 줄 안다고 한 적도 있었다. 1983년에는 함경북도 부령에서 열린 컴퓨터 프로그램 개발 대회에서 2등 상을 받아 왔다! 그해 여섯 살이 된 정호가 학교에 입학했는데 우리처럼 수학을 잘했다.

1984년 어느 여름날 중국 공산당 총서기 호요방*이 청진을 방문했다. 한국전쟁 때 중국이 우리를 도와주었으니 피를 나눈 형제라고 배웠고, 마침 학교에서 중국어를 공부하던 중이기도 해서 그의 방문이 무척 흥미롭게 느껴졌다. 어머니의 먼 친척 한 명이 중국에 산다는 것과 이웃집 텔레비죤에서 본 중국 영화 외에는 아는 게 별로 없어 궁금한 게 많았다. 중국인은 우리와 같은 음식을 먹을까? 우리처럼 살까?

그날 행진을 보려고 넓은 중앙 도로변에 모두 줄을 섰다. 라남 사람은 이런 환영 행사에 익숙했다. 확성기에서는 알아들을 수 없는 지시가 울려 퍼졌고 보안 요원들은 고막이 터질 정도로 크게 호루라기를 불었다. 사람들은 서로 부딪치거나 불평하는 일 없이 모두 재빨리 움직였다. 수십만 명에 달하는 라남 시민이 전부 모이는 데 45분도 채 걸리지 않았다. 성분이 제일 좋은 사람은 맨 앞줄에 서는 영광을 누렸고 우리는 학생이니 가운데쯤에 서야 했다.

까만 자동차가 앞으로 지나가는 동안 우리는 조그만 중국 국기를 흔들며 "환영합니다 호요방 동지!"라고 목이 터져라 외쳤다.

胡耀邦(후야오방, 1915~1989).
1920년대 말, 14세에 일찌감치 공산주의 운동에 참여한 후로
평생 공산당에서 활동한 중국 정치인. 북한 방문 3년 후인 1987년에는
학생 민주화 시위에 적극 대처하지 않았다 하여 총서기직에서 물러났지만
계속 당 활동을 이어가다 2년 후 심장마비로 사망했다.

아버지는 가까스로 경애하는 원수님을 볼 수 있었지만, 아버지보다 성분이 낮은 어머니는 뒤쪽에 서서 아무것도 보지 못했다.

집으로 돌아온 뒤 아버지는 기쁜 일이 있을 때 마시려고 챙겨둔 강냉이 농태기를 한 잔 따라 마시며 즐거운 기분을 만끽했다. 아버지는 이따금 술을 마셨다. 그날 저녁에는 우리에게 자신이 당원이라서 얼마나 자랑스러운지 모른다고 말했다. 그러다 일어서서 장롱으로 다가가 잘 개어둔 옷 아래 넣어둔 빨간 천 지갑을 찾아내더니 그 안에 접혀 있는 빨간 카드를 꺼냈다. 앞면에 '조선 노동당 당원증'이라는 글씨가 보였다. 뒷면에는 아버지 사진과 입당 날짜가 있었다. 장롱에 뭔가 중요한 물건을 숨겨두었다는 걸 알았지만 보물의 정체가 드러난 건 처음이었다. 아버지에게는 목숨보다 소중한 카드인 만큼 우리보다 그 카드를 더 아끼는 게 당연하다고 생각했다.

"너희들도 언젠가 당원증을 갖게 되면 좋겠구나."

카드를 위로 치켜들며 아버지가 말했다. 그러고는 갑자기 셔츠를 올려 상상도 못 한 무언가를 우리에게 보여주었다. 아랫배 왼쪽에 난 커다란 흉터. 그걸 본 순간 우리는 할 말을 잃었다.

"1959년 강원도 군 생활이 끝날 무렵에 내가 남조선 간첩을 잡았지!"

아버지가 말했다.

"강원도가 어디예요?"

정호가 호기심에 찬 눈으로 물었다.

"남조선과 국경을 마주하는 지역이다. 나는 금강산 근처에서 근무했는데 남조선과 가까워서 전략적으로 중요한 초소였어."

"그래서요? 그다음에 어떻게 되었어요?"

언니가 조급하게 물었다.

"간첩을 발견하고 몸을 던져서 잡았지."

"어떻게요? 뒤에서? 앞에서? 총을 들고 있었어요?"

정호는 몹시 궁금해하며 아버지를 채근했다.

"자세한 내용은 알 것 없다. 너희에게 말할 수 없는 군사적 비밀이 있어. 하여간 싸우던 중에 간첩이 칼로 내 배를 찔러서 정신을 잃었다. 깨어나서 보니 내가 아직 살아 있는 데다가 간첩을 죽인 공으로 화선입당●을 했다더라고. 전쟁 영웅이 된 거지!"

"아버지 최고! 너무 자랑스러워요!"

우리는 목청껏 소리쳤다.

간첩을 잡은 그때 아버지는 겨우 스물두 살이었다. 어머니도 아버지가 정말 자랑스럽다고 말했다. 나도 물론 그랬지만 친구들에게는 절대 이 일을 말하지 않았다. 우리 집은 아버지만 당원인데 친구 중에는 부모 모두 당원인 아이도 있었기 때문이다. 나는 어머니에 대해서는 말하고 싶지 않았다. 어머니가 부끄러웠다.

●
당원이 되려면 직장 혹은 군의 추천과 보증이 있어야 하고
몇 년 동안 심사를 거쳐야 하지만, 나라를 위해 영웅적인 일을 하면
곧바로 입당을 할 수 있는데 이것을 화선입당이라고 한다.

다섯째 장

|

도망자 그리고 달걀 50알

Déserteur et cinquante œufs

어머니의 계급 성분이 낮다는 건 이미 알고 있었다. 그 사실 자체는 별로 괴롭지 않았지만 아버지가 왜 굳이 성분이 나쁜 사람과 결혼했는지 궁금할 때가 많았다. 10년 동안 모범적으로 군 복무를 했고 금강산에서 남한 간첩을 잡은 공로로 당원 자격까지 얻은 아버지는 영웅이나 다름없는데 왜 자기 수준에 맞지 않는 사람을 결혼 상대로 삼은 걸까?

이유를 알게 된 건 1984년이 끝날 무렵이었다. 하루는 학교를 마치고 집에 오니 어머니가 근심 어린 표정을 지으며 우리에게 할 말이 있다고 했다. 언니가 컴퓨터 프로그램 개발 대회에서 1등을 했는데도 국가에서 추천하는 연구원으로 선발되지 못했다는 소식을 들은 직후였다. 언니는 정말 우수한 학생으로 학급 위원에다 학교 임원회 회장도 맡고 있었다. 그 연구직에 가려고 인생을 걸고 열심히 공부했다. 심사위원에게 불려 가 군복을 직접 입어본 언니는 그 순간을 잊지 못해 그때 받아 온 사진을 몰래 장롱에서 꺼내 보기도 했다.

그렇게 노력했는데 당은 이 모범적인 학생을 거부했다. 소식을 들은 언니는 크게 실망한 나머지 화장실 문을 잠그고 저녁 내내 울었다. 여전히 주체사상을 신봉하는 아버지는 술을 마시며 실망감을 감추려 애썼고 어머니는 말없이 불편한 마음을 억누르며 힘든 시간을 보내야 했다. 이튿날이 되어서야 입을 떼기로 마음먹고 아파트 문 앞에 서서 우리를 기다리고 있었던 것이다. 떨고 있던 어머니 눈에는 눈물이 고여 있었다.

"얘들아……"

어머니가 입을 열었다. 심장이 덜컥 내려앉았다. 심각한 상황이라는 걸 직감했다.

"이리 와서들 앉아봐라. ……지금부터 내가 하는 이야기를 절대 입 밖에 내지 않겠다고 약속해."

우리는 책가방도 제대로 내려놓지 못한 채 자리에 앉았다.

"약속할게요."

언니가 공손히 대답했다.

"우리 집안에 관해서 해줄 말이 있다. 정말 중요한 일이야."

"우리 집안이요?"

나는 불길한 예감에 사로잡혀 말을 더듬거렸다.

"너희 아버지와 나는 사회적 신분이 다른데도 결혼을 했어. 내 성분이 깨끗하지 않으니 아버지는 할머니에게 거짓말을 해야 했어. 결혼을 허락받으려고 내가 공장에서 일을 워낙 잘해서 당원이 된 것처럼 꾸며댔지. 부모님은 돌아가셨다고 했고."

"그치만 왜 거짓말을 했어요?"

정호가 어리둥절해하며 물었다.

"그래야 할머니가 결혼을 허락해 줄 테니까. 너희도 알다시피 그 당시 시골에 사는 부모는 다들 자식이 당원과 결혼하기를 바랐잖아. 너희 할머니도 아버지가 신분이 낮은 사람과 결혼하기를 바라지 않으실 거라고 생각했거든."

"어머니를 위해서 한 거짓말이네요."

나는 감동해서 말했다.

"너희 아버지는 책임감 있는 아들이고 현실적인 사람이야. 남편만이 아니라 나이 드신 어머니와 장애가 있는 형, 어린 남동생을 모두 돌봐줄 수 있는 사람과 결혼하기 원했어. 성분이 같으면서 그걸 다 감당할 여자가 어디 있겠어. 그러니 신분이 낮은 여자를 찾아야지. 결혼으로 신분 상승한 그 여자는 고마워하면서 평생 남편 가족을 위해 헌신할 테니까."

나는 언니와 눈을 맞추려고 애썼다. 이런 이야기까지 알고 싶어 설명해 달라고 한 건 아니었지만 이제 와서 그 어려운 질문을 피할 수도 없었다. 동의하는 언니의 눈빛을 확인하고는 대뜸 물었다.

"그런데 어머니 성분은 왜 낮은 거예요? 좋은 집안이 아니었어요?"

"너희 할아버지, 그러니까 우리 아버지가 전쟁 때 월남했어."

나는 귀를 의심했다. 청천벽력이었다. 그럴 리가! 우리가, 박씨들이 이럴 리는 없어. 우리는 아무 잘못도 하지 않은 완벽한 집안이라고. 우리 아버지는 영웅이고 우리는 학교에서 최우등생이지. 외할머니 외할아버지는 돌아가셨잖아. 그렇게 알고 있었는데…… 그래서 한 번도 그분들 이야기를 하지 않았는데…….

"그러니까 외할아버지가 반역자였다는 거예요?"

나는 극도로 흥분해서 물었다.

"좀 들어봐라."

어머니가 엄한 목소리로 말했다. 평소와 같은 다정함을 전혀 느낄 수 없는, 감정을 싹 지워버린 듯한 목소리였다.

"일제강점기에 우리 집안은 김책에 땅을 갖고 있었어. 너희 할아버지 성함은 로태우다. 1945년 해방 후에 공산당에 입당하려고 했지만 당은 자본주의에 물든 지주 출신이라며 받아주지 않았어. 그러다 한국전쟁이 터지고 나서 월남을 감행하기로 한 거야. 북에서는 평생 미래가 없는 타락한 자본주의자로 살 수밖에 없으니까. 너희 외할머니에게도 짐을 챙겨 떠날 준비를 하라고 했는데 막상 떠날 때가 되니까 할머니는 같이 갈 용기가 나지 않았나 봐. 그러자 할아버지는 혼자 떠났지. 그때 겨우 스무 살쯤밖에 안 되던 할머니는 엄마를 태섭 삼촌에게 보내고 사라졌어."

어머니는 설명을 이어갔다. 딸을 버리고 떠난 할머니에게 화가 난 태섭 할아버지는 청진 주변을 샅샅이 뒤져 결국 할머니를 찾아냈다. 하지만 할머니는 딸을 데려가지 않겠다고 했다. 할머니는 어머니를 원치 않았다.

"왜요? 할머니가 어머니를 버린 거예요?"

정호가 떨면서 작은 목소리로 물었다.

"그래. 할아버지 집안 로씨와는 더 엮이고 싶지 않다고 했대."

어머니의 어머니는 형제들이 걱정되어 도망쳤다. 남편이 월남했다고 하면 관심이 쏠릴 테니까. 하지만 몇 년 숨어 살고 나면 자동으로 이혼 처리되어 남편의 반역죄에 더는 연루되지 않으리라는 걸 알고 있었다. 그 후로는 도망자의 아내로 살지 않아도 되는 것이다.

"너무 이기적이잖아요! 어떻게 자기 아이를 버릴 수가 있어요? 그리고 할아버지도 어떻게 자기 아내랑 아이를 버리고 혼자 떠날 수 있어요?"

나는 그만 이성을 잃고 외쳤다. 이웃이 들을까 봐 침착하려고 애썼지만 분노가 치밀었다. 한 번도 본 적 없는 외할아버지 외할머니를 향한 증오심이 솟아올랐다. 두 분 다 우리에겐 반역자였다. 사랑하는 여자와 결혼하려고 거짓말을 한 아버지는 이해한다고 해도, 자기 혼자 살겠다고 가족을 버린 외할아버지와 외할머니는 용서할 수 없었다.

"잠깐만. 외할아버지가 월남했다면 제가 남쪽 야만인의 손녀라는 거예요?"

"……미안하다."

분노인지 생존 본능인지 알 수 없는 감정이 소용돌이쳤다. 외할머니는 어머니를 버렸다. 물론 어떤 경우라도, 심지어 자식이 걸린 일이라도 항상 당이 최우선이라는 건 알고 있다. 몇 년 전에 불길 속에서 초상화를 챙기려다가 죽은 젊은 엄마가 있었다. 아이는 죽었지만 그 초상화만은 무사했다. 이렇게 아이가 아니라 초상화를 구하려 한 엄마의 사연을 담은 기사가 신문 1면을 장식했다. 그 영웅적인 죽음 덕에 남편과 다른 자녀 앞에는 축복받은 미래가 열렸다. 그들은 삼대에 걸쳐 김일성의 보호를 받을 것이다.

할머니가 어머니를 버린 건 당을 향한 충심을 지키기 위해서였다고 나는 속으로 되뇌었다. 도망자의 아이를 버린 행동 자체가 할머니를 영웅으로 만들었다. 당이 먼저고 아이는 그다음이니까. 그제야 언니는 자신이 왜 연구원에 들어갈 수 없었는지 이해했다. 도망자의 자식인 어머니의 더러운 피가 몸속에 흐르고 있었다.

"나는 이 집안의 비밀을 지키기 위해서라면 무슨 짓이든 할 거다. 그러니 너희는 아무 일 없는 듯 행동해야 해. 외할아버지에 관해 누가 물으면 돌아가셨다고 하고. 너희 외할아버지는 태섭 할아버지뿐이다. 지금까지 그랬던 것처럼. 알아들었어?"

어머니가 말했다.

거기서 언니가 태섭 할아버지 이야기는 그만하라며 어머니 말을 끊었다면 좋았을 텐데. '태섭 할아버지는 제 장래에 아무 도움이 안 돼요. 제가 떨어진 건 어머니 때문이란 거 아시잖아요!'라고 말하기를 바랐다. 하지만 심하게 내성적인 언니는 절대 그런 말을 내뱉을 사람이 아니었다. 오죽하면 언니가 입을 꾹 다물 때마다 어머니는 저 속에 뭐가 있는지 하늘만 알 거라고 불평했을까.

그날 외할아버지는 어머니의 이야기 속에서 돌아가셨다. 우리는 말없이 서로를 바라보았다. 이제 막 우리 삶을 뚫고 들어온 이 이야기를 어떻게 소화해야 좋을지 알지 못했다. 열여섯 살 사로청원˙ 박지현은 도망자의 자손이다. 이 사실을 학교 친구들이 알면 분명 모두에게 떠벌려 우리를 괴롭힐 것이다. 절대 진실이 드러나면 안 된다. 나는 절대로 도망자의 자손이 될 수 없다.

어머니를 향한 내 감정은 분노였을까? 연민이었을까? 머릿속이 뒤죽박죽이었다. 어머니가 몹시 힘든 어린 시절을 보냈다는 건 나중에야 알게 되었다. 친모에게 버림받고 청진의 태섭 삼촌 집에 맡겨진 어머니는 자라는 내내 신분 낮은 아이가 집안에 굴러들어 왔다고 외숙모에게 구박받았다. 외숙모는 어머니를 '쌍년'이라고 불렀다. 이 쌍년이, 저 쌍년이.

아버지를 만나기 전까지 어머니는 '도망자의 딸'이란 딱지를 극복하느라 무척 힘들게 지냈다. 학교도 제대로 못 다니고 방과 후

˙
14세부터 가입하는 청년 조직을 '사로청'이라 하고
조직에 가입하면 사로청원이 된다.

에는 사촌 동생들을 업어 키웠다. 졸업 후 가고 싶은 대학이 있어도 가지 못하고 일찌감치 공장에서 일해야 했다. 그런 어머니가 아버지 덕에 어느 정도 고통을 덜 수 있었다니 한편으론 기뻤다. 하지만 아무 잘못도 없이 도망자의 자손이 되어버린 우리는 어쩌지? 나중에 언젠가 위험에 빠지면 그때는 또 어떤 선택을 할까? 어머니도 우리를 버릴까? 할아버지가 도망친 건 이기적이어서일까, 생존 본능 때문일까? 아버지가 어머니 신분을 속이지 않았다면 할머니가 절대 어머니를 며느리로 받아들이지 않았으리라는 것을 나는 그제야 이해할 수 있게 되었다.

———

외할아버지의 변절로 집안의 지위가 더럽혀지고 말았지만 우리가 입을 굳게 다문 덕에 그해에는 아무 문제도 생기지 않았다. 내가 신경 쓸 것은 그저 학교 성적뿐이었다. 그중에서도 '혁명사'는 절대 놓칠 수 없었다. 세계사처럼 등급과 상관없는 다른 과목은 중요치 않았다. 대학을 가려면 혁명사 마지막 시험을 아주 잘 봐야 했기 때문에 최선을 다해 공부에 전념했다. 야심 찬 나의 목표는 평양대학교 입학이었다. 최종 목적지인 '엘리트'의 일원이 되기 위해 꼭 가야 할 길이었다.

그해 우리는 당의 철학을 공부하는 데 시간을 많이 들였다. 김정일이 쓴 『주체사상에 대하여』가 막 나온 때였다. '주체'라는 철학은 1955년에 김일성이 도입했지만 김정일의 책은 1982년에야 나왔다. 김일성은 우리가 선택받은 사람이며 자기 운명의 주인이라고 했다. 우리가 갈 길은 지도자인 김일성이 알려줄 것이었다. 집에 있는 여성이든 일터로 나간 남성이든 모두 이 철학을 가슴 깊이 새겨야 했다.

복사기가 없었지만 집에도 이 책이 있어야 한다고 생각한 나는 아버지가 숙제할 때 쓰라며 조심스레 챙겨준 종이에 까만 펜으로 책 내용을 전부 필사했다. 그리고는 김일성에 관한 책 스무 권 정도가 꽂혀 있던 안방 선반에 필사본을 올려두었다. 한 번도 직접 보진 못했지만 나는 이 영웅과 가족을 경외하고 있었다. 내 부모보다 그들을 더 존경해야 한다는 걸 알고 있었다.

열여섯 살 정도 되어서는 『주체사상에 대하여』를 그저 외우기만 한다고 좋은 성적을 얻을 수 없었다. 최고의 호소력과 정확한 억양으로 우렁차게 낭송할 수 있는 뛰어난 웅변 실력도 필요했다. 교사들은 학교에 찾아온 학부형들 앞에서 학생에 대한 의견을 큰 소리로 낭독하고 눈에 잘 띄도록 우수 학생 명단을 눈높이에 맞추어 벽에 게시했다. 다행히도 우리 셋은 늘 명단에 이름을 올렸다. 부모님은 항상 그 사실을 기뻐했지만 칭찬을 들을 때마다 우리는 앞으로 더 잘하기를 기대하는 느낌을 받았다.

매일 전날과 다를 바 없는 나날이었다. 공부하고 유리창 닦고 학교 건물 벽을 칠하고 나무를 줍는. 언제든 전쟁이 터질 수 있으니 대비하기 위해서 사격 연습도 했다. 변화라면 지혜영이라는 새 친구가 생긴 거다. 혜영이는 학교 성적이 좋지 않아 생활총화 시간마다 선생님에게 혼났다. 속상해서 울음을 터트리는 모습을 보면 너무 마음이 아팠다. 그래서 혜영이 숙제와 복습을 도와주겠다고 나섰다. 나 자신도 모르는 사이에 내 공부를 도와주던 언니를 닮아 가고 있었다.

학교만 놓고 보면 나는 지현이기 전에 '명실이 동생'이었다. 그게 좀 어깨를 으쓱하게 하는 면이 있었다. 어느 날 언니가 학교에 한 권밖에 없던 수학책을 손수 베껴서 가져왔다. 집에서 내 숙제를 도와주려고 애쓰는 언니의 다정하고 너그러운 행동에 깊이 감동했다. 내가 수학을 잘하게 된 건 이처럼 언니가 아무런 대가 없이 보여준 헌신과 다정한 행동 덕이었다고 지금도 확신한다.

내가 숙제를 도와주니 혜영이의 성적이 조금씩 올랐고 우리의 우정도 더 깊어졌다. 그 애 어머니도 우리 어머니처럼 아줌마였는데, 네 아이 중 맏이인 혜영이에게 집안일을 많이 시켰다. 아버지는 3년 전부터 소련에서 일하고 있었다. 소련에 파견되어 일하려면 당원이어야 하는 데다 성분이 정말 좋아야 했다.

"아버지가 해외에서 일하신다고? 무슨 일 하셔?"

어느 날 오후 숙제를 마친 뒤 나는 존경스러운 마음으로 물었다.

"나도 잘 몰라. 아버지가 절대 안 알려주셔. 그냥 소련에 있다는 것만 알아. 그리고 뭐가 됐든 그런 건 중요치 않아. 아버지 덕에 당에서 주는 색텔레비죤°이랑 소련제 공책, 연필을 잔뜩 받았다는 게 중요한 거지! 생각해 봐. 그런 보상을 받을 정도면 아버지가 일을 잘하시는 게 틀림없어! 어쨌든 난 아버지가 엄청 자랑스러워."

혜영이네 가족은 아버지가 소련으로 떠나기 전에 국가안전보위부에 비밀유지서약서를 제출했다. 그 때문에 혜영이는 아버지에 대해선 거의 말을 하지 않았다. 나는 아버지 없이 3년 동안 어떻게 지냈는지 듣고 싶었지만 그런 걸 물어볼 만한 시기가 아니었다. 그

°
컬러텔레비전.

보다 더 많은 걸 털어놓을 수 있을 정도로 무척 친한 사이라도 비밀유지서약서와 고발당할지 모른다는 두려움 때문에 진정한 친밀감을 누리기 어려웠다.

우리는 모든 면에서 절도 있고 칭찬받을 만한 생활을 했지만, 언니가 연구원 자리에서 떨어진 후로 집안 분위기는 갈수록 나빠졌다. 부모님은 자주 다투었다. 아버지는 비슷한 신분의 배우자와 결혼하지 않은 걸 후회했던 걸까? 또는 자식의 삶에 영향을 주리라는 사실을 제때 깨닫지 못한 자신에게 화가 났던 걸까? 하여간 정말 사소한 일도 싸움의 불씨가 되었다.

어느 날 저녁 퇴근해서 집에 돌아온 아버지에게 어머니가 투덜거렸다.

"명실 아버지, 이젠 배급이 충분히 나오질 않네요. 두부 한 모만 얻으려 해도 싸움을 해야 한다니까요."

"뭐라고 했어? 배급이 충분치가 않아? 그것 때문에 싸워야 한다고? 같잖은 소리 하지 마. 당에서는 모두에게 나눠줄 식량이 충분하다고 했어. 그따위 말은 집어치워!"

아버지는 소리를 지르고 부엌을 지나쳤다. 술을 마시면 걱정이 사라지기라도 할 것처럼 방으로 들어가 강냉이 술을 한 잔 따랐다. 한 모금 마신 아버지는 혼자 중얼거렸다. "이제 우리 앞으로 배급이 얼마나 나오는지도 모르다니! 다른 건 그렇다 치고, 점점 게을러지고 있잖아."

힘든 시기였다. 어머니에게는 건물 벽을 닦는 일보다 매일 밥상에 밥 한 그릇 올리는 게 더 큰 걱정거리였다. 그러던 어느 날, 퇴근한 아버지가 평소처럼 어머니와 싸우지 않고 조심스럽게 부엌으로 들어섰다. 등에는 마치 아기를 업은 듯이 까만 천 배낭을 메고 있었다. 다행히 건물에 들어서는 아버지를 본 사람은 아무도 없었다. 아줌마들은 모두 저녁 준비로 바쁠 시간이라 복도도 비어 있었다. 아버지는 그래도 문을 닫기 전에 슬쩍 고개를 돌려 아무도 못 본 게 맞는지 확인했다.

평소와 다른 모습에 무슨 일인지 궁금해진 우리는 아버지를 따라갔다. 배낭에 뭐가 들었는지 알고 싶었다. 아버지는 소리 내지 말라고 손짓하며 배낭을 탁자에 내려놓았다. 그러고는 흰 달걀을 하나씩 꺼내 배낭 옆에 조심스레 늘어놓았다. 어머니는 흥분을 감추지 못한 채 달걀을 큰 그릇에 옮기며 세고 또 세었다. 모두 50알이었다. 태어나 그렇게 많은 달걀을 본 건 처음이었다. 하얀 빛깔이 너무 황홀해 눈을 뗄 수 없을 지경이었다.

"이걸 어떻게 해야 해요?"

몇 분 후 어머니가 침묵을 깨고 걱정스러운 목소리로 속삭였다.

"라남 농장에서 얻은 거야. 일 좀 해주고 받아 왔어. 원래 당의 것이라 손대면 안 된다는 건 알지만 거절할 수도 없어서."

아버지가 말했다.

"그럼 불법으로 가져온 거예요?"

떨리는 목소리로 내가 물었다.

"그렇지. 만약 이웃에서 누가 보거나 듣고 안전부*에 고발하면 우리는 곧바로 잡혀갈 거야."

순간 부엌에 둘러선 우리 네 명의 흥분은 공포로 바뀌었다.

---

* 북한의 정보수사기관으로 현재는 보위부로 부름.

"하지만 아버지……"

언니가 아버지를 바라보며 더듬거렸다.

"지금 전부 삶아서 한 번에 다 먹어버리자."

아버지가 결연한 목소리로 말했다.

집에 오는 내내 아버지는 이 일을 처리할 방법을 고민했다. 달걀을 집에 가져왔다는 사실을 누구도 알아선 안 되니까. 긴장한 표정을 숨기지는 못했지만 아버지는 단호한 목소리로 말했다.

"이 방 밖으로 절대 새 나가선 안 된다. 누구에게도 달걀을 먹었다고 말하지 마."

평소 이웃에서 누가 찾아오면 먼저 문을 두드리긴 했지만, 어머니는 문을 아예 잠가버렸다. 집 안의 불도 다 껐다. 그런 다음 끓는 물에 달걀을 넣었다. 달걀이 냄비 안에서 부딪치는 소리가 들려왔다. 안방에 옹기종기 모여 앉아 기다리는 그 10분이 너무나 길게 느껴졌다. 달걀이 다 익자 어머니는 커다란 그릇에 몽땅 담아서 방 한가운데 내려놓았다.

"한 사람에 열 개씩."

어머니가 침착하게 말했다.

말이 떨어지기 무섭게 달걀을 향해 달려들었다. 배가 너무 고팠던 우리는 잡혀가는 위험도 감수할 수 있었다. 마치 신성한 의식에라도 참여하는 듯, 작은 소리에 맛이 달아나기라도 할 듯 모두 침묵을 지키며 달걀을 먹었다. 새 달걀 껍데기를 깔 때마다 언니와 나, 정호는 기쁨의 눈빛을 주고받았다. 굳이 그럴 필요가 없었는데도 아버지는 소리 내지 말라며 손가락을 입술에 대고 여러 번 주의를 주었다. 이웃집 장 씨 아줌마가 엿듣기라도 하면 무슨 일이 벌어질지 우리는 너무 잘 알고 있었다.

정호가 제일 빨리 달걀을 먹어 치웠고, 언니와 나도 다 먹고 나니 배가 터질 듯했다. 우리는 행복에 겨워 서로를 바라보았다. 아버지가 입을 열지 않았더라면 다들 꼼짝도 않고 오랫동안 그대로 앉아 있었을 것이다.

"그런데…… 달걀 껍데기는 어떻게 없애지?"

아버지가 긴장한 듯 말했다.

우리는 순간 당황해서 몇 초가 지나도록 그 자리에 굳은 채로 앉아 있었다. 아버지는 몰래 달걀을 가져와 먹어 치우는 데까지 치밀하게 계획했지만, 증거를 없앨 방법은 미처 생각하지 못했다. 눈이 휘둥그레진 우리는 서둘러 해결책을 찾아주길 바라는 마음으로 부모님을 쳐다보았다.

어머니는 절구에 갈아 아궁이에 태워버리자고 했다. 그 말이 채 끝나기도 전에 이미 손에는 절구가 들려 있었다. 몇 분 뒤 어머니는 껍데기를 전부 고운 가루로 만들어 불 속에 뿌렸다. 그러곤 위에 새 장작을 얹었다. 이제 그 누구도 모를 것이다. 그야말로 완전범죄였다.

내 기억에 그렇게 배가 가득 찬 느낌은 30년 동안 북한에 살면서 딱 두 번밖에 없었다. 여덟 살 때 아버지가 빵을 가져왔던 날, 그리고 달걀 열 개를 먹은 바로 그날이다.

———

1984년, 내가 열여섯 살이 되던 해 삼촌이 결혼했다. 신부 이름은 황옥순이었다. 삼촌은 키가 작고 눈도 아주 작았는데 놀랍게도 신부는 무척 예뻤다. 키가 삼촌보다 컸고 나이도 세 살 많았다.

처음에는 안 어울리는 한 쌍이라고 생각했지만 마주 보며 끊임없이 미소 짓는 모습을 보니 정말 행복해한다는 걸 믿을 수 있었다.

6월의 더위에도 불구하고 결혼식 날 삼촌은 검은 정장을 입었다. 황옥순 씨는 연분홍색 한복을 입고 손에 꽃다발을 들었다. 낮게 틀어 올린 머리에는 종이꽃을 꽂았다. 삼촌이 입은 정장 재킷 주머니에도 종이꽃이 있었다. 사랑스러운 두 사람을 보고 있자니 나도 결혼하고 싶었다.

인민반에서 누군가 결혼을 하면 가장 신나는 건 아이들이었다. 신혼부부 집에서 음식을 준비해 나눠주기 때문이다. 배불리 먹을 기대에 부푼 우리는 며칠 전부터 결혼식 날이 오기만 기다렸다. 어머니는 생선찜과 국수 등 잔치 음식을 장만하는 데 여념이 없었다. 잔칫상 한쪽에는 쉼떡을 쌓아 만든 떡케이크를 놓고 다른 쪽에는 배와 사과를, 가운데는 아들딸 낳고 잘 살라는 뜻으로 입에 붉은 고추를 물린 통닭을 올렸다. 잔치에 쓸 재료를 마련하려고 어머니는 1년 전부터 한 달에 두 번 배급받을 때마다 쌀 두 숟가락씩을 따로 챙겨두어야 했다. 세상에 이런 위업을 달성해 낼 수 있는 사람은 북한 어머니들 말고는 없을 것이다!

이틀 내내 옆집 장 씨 아줌마가 음식 준비를 도와주었다. 북적이는 모임을 좋아하는 아버지는 잔치에 삼촌 친구뿐 아니라 아버지 친구도 불러 모았다.

식사를 마친 후엔 청진에 있는 거대한 김일성 동상을 찾아가는 신혼부부를 뒤따라갔다. 안전부에 결혼 신고를 하기 전에 동상에 꽃을 올려야 했다. 그런 다음 포항 안전부에서 혼인신고를 하고 집에 돌아오니 10년 동안 못 봤던 고모가 우리를 기다리고 있었다. 이제 마흔이 다 되어가는 고모는 할머니와 똑 닮아 보였다. 그날 저녁 삼촌은 안방에서 친구들과 술을 마셨다. 신부는 관례대로 이웃집에서 얌전히 기다렸다. 신랑이 허락할 때까지 신부는 혼례복을 벗을 수 없었다.

그해 여름, 떠나간 삼촌은 그만 잊으라는 듯 끔찍한 일이 우리 앞에 벌어졌다. 공개 처형을 목격하게 된 것이다. 언니와 정호 그리고 내가 학교 수업을 마치고 집에 막 돌아왔을 때 인민반장이 문을 두드렸다. 반동분자가 체포되어 곧 처벌받을 거라며 자주 있는 일이 아니라고 일러주곤 사라졌다. 갑작스레 벌어진 상황에 어리둥절했다. 게다가 부모님은 '반동분자 처벌'이 무엇을 뜻하는지 알려주지 않았다. 내 친구 중 몇 명은 이미 처형 장소에 가본 적이 있다는 건 알았지만 우리는 처음이었다.

서둘러 학교로 돌아가는 동안 우리는 서로 바라보지도 말을 걸지도 않았다. 학교에 가니 선생님이 우리를 반별로 줄 세워 라북강으로 데려갔다. 하늘에는 낮고 무거운 구름이 가득했다. 처형은 사람들이 제일 많이 모일 수 있고 잘 보이는 위치인 강둑 위에서 진행할 예정이었다. 우리가 도착했을 때는 퇴근하는 공장 노동자들과 근처 아파트 주민이 이미 잔뜩 몰려 있었다. 우리 동네는 라북에서 꽤 멀리 떨어져 있어 거의 막바지에 도착한 탓에 그리 가까이 갈 수 없었다.

강둑 아래 모래밭에 세워둔 기둥이 보였다. 갑자기 군용 지프 한 대가 들어왔고 트럭도 두세 대 뒤따라왔다. 흙먼지가 일었다. 안전원들이 지프에서 머리에 보자기를 덮어쓴 남자 한 명을 끌어내렸다. 몹시 쇠약해 보이던 그 남자는 제대로 걷지도 못했다. 끌고 오기 전에 고문을 한 것 같았다. 반동분자를 보자 모두 흥분해서 소리를 지르기 시작했다. 남자를 기둥에 묶은 다음 어깨에 소총을 멘 안전원 세 명이 그 앞에 나란히 섰다. 확성기가 없어서 그들이 하는 말은 한마디도 알아들을 수 없었다.

"뭐라고 하는 거야?"

우리 주변에 둘러선 사람들이 외쳤다.

"뭐 좀 들려? 저 사람이 무슨 짓을 했대?"

"소를 죽였다나 봐!"

"소를? 감히 누가 그런 짓을 해? 죽여버려! 죗값을 받아야지!"

"저기 봐! 안전원들이 뭐라고 하는데, 저 사람도 뭔가 말하려는 거 같아."

탕! 탕! 탕! 반동분자가 자신의 죄를 인정하자마자 총성이 울렸다. 병사 세 명이 각각 머리 가슴 무릎을 쏘았다. 슬프다는 생각은 전혀 들지 않았다. 한 발씩 총알을 맞을 때마다 몸이 아래로 꺾이고 사방에 피가 튀었다. 그리고 더는 움직이지 않았다. 병사들이 남자를 기둥에서 풀어 거적으로 감쌌다. 지프는 시체를 싣자마자 출발해 시야에서 사라졌다.

정호가 시체는 어떻게 처리하는지 묻길래 모른다고 했다. 아마 산에 들고 가서 던져버리겠지. 차가 사라지는 걸 보는 순간 문득 누구라도 처형당할 수 있으리라는 생각이 들었다. 그게 나일 수도 있다고 생각하니 본능적으로 공포가 일었다. 하지만 주위에 둘러선 수천 명과 똑같이 입을 다물고 엄숙하게 그 자리에 서 있었다. 돌아가도 된다는 말을 들을 때까지 아무도 움직이지 않았다.

집으로 가는 길은 지옥 같았다. 무거운 죄책감에 발밑이 무너져내리는 듯했다. 말을 하고 싶어도 아무 말도 입 밖으로 나오지 않았다. 잠자코 로봇처럼 규칙적인 우리 걸음 소리를 듣는 편이 훨씬 나았다. 집에 돌아오니 똑같은 광경을 보고 온 부모님도 말이 없었다. 어머니는 평소와 마찬가지로 저녁을 준비했고 식사 후 모두 잠자리에 들었다. 아까 본 것에 대해서는 한마디도 하지 않았다.

낮말은 새가 듣고……

Les mots du jour sont entendus par les oiseaux

열일곱 살이 되자 평양대학교에 가려던 내 꿈은 산산조각 났다. 그렇게 되리라는 걸 알았어야 했다. 3년 전 언니가 그토록 바라던 연구직에 가지 못했을 때 이미 나쁜 징조가 보였는데 말이다.

1985년 9월 나는 전혀 마음에 두지 않았던 청진농업대학교에 입학했다. 지역에서 제일 크고 명문으로 꼽을 만한 학교였지만 내 목표와는 거리가 멀었다. 수학을 그렇게나 잘했던 내가 고작 농부가 되려고 그리 힘들게 공부했다니!

나는 전국 대학 입학시험에서 3등을 했다. 하지만 평양대학교는 나 같은 사회 계층 출신이 넘볼 만한 곳이 아니었다. 함경도 출신 지원자 중에서는 두 명만이 입학 허가를 받았는데, 나는 정원에 끼지 못했다. 교육대학을 가거나 그 밖에 다른 길을 찾아보려고 몸부림쳤건만 딱 잘라 거절당했다. 당국은 고등학교 때 농촌 지원 활동을 했던 들판으로 나를 보냈다.

언니가 연구직에 떨어졌을 때 아버지는 분노하면서도 반신반의했지만 의혹은 이제 사실로 드러났다. 로동당은 우리를 원치 않는다. 이유도 안다. 성분이 의심스럽기 때문이다. 어머니의 나쁜 성분이 우리 가족 모두를 더럽혔다. 결국 평양대학교는 헛된 꿈일 뿐이었다. 청진의 대학교에서 듣는 기상학이며 원예학 따위 수업에 내가 무슨 애정을 품을 수 있을까?

벼를 재배하고 강냉이를 기르고 동물을 돌보는 법은 배워봐야 아무짝에도 쓸데가 없었다. 씨뿌리기나 돼지 번식 같은 데 관심이라도 있었다면 모를까. 게다가 돼지에 관해서는 이미 원하는 것 이상으로 많이 알고 있었으니! 사실상 내 관심을 끌 만한 생명체라곤 잠자리 정도밖에 없었다.

네 살 무렵 시골 할머니 집에 살 때 당시 열네 살이던 삼촌에게 배운 게 있었기 때문이다. 잠자리를 잡으면 껍질을 벗겨 반드시 날것 그대로 먹어야 한다. 먼저 몸통이 상하지 않도록 조심히 날개를 떼어내고, 엄지와 검지로 머리를 잡아 재빨리 잡아당겨 가슴과 분리한 뒤 배에서 흘러나오는 액체를 빨아 먹으면 된다. 절대 잊을 수 없는 기술이었다.

이제는 내가 바로 그 잠자리 신세가 되어 당국의 손아귀에서 산 채로 잡아먹히기 직전이었다. 날개는 이미 뜯겼고 머리와 몸이 분리될 차례였다. 그저 시간문제일 뿐이었다.

———

청진농업대학교는 내가 사는 라남 기차역 건너편에 있었다. 당시 공공건물 대부분이 그랬듯 일제강점기에 지은 건물이라 낡고 지저분했다. 라남과 농포 사이를 지나가는 통근차를 타면 학교까지 5분밖에 안 걸렸지만 아침에 세 번 저녁에 세 번밖에 다니지 않았다. 버스로는 15분이 걸렸다. 그러나 실제로는 전차도 버스도 언제나 제시간에 오지 않거나 만원이라서 차라리 걸어가는 편이 나았다.

걸어서 학교에 가는 45분 동안 전날 저녁 예습한 내용을 점검했다. 말수는 적지만 꽤 다정한 편인 친구와 함께 다녔는데, 친구도 그 시간에 공부를 했다. 량강 출신인 그 애 아버지는 당의 고위 당직자여서 성분은 나무랄 데 없었다. 하지만 어차피 학위를 따면 떠날 사람이라, 나와 다른 세계에 속한 친구와 우정을 쌓는 데 그다지 투자할 마음이 들지 않았다.

어릴 때 친구인 혜영이와는 계속 만났다. 대학 입시에 떨어진 혜영이는 김일성 방문일을 기념해 이름 붙인 5월 10일 군수공장에 취직했다. 그 후 혜영이가 망가져 가는 모습을, 친구의 미래가 순식간에 결정되는 광경을 지켜보는 건 너무 고통스러웠다. 운 좋게도 나의 운명은 완전히 결정된 상태가 아니었다. 나는 더 밝은 미래를 향한 희망의 끈을 여전히 붙잡고 있었다.

"남자친구가 생겼어."

어느 날 혜영이가 말했다.

"정말?"

"응, 같은 공장에서 일하는 사람이야. 우리 부모님께는 절대 말하면 안 돼. 두 분 다 아직 모르셔."

"자주 만나?"

"별로. 한 달에 한두 번 정도 몰래 같이 산책하는 정도야. 공장에서 멀리 떨어진 곳에서 손도 잡고 키스도 하고."

"누가 볼까 걱정되지 않아?"

"응, 걱정돼. 그래서 누가 오는 소리가 들리면 손을 놓고 떨어져서 걸어."

나는 남자친구도 없고 관심도 별로 없었다. 연애하고 소문이 돌기 시작하면 생활총화에 불려 나갈 게 뻔했다. 어차피 내 또래 남자애들은 전부 군에 입대해 만날 수도 없었다. 무엇보다 대학은 사람을 만날 만한 곳이 아니었다. 다들 너무 바빠 사랑에 빠질 틈이 없었다.

수업은 아주 따분했다. 대학교에서는 10년 군 복무를 마친 제대군인이 반별로 소대장을 맡았다. 우리는 그들을 '동무'라고 불렀다. 우리 반 소대장은 강원도 출신에 키가 160 정도 되는 남자였는데 우리를 윽박질러 과제를 대신 하도록 강요했다. 고등학교를 졸업하자마자 군에 입대했다가 서른이 넘어 대학에 입학했으니, 오랜만에 다시 공부하는 게 쉽지 않은 모양이었다. 소대장은 자기 과제뿐 아니라 제대 후 입학한 다른 학생들 몫까지 전부 다 우리에게 떠넘겼다.

하루는 참다못해 대들었다. 못 하겠다고 했다. 이미 내 몫만으로도 너무 힘들어 남의 과제를 할 여력이 없었다. 소대장은 벌로 점심시간과 수업이 끝난 후 화장실 청소를 시켰는데 한 달 후에도 굴복하지 않으니 결국 두 손을 들었다. 하지만 그가 출석부의 내 이름 옆에 작은 글씨로 무언가를 기록하고 있다는 사실은 몰랐다.

대학 2년 차에는 수학 경시대회에서 1등을 해서 수학과 학위에 해당하는 자격을 얻었다. 그 덕에 나는 농부가 되는 길을 피할 수 있었다. 어렸을 때 수학을 배우느라 "미군 열 명 중 여섯 명을 죽이면 몇 명이 남지?"라며 불쌍한 미군을 어지간히도 죽였는데, 그 잔인한 학습법이 그래도 효과가 있었던 모양이다.

2학년이던 1987년 4월부터는 6개월 동안 교도대 훈련을 받아야 했다. 교도대는 예비 군관으로서 군복을 입고 현역 군인들과 함께 지내는데, 간단히 말해 군 복무나 마찬가지였다. 실망스럽게도 대학은 학문뿐만 아니라 전쟁도 배워야 하는 곳이었다. 고등학교 때는 길어야 일주일 정도 붉은청년근위대에 들어가 사격을 배우는 수준이었는데, 대학에서는 언제 터질지 모르는 미국과의 전쟁을 대비해야 했다. 첫 훈련지는 송평 구역 인근 여성 포병대 주둔지인 송평 강덕 부대였다. 이 부대 소속 여군은 대공포를 쏠 수 있는 현역 군인이었다. 그들과 똑같은 군복을 입고 얼굴이 타들어 가도록 내리쬐는 뙤약볕 아래서 온종일 훈련받았다. 열아홉 살짜리에게 총은 너무나 무거웠다. 나는 속으로 이렇게 되뇌었다. 그래, 군대가 뭐 이런 거겠지!

숙소에서는 열두 명이 한방을 썼다. 땀에 절고 생리까지 하는 여성들이 씻지도 못하고 물수건조차 없이 지내다 보니 악취가 진동했다. 아마 한 번도 빨지 않았을 더러운 까만 담요에서 뿜어져 나오는 악취에 질식하지 않고 조금이나마 눈을 붙이려면 낮 동안 창을 열어놓아야 했다. 어떻게 우리를 이런 환경에 던져놓을 수 있지? 여군들은 다른 직업을 놔두고 왜 하필 군인이 된 걸까? 이 끔찍한 공간이 그들에게는 도피처일 수도 있을까? 어떻게 그럴 수가…… 차라리 아줌마로 사는 편이 낫지 않나?

의문은 한참 동안 풀리지 않은 채로 남았다. 한 여성의 끔찍한 운명, 바로 내 어머니의 운명이 마치 괴이한 축제처럼 눈앞에 펼쳐질 때까지 말이다.

같은 해 나는 온성군 종성 지역으로 15일 동안 농촌 동원을 나갔다. 부모님은 그곳이 매우 위험한 죄수들이 일하는 탄광에서 멀지 않다며 밤낮으로 몸조심하고 절대 혼자 밖에 나가지 말라고 신신당부했다. 사실 '탄광'은 수용소의 다른 이름이었다.

우선 김일성 첫째 부인의 탄생지인 회령까지 기차를 타고 갔다. 거기서 증기 기관차로 갈아타고 한 시간을 더 갔다. 아버지 말씀대로 머리를 밀고 회색 죄수복을 입은 죄수가 사방에 가득할 줄 알았다. 그러나 역에서 걸어 나가는 동안 눈앞에는 전혀 다른 광경이 펼쳐졌다.

어린 시절 학교에서 보여주던 일제강점기를 다룬 흑백 다큐멘터리에서 튀어나온 듯한 풍경이었다. 허리춤을 밧줄로 묶은 남자들이 거리를 돌아다녔다. 목은 고름 낀 상처로 가득하고 손은 갈라져 지저분한 행색을 한 아이들도 보였다. 몹시 지친 눈빛만 보면 아이가 아니라 나이 든 사람 같았다. 비 때문에 길에선 검은 고무신이 철벅거리는 소리가 들렸다. 그토록 참혹한 풍경은 처음이었다.

마침내 숙소에 도착해 보니 방 하나에 스무 명이 들어차 있었다. 지붕에서 온통 물이 새어 젖지 않은 방이 그 방 하나뿐이었다. 앞으로 50일 동안, 이제 막 공부를 마치고 '농촌 현대화'를 위해 부름받은 이 스무 명의 여성과 함께 지내야 했다. 그들의 모습은 4년 후 내 미래이기도 했다.

종성은 농촌 현대화 활동의 일환으로 군과 건설 인부들이 성의 없이 대충 지은 도시 중 하나였다. 들판에서 젊은 여성들은 나보다 훨씬 뛰어난 솜씨로 쉴 새 없이 일했다. 늘 손이 빠른 일꾼이라고 자부해 온 나도 이 사람들 옆에서는 거북이나 마찬가지였다. 담뱃잎을 따느라 손가락이 노랗게 물들고 온종일 강냉이와 콩을 심느라 피부가 벗겨졌다. 예전처럼 앞장서 일을 마치기는커녕 날이 저물도록 내가 맡은 모종판을 다 끝내지 못할 때가 많았다.

실패에 대한 두려움이 스멀스멀 솟아올랐다. 육체적 피로 못

지않게 정신적 피로가 쌓였는데 어느 쪽도 견디기 힘들었다. 일이 끝날 무렵에는 살이 쏙 빠졌고 피부는 심하게 그을린 탓에 거칠어졌다. 한 걸음 걸을 때마다 쓰라린 고통이 몰려왔다. 언니가 말했잖아, 힘들 거라고. 나는 속으로 되뇌었다. 언니도 해냈으니 내가 못 할 이유는 없어.

종성에서 돌아와 보니 엄청나게 놀라운 일이 기다리고 있었다. 집에 텔레비죤이 생겼다. 소련제 흑백 텔레비죤으로 국내에서 만든 것보다 화면이 훨씬 컸다.

"이제 텔레비죤 보러 장 씨 집에 안 가도 돼. 우리 아파트 전체에 열 대밖에 없는 거야!"

마른 수건으로 화면을 닦던 아버지가 환한 미소를 지으며 말했다.

"요즘 장사가 좀 잘돼서 말이야……."

갑자기 텔레비죤이 생긴 이유를 해명하듯 어머니가 거들었다.

"말이 나왔으니 말인데 명실 엄마는 좀 쉬어야 해. 그동안 일 충분히 많이 했으니 이제 쉬어도 돼."

아버지는 인자한 표정으로 어머니를 바라보며 말했다.

북한에서는 배우자를 부를 때 흔히 첫째 아들 혹은 아들이 없으면 딸 이름을 붙여 '누구 어머니' '누구 아버지'라고 칭했는데 그 누구 어머니가 장사한답시고 자주 밖으로 나도는 경우는 드물었다.

어머니는 타고난 장사꾼이었다. 돼지를 텔레비죤과 맞바꾼 거다. 천재적인 솜씨였다. 그때껏 돼지를 팔아 번 돈으로 다른 사업을 벌일 생각을 한 사람은 아무도 없었다. 어머니는 국경 인근 도시에서 중국 물건을 떼다가 동네 작은 시장에서 팔았다. 바로 장마당이다. 도시 외곽 다리 아래 땅바닥에 물건을 늘어놓고 파는 임시 노점 형태인 이런 시장은 얼마 안 가 국내 모든 아줌마의 유일한 생존 수단이 되었다. 여기서 물건을 파는 이들은 무릎을 꿇고 쪼그려 앉아 안전원이 보이면 언제든 튈 준비를 하고 있었다.

장마당에서는 음식이며 옷 신발 그릇 만화책 그리고 철물 등 온갖 것을 팔거나 교환했다. 하루는 어머니가 고급 원단으로 만든 중국제 옷을 사다 주었던 게 기억난다. 평소 입던 가려운 아크릴 원단과는 차원이 달랐고 색깔도 노랑이나 분홍처럼 북한에서 보기 힘든 밝은색이었다. 이유는 모르겠지만 어머니가 사 온 물건 중에서 한가운데 초록색 앵무새가 그려져 있던 주홍색 담요가 유난히 또렷하게 기억난다.

———

1988년 2월 나는 2박 3일에 걸친 고된 행진 끝에 백두산 김정일 생가에 도착했다. 자랑스럽게도 청진대학교 대표 세 명 중 하나로 뽑혀 참가한 여행이었다.

북쪽으로 중국과 국경을 맞대고 있는 백두산은 한반도에서 가장 높은 산이다. 교과서에서 배우기로는 항일 투쟁 중이던 1942년 2월 16일에 김정일이 여기서 태어났다고 했다. 부친 김일성은 이 산꼭대기에서 군대를 통솔하고 있었다. 그런데 지금 소련 쪽 기록이나 여타 자료를 보면 내가 배운 것과 다르다. 김정일은 1년 더 빠른 1941년 러시아 하바롭스크 인근 마을에서 유리 이르세노비치 킴이란 이름으로 태어났다고 한다.

나는 산비탈을 뒤덮은 빽빽한 숲의 마법에 빠져들었다. 항일 투쟁을 하던 투사들이 어느 나무에 새겼다는 구호를 보니 그곳이 심오한 역사적 의의를 지닌 장소라는 엄숙한 분위기가 실감 났다. 백두산이 활화산이라는 사실은 더욱 극적인 느낌을 주었다. 태양이 분화구 안쪽, 눈 덮인 바위 봉우리로 둘러싸인 천지를 비추었다.

태양은 오로지 나를 위해 떠오른 듯했다. 푸르스름한 새벽하늘에 여전히 반짝이는 별 사이로 처음 비치는 햇살이 얼마나 아름다운지 알려주었다. 이따금 앞이 보이지 않을 만큼 눈부신 섬광으로 나를 위로하고 내 마음의 소리에 귀 기울여주었다.

1988년 6월 학교를 마친 언니는 친구 소개로 홍상철이라는 남자를 만났다. 나이는 언니보다 조금 많았다. 하루는 그 남자가 우리 집에 찾아와 언니를 만날 수 있냐고 물었다. 순간 영 마음에 들지 않았던 난 언니는 지금 없으니 가라고 했다. 남동생 정호도 나와 같은 반응을 보이며 돌려보내길 잘했다고 응수했다. 언니는 이런 우리의 행동에도 아랑곳없이 몰래 계속 만났다. 둘이 주로 만나던 수남 구역은 해군이 주둔하고 있는 해안 지역 어촌으로 그 남자가 가족과 함께 사는 동네였다. 집안 사정은 또 얼마나 딱한지 남매가 다섯이나 되고 성분도 나빴다. 최악이었다.

"말도 안 돼! 그놈하고는 결혼 못 한다! 아직 군대도 안 갔다 왔다며? 음흉한 놈!"

몰래 상철을 만나고 온 언니에게 아버지가 외쳤다.

"아버지. 아버지도 저처럼 맏이니까 아시잖아요. 평생 가족에게 일거수일투족 감시당하면서 모범적으로 사는 게 어떤 건지. 더는 이렇게 압박받으면서 살기 싫어요."

언니는 침착하게 말했다.

세상에 언니가 아버지에게 말대꾸하다니. 여태 단 한 번도 그런 적 없었는데…… 난 맏이가 아니라 얼마나 다행인지. 나는 부엌 문 뒤에 숨어 속으로 되뇌었다.

"글도 못 읽는 그 어부 자식보다 괜찮은 남자 찾아놨어. 군에서 일하고 성분도 빠지지 않는 사람인데, 어떻게 할래?"

하루는 심상치 않은 분위기를 느낀 삼촌이 농담인 듯 가볍게 물었다.

"아뇨, 됐어요. 관심 없어요."

부엌에 있던 언니는 단칼에 거절하고 나가버렸다.

마치 폭탄이 터진 듯했다. 내가 언제나 우러러보던 언니가 지금 여기서 맞서 싸우고 있다니! 이렇게 독립적이고 용감할 수가! 존경심이 벅차올랐다. 둘의 결혼을 반대하지 않는 사람이 딱 한 명 있었다. 어머니였다. 그 남자를 통해 어촌에서 생선을 떼다 암시장에 팔면 큰돈을 벌 수도 있고 가족을 배불리 먹일 수 있으리라 생각했던 모양이다. 어머니에게는 식량을 넉넉히 마련하는 것보다 중요한 문제는 없었다. 아버지는 멀리 자손의 미래까지 내다보고 고민했다. 사위의 나쁜 성분 때문에 손주들의 앞길이 막힐 게 뻔했고 그 고통을 누구보다 본인이 잘 알고 있었으니 말이다. 하지만 어머니는 당장 식구들 밥상에 밥 한 그릇을 올릴 수 있는지 없는지에 온 신경을 집중할 수밖에 없었다.

그 학기에는 수성 버스 정류장 근처 언덕 위에서 야외 생물학 수업을 들었다. 근처 10분 정도 떨어진 곳에 청진 수성 교화소, 다른 말로는 '캠프25'라는 생전 처음 들어보는 감옥이 있었다. 높은 담장 위로 전기 철조망이 둘러져 있고 네 귀퉁이마다 감시탑이 서 있는 무서운 건물이었다. 담장에 가까이 다가가서 볼 순 없었지만 언덕 위에서는 탁 트인 교화소 앞마당이 그대로 내려다보였다. 머리를 밀고 회색 죄수복을 입은 죄수들이 자전거를 수리하고 땅을 일구며 노동을 하고 있었다. 발에 신발을 신고 있는지까진 알아보기 힘들었다. 무거운 철문 근처에 서 있던 트럭이 아침에 죄수들을 싣고 나갔다가 날이 저물면 데리고 돌아왔다. 돌아온 죄수들은 나갈 때와 마찬가지로 철문을 통과하면서 머리를 숙였다.

그런데 내가 정말 제대로 본 걸까? 허리를 숙인 사람 중에 나이 든 사람도 있었던 것 같은데 여성이나 아이도 있었던가? 혹시 그 유명한 연좌제에 걸려 끌려온 사람들은 아니었을까?

여섯 달 동안 언덕 위에서 지내며 본 것을 누구에게도 말할 수 없다는 사실이 나를 불안 상태에 몰아넣었다. 철의 장막 뒤에 내가 전혀 알지 못하는 세계가 있다고 생각하면 온몸이 떨려왔다. 나는 뼛속까지 주체사상을 신봉하는 지현과, 어린 시절의 꿈에서 깨어나야만 하는 지현이라는 내면의 두 자아를 품은 채로 견뎌야 했다. 당시 실험을 하느라 코와 입을 가리는 하얀 면 마스크를 자주 쓰고 다녔는데, 그 마스크는 바깥 세계로부터 나를 지켜주었을 뿐 아니라 나의 내면을 갉아먹고 있던 공포를 숨겨주기도 했다.

가끔 총성이 들렸다. 주위에서는 누군가 탈출하려 한 모양이라고들 했다. 그럴 때마다 나는 집에 돌아가 어머니에게 얘기했다. 불안한 마음을 달래주길 바랐지만 어머니는 부엌에서 김치를 썰며 "그래, 나도 알아"라고 대답할 뿐이었다. 죄수들은 날마다 죽어갔다. 하지만 총살형으로도 그들의 탈출 의지를 꺾을 수 없었다.

이 불쌍한 사람들이 대체 무슨 끔찍한 짓을 했다고 단 한 건만 고발이 들어와도 온 가족이, 심지어 먼 친척까지 모조리 보위부에 붙들려 가야만 했을까? 보위부가 개입할 정도로 큰 범죄가 대체 뭘까? 30년이 지난 지금도 난 모르겠다.

1989년 봄이었다. 어느 밤 열 시쯤 복도 끝에서 울리는 시끄러운 소리와 비명을 듣고 깨어 보니 안전원과 사복 입은 사람들이 3층 1호 문을 두드리고 있었다. 그 집 아버지는 시골 고향에 가고 없었다. 집 안에는 제약 공장에서 일하는 어머니와 스무 살 아들 남군과 여동생 둘이 있었다. 나는 남군이를 잘 알았다. 며칠 전 군 복무 중이던 그 애와 복도에서 마주쳤는데 사흘 휴가를 받아 집에 왔다고 했다.

상황은 순식간에 진행되었다. 열린 문을 통해 망연자실한 남군이의 얼굴이 보였다. 군에서 자기를 집에 보낸 진짜 이유를 깨달은 모양이었다. 비밀 요원 두 명이 그 애가 말할 틈도 주지 않은 채 입고 있던 군복을 찢어버리고 티셔츠와 바지로 갈아입으라고 명령했다. 그러고는 가족 모두 수갑을 채워 데려가 버렸다. 어디로 갔는진 몰라도 어떤 운명이 그들을 기다리는지는 알 것 같았다. 다음 날 아침 복도에서 인민반장 최 씨 아줌마 목소리가 들려왔다. 나는 아파트 문을 벌컥 열고 귀를 기울였다. 아줌마 몇 명이 최 씨 아줌마를 둘러싸고 서 있었다.

"안전원들이 이불이랑 그릇을 가져갔던데 뭔가 남아 있나 보려고요. 김 씨 아줌마, 같이 들어가요."

빈 아파트에 들어서며 최 씨 아줌마가 말했다. 몇 분 후 두 사람은 손에 지폐 한 뭉치를 들고 나타났다.

"100원이야! 딸 결혼식 멋지게 치러주려고 모은 게 틀림없어요. 100원이면 한 달 급여에 맞먹는 액수인데!"

인민반장이 말했다.

"정말요? 어떻게 그 많은 돈을 모았지? 우리는 식료품 사기도 빠듯한데, 사실 돈 좀 모은다고 온 가족이 감옥에 끌려가지는 않잖아요. 비사회주의그루빠* 잠깐 들어갔다 오는 정도로 끝날 일인데. 뭔가 다른 문제가 있는 게 틀림없어요. 비밀 많던 그 조그만 사람이 또 무슨 다른 일을 꾸미고 있었을까……."

한 아줌마가 말했다.

"아줌마 아니고 그 남편이겠지. 남편이 지주거든. 한동안 감시당하고 있었는데, 며칠 전에 그 남자가 술에 잔뜩 취해서는 자기가 너무 가난하다고 당을 탓했다지 뭐야. 어제 시골 부모 집에서 체포당했대요. 조국을 비판하다니 심각한 범죄지. 그러니까 가족들 전부 잡아간 거 아니에요. 알다시피 연좌제로요."

이후 그 100원은 어디론가 사라졌다. 그날 밤 낮말은 새가 듣고 밤말은 쥐가 듣는다는 속담이 새삼 와닿았다. 조심하자. 조용히 아파트 문을 닫으며 속으로 되뇌었다. 조국은 절대적인 존재야. 언제까지나 영원히 그럴 거야. 나는 이불을 덮고 숨어서 울기 시작했다. 남 씨 가족과 나는 함께 자랐는데…… 참 행복한 가족이었는데. 술 한 잔, 잘못 내뱉은 말 한마디에 그만 다섯 명의 삶이 무너져 내렸다. 3층 1호실 가족에게 내가 느낀 감정은 슬픔보다 두려움이

---

* '소련과 동유럽 사회주의 국가들의 붕괴 이후 외부사조의 유입 증가로 주민들의 일탈행위가 빈발함에 따라 이를 검열·단속하기 위해' 조직한 비상설 검열대이다. (통일부 북한지식사전, 2016)

더 컸다. 수성 언덕에서 나를 사로잡았던 공포와 맞먹을 정도였다.

　1호실은 1년 동안 비어 있었다.

　1989년 7월 보위부가 이번에는 우리 집을 찾아왔다. 그들이 문을 두드린 날 집에는 어머니 혼자 있었다. 나중에 우리가 학교에서 돌아왔을 때까지도 격앙된 상태던 어머니는 숨 가쁘게 낮에 벌어진 일을 이야기해 주었다. 보위부에서는 제13차 세계청년학생 축전 참가차 외국에서 오는 손님이 있어 알려주러 왔다고 했다.

　"정말요? 그런데 축전은 평양에서 열리지 않아요?"

　어머니는 놀라서 그들에게 물었다. 보위부원은 대회는 평양에서 열리지만 최근 어머니의 삼촌인 태섭 할아버지가 당원 명부에 이름을 올린 덕에 우리 집이 초대 가정으로 지정된 거라고 했다. 어머니는 너무나 기쁜 나머지 돌아가는 그들을 복도 끝까지 따라가 배웅했다. 시야에서 사라질 때까지 거듭 고개를 숙이며 감사 인사를 연발했다.

　어머니는 몹시 들떠서 그 일은 우리 집안에 도움이 될 거라며, 그래도 문 앞에 보위부 사람이 와 있다는 걸 알았을 때는 무서워 죽을 뻔했다고 말했다.

　나중에 알고 보니 태섭 할아버지가 당원이 되었다는 건 순전히 우리 아파트에 찾아온 이유를 대려고 꾸며낸 이야기였다. 그들은 도망자의 가족을 살펴보는 의례적 방문차 들른 것이었다. 그날 어머니가 보위부의 방문을 두려워할 이유는 사실 천 가지도 더 되었지만……

　나는 이따금 도망자인 할아버지를 머릿속으로 그려보곤 했다. 텔레비죤에서 <민족과 운명>이라는 영화를 보았는데, 고향이 그리워 북한으로 돌아오는 도망자들을 보니 어쩌면 우리 할아버지도 언젠가 돌아올지 모른다는 기대가 살짝 생겼다. 혹시 선물을 가져오실지도 몰라. 새 옷이라든지…… 아마 우릴 몹시 그리워하시겠지? 궁금했다. 할아버지는 대체 어떤 사람일까? 자기가 버리고 간 딸을 한 번이라도 생각해 봤을까? 북한으로 오는 비자가 비싸서 그 영상 속 사람들은 부자여야만 돌아올 수 있었다. 그렇다면 할아버지는 그 돈을 어떻게 마련할 수 있을까? 남한은 너무 가난하니 쉽지 않을 텐데. 뭐 상관없다. 나는 그저 할아버지가 돌아오면 새 옷을 입고 대학에 갈 수 있겠다는 정도의 기대를 했을 뿐이었다.

한편 결혼한 삼촌 집에는 네 살짜리 큰딸과 7개월 아기 영화가 자라고 있었다. 뒤이어 쌍둥이를 임신 중이던 숙모는 영화가 돌을 맞이하기 전날 진통을 시작했다. 곧바로 병원에 갔지만 상태가 아주 나빠졌다. 쌍둥이는 목숨을 잃었고 미숙한 산파에게 진통제를 맞은 숙모도 결국 깨어나지 못했다. 쌍둥이와 아내를 한꺼번에 잃고서 장례마저 제대로 치르지 못하게 되자 삼촌은 망연자실했다. 아내가 집이 아니라 병원에서 죽은 게 화근이었다. 그런 경우 시신을 집으로 옮기지 못하니 장례를 치를 수 없었다.

삼촌 상태가 좀 나아질 때까지 큰딸은 남겨두고 영화는 우리가 맡아 돌보기로 했다. 삼촌 집은 평소 일하는 농장 근처에 있었다. 우리는 삼촌을 살피러 걸어서 50분 거리인 그곳까지 자주 찾아갔다. 엄마를 왜 못 보는지 이해할 수 없었던 영화는 밤마다 울며 자지러졌다. 나는 이불 속에서 영화를 꼭 끌어안고 엄마가 곧 보러 올 테니 그때까지 잘 자고 잘 먹고 건강히 지내야 한다며 달랬다. 1년 뒤 영화는 엄마 없는 집으로 돌아갔다.

이야기를 나눈다는 것

지현이 북한의 현실을 알리는 활동으로 아시아여성공로상 시상식에 초청받았다. 몇 달 전 지원서를 쓸 때만 해도 큰 기대 없이 제출한 것으로 만족했던 지현은 막상 초청을 받자 몹시 기뻐했다.

나는 몹시 들뜬 나머지 시상식 참석 중인 지현에게 문자를 보낸다.

— 무슨 소식 있나요?

늦은 시각이다. 아이들을 재우고 탁자에 아침 식사를 준비해 두고 현관문도 잠갔다. 계단 아래에 서서 알람을 맞추고 위층으로 올라가려는데 갑자기 환해지는 휴대전화 화면에 시선이 꽂힌다.

— 약간 실망. 사회 및 인도주의 부문에 선정 안 되었어요.

아쉬워라. 하지만 지현은 이런 일로 상심하지는 않을 것이다. 여태 살면서 헤쳐나간 일에 비하면 이 정도는 별일도 아니니까. 그래도 지현이 실망감을 표현한 건 처음이라 마음이 조금 아프다. 무슨 말을 해줘야 위로가 될까? 정말 받고 싶어 했는데…….

―너무 아쉽네요, 지현 씨……. 하지만 후보에 오른 것만도 얼마나 영광스러운 일이에요?

―그렇죠, 맞아요. 고마워요.

휴대전화를 손에 쥐고 여전히 계단 밑에 서서 생각한다. 지현을 위로할 만한 긴 글을 써서 보낼까? 그냥 전화를 걸어서 이야기를 나누는 게 좋을까? 지금은 그냥 자고 내일 전화해 보는 게 나으려나? 그러다 일단 짧은 문자만 보내기로 한다. 문자를 쓰려고 휴대전화 화면을 보는데 지현의 이름 옆에 '3'이라는 숫자가 떠 있다. 문자를 세 통이나 보냈네? 그 몇 분 사이에 무슨 일이 있었길래.

―제 이름을 부르네요.

―대상

―대상을 받나 봐요! 단상 앞으로 나오라고 하네요. 이따 전화할게요.

울컥, 목이 멘다. 모두 잠든 한밤중이라 터져 나오는 즐거운 비명을 잠재우려 애쓴다. 소리를 죽이려니 머릿속이 핑핑 돌지만 마음은 터질 듯 기쁘다. 2018년 아시아여성공로상 수상자라니! 트로피나 연설, 기념 촬영으로 그칠 일이 아니다. 8년에 걸친 끈질긴 노력을 인정받은 게 얼마나 값진 일인지, 생각할수록 마음이 쿵쾅거린다. 진정한 희망의 신호다. 정말 엄청난 성과다!

아시아여성공로상은 1999년부터 해마다 인권에 반하는 범죄를 고발하는 여성 폭력 피해자를 기리며 개최해 온 시상식이다. 2018년 5월 8일 지현은 특유의 낙관주의와 차세대에 끼친 모범과 영감 그리고 세상을 바꾸려는 강한 의지를 인정받아 대상을 수상한다.

며칠 후 나는 히스로 공항에서 지현을 만났다. 제네바 인권 콘퍼런스에 초청 연사로 가는 지현과 동행하기로 했다. 그런데 런던에 흔치 않은 심한 폭풍이 오는 바람에 공항에 비상이 걸렸다. 비행 일정이 뜨기까지 다시 한 시간 더 기다려야 한다는데……. 하늘을 올려다본다. 옳지, 잔뜩 찌푸린 하늘 모양을 보니 기다리는 동안 지현에게 시상식 이야기를 충분히 듣고도 남을 듯하다.

공항에 몰린 승객 수천 명 사이에 섞여 탑승 대기실에 앉아 있다. 이 익명성에 어쩐지 마음이 놓인다. 서로 비밀스러운 이야기를 나누기 좋은, 안전한 환경이다. 지현은 시상식이 진행되는 사이 모든 게 선명해졌다고 한다. 갑자기 수년에 걸쳐 자기 삶보다 더 커다란 무언가를 위한 싸움에 매진해 온 이유를 알게 되었다고.

영국에 온 뒤로 지현은 아무 이야기도 꺼내지 않고 맨체스터에서 세 아이를 키우며 잘 지낼 수도 있었다. 하지만 침묵 속에 머물지 않고 목소리를 내는 쪽을 택했다.

"이제는 다른 탈북자들도 자기 이야기를 해야 해요. 저를 보고 희망을 얻었으면 좋겠어요."

감정에 북받친 지현의 울림이 나를 흔든다. 정치적 현실에 맞닥뜨릴 때마다 한국인이라는 나의 정체성이 고개를 든다. 나도 아이를 키우며 소박한 삶에 만족하며 사는 사람이 아닌가? 지현의 이야기를 들어주는 것 외에 내가 실제로 남을 위해 한 일이 뭐가 있을까?

나는 지현 씨의 이야기에 귀를 기울여요. 귀 기울인다는 건 단순히 듣는 것만을 뜻하지 않아요. 정보를 받아들이고 주의 깊게 현실을 해독하는 일이죠. 한편, 듣고 있지 않을 때는 무얼 하냐고요? 나는 글쓰기로 목소리를 내요. 내 글 속에서 지현 씨는 생기를 얻고 활짝 피어나요.

그토록 발랄하고 수다스럽던, 삶의 기쁨으로 가득 차 있던, 그러나 너무 오랜 세월 억눌려 온 소녀 지현이 되살아나죠. 글을 쓰면서 나는 당신이 끝내 쟁취해 낸 모든 것에 감탄하고, 삶이 주는 지극한 기쁨을 숨기지 않고 살 수 있도록 펜이 돼주어요. 지현 씨도 알다시피 나는 집에선 한국어를, 바깥에선 영어 프랑스어 스페인어 등 외국어를 쓰며 자랐어요. 그중에서 모국어인 한국어는 절대적이죠. 어린 시절부터 들은 가족의 목소리, 억양, 감탄사…… 한국인만의 감수성을 갖게 해 준 언어이니까요. 그렇지만 글을 쓸 때 내 머릿속 언어는 프랑스어예요. 우리 대화에 담긴 한국인다운 내면을 드러내고, 우리만의 방식으로 세상을 다르게 창조하려 할 때도 프랑스어를 통해야 글로 표현할 수 있어요. 이 언어로 글을 쓰게 허락해 줘서 고마워요.

"지현 씨가 8년 전 영국에 왔을 때는 영어를 전혀 못 했고, 사회적 교류도 할 수 없었죠. 지금은 얼마나 잘하세요!"

나는 자랑스러워하며 지현에게 말한다.

지현이 들려주었던 그 외롭던 시절 이야기가 떠오른다. 북한을 떠나고 중국을 떠나 머나먼 영국 맨체스터까지 왔지만, 안정감은커녕 두고 온 부모 형제 생각과 함께 밀려드는 절망감에 밤낮으로 시달렸다.

그 시간을 어떻게 견뎌낼 수 있었을까? 벌써 2년 내내 그 질문이 맴돌았지만 감히 물어보지 못했다. 몰아붙이거나 압박감을 주지 않고 지현의 감정을 소중히 대하고 싶다. 우리가 공들여 쌓아온 관계를, 여성으로서 깊은 연대 의식에 기반해 섬세하게 균형 잡아 온 이 우정을 흔들고 싶지 않다. 서구 사람들이 이럴 때 찾는 '테라피' 같은 정신적 치료를 받아보는 건 어떠냐고 묻고 싶지만, 꾹 참는다. 그걸 한국어로 뭐라 해야 할지도 모르고. 하긴 애초에 서구에서 만든 개념이니 한국어에는 당연히 없는 말이겠지! 테라피는 둘째 치고 붕대조차 둘러줄 수가 없다.

"어떻게 견뎌낸 거예요?"

마침내 조심스럽게 묻는다.

"영국 정부가 지원해 주겠다더라고요. 그런데 거절했어요. 뭘 어떻게 지원한다는 건지 모르겠고, 별 도움이 안 될 것 같았어요. 내가 겪은 일을 겪어본 적 없는 사람이 어떻게 나를 도울 수 있을지 이해가 안 되더라고요."

"그러네요."

"그냥 집에서 한 발자국도 안 나가고 고통을 전부 혼자 끌어안고 지냈어요. 누구에게도, 심지어 북한 출신에다 내 처지를 누구보다 잘 아는 남편에게조차 이야기하지 않았어요."

"지현 씨가 괴로워하는 걸 남편분이 이해하지 못했나요?"

"아뇨, 이해했을 거예요. 그런 문제가 아니라…… 성적 학대를 당했다는 이야기를 남편에게 어떻게 하겠어요?"

활주로를 가로막은 커다란 유리창 바깥으로 금방이라도 터질 것 같은 무거운 구름 가득한 회색 하늘이 보인다. 우리는 겉옷을 여미며 말없이 앉아 있다. 그런 우리를 저주하듯 잿빛 구름 띠가 부풀어 올라 하늘을 가득 채운다. 부디, 탑승 안내 방송이 나와서 우리를 이 마수로부터 구해주면 좋으련만.

"아시겠지만 세린 씨가 같은 여자라서 말할 수 있는 게 많아요."

나는 지현을 가만히 바라본다.

"예를 들자면 북한에서 여자가 생리를 어떻게 처리하는지 남자에게는 설명할 수 없어요. 어떻게 하는지 알아요?"

"일회용 생리대가 없다는 정도는 알지만……"

나는 더듬거린다.

"가제로 생리대를 만들어 써요."

"가제? 거즈 말이에요? 압박 붕대로 쓰는 그거요?" 나는 충격을 감추지 못한다.

"네, 그거밖에 없어요. 쓰고 나면 매번 손으로 빨아야 해요. 비누조차 없을 때도 있는데 생리대는 꿈도 못 꾸죠! 가끔은 삶아서 소독해요. 어머니는 남자들 눈에 띄면 안 된다며 밖에 내다 널지도 못하게 했어요. 안 보이게 처리해야 했어요."

"여자가 살기 너무 힘든 곳이네요……"

나는 순간 죄책감에 사로잡힌다. 서울이 전 세계에서 성형수술이 가장 성행하고 제곱미터당 화장품 판매량이 제일 높은 도시라는 통계가 떠오른다. 북한 여성은 생리대조차 구하지 못하고 남한 여성은 외모 가꾸기에 몰두하는 현실이 씁쓸하다.

"지현 씨가 여자라서 더 고통받았다고 생각해요? 병원에서 아이를 낳다 돌아가셨다던 숙모님이 생각나네요. 아이는 집에서 낳는 게 더 안전한가요?"

나는 앞서 떠오른 부조리한 현실에 화가 난 상태로 묻는다.

"아, 훨씬 안전하죠. 우리 언니가 출산할 때 병원에서 어떻게 했는지 알아요? 침대 위에 서서 아이가 밑으로 떨어질 때까지 계속 뛰라고 했어요! 병원 출산은 그런 식이에요."

"어휴, 세상에…… 정말 끔찍하네요. 지현 씨 얘기를 듣다 보면 우리가 얼마나 다른 삶을 살아왔나 싶어 아득해져요. 웃어야 할지 울어야 할지 모르겠어요. 하지만 이 모든 게 현실인 거죠."

"상상도 못 할 거예요. 온 세상이 꿈에도 모를 거예요. 정말 상상 불가능한 삶을 살면서도 누구도 감히 불평하지 못하는 곳이에요."

그 말이 딱 맞아요. 당신을 만나기 전까지는 정말 상상도 못했어요. 2년 전 맨체스터에서 국제앰네스티 인터뷰를 끝내고 나서 제가 속으로 무슨 생각 했는지 아세요? 두 번 다시 만나고 싶지 않다고 생각했어요. 그냥 친구를 도와주러 간 것뿐이니까, 거기서 지현 씨를 만난 건 정말 우연이었어요. 인터뷰 중에 제가 들은 모든 것, 지현 씨의 고통, 너무나 친근하게 다가오던 개인적 경험의 무게가 몹시 버거웠어요. 감당할 수 없을 정도로. 그냥 다 잊고 런던의 안전하고 편안한 삶으로 돌아가 사소한 일상적 고민에만 몰두하고 싶었어요. 그런데 시간이 흐를수록 내 비겁함이 부끄러워지더라고요. 나는 천천히 당신의 이야기를 내 이야기와 연결하며 나 자신의 연약함을 받아들이는 법을 익혔어요. 그러면서 평범한 일상에 지지 않을 수 있다는 걸 깨닫고 삶을 바라보는 관점을 바꾸기 시작했어요. 처음부터 내 안에 들어 있던, 침묵 속에 잠긴 채 드러나기만을 바라던 목소리를 지현 씨가 깨워준 거예요.

내가 말을 꺼내면 당신이 마무리해 줘요. 의견이 맞지 않을 때는 친절하고 온화한 태도로 내 말이 끝나기를 기다렸다가, 북한에서 살아본 적 없으니 이 부분을 이해 못 하는 게 당연하다고 말해주고요. 지금 여기 있는 우리는 딱 잘라 북한 사람, 남한 사람이 아니라 그냥 한국인이에요. 두 한국인 여성. 분단의 아픔을 공유하는 것만으로도 하나가 돼요.

퍼뜩 정신이 든다. 까만 외투를 입고 멀리서 우리를 지켜보는 삼십 대 정도 되는 동양인 남자 한 명이 눈에 띄어서다. 탑승 안내판을 살펴볼 때 인파 속에 서 있던 사람인데 그때는 별생각 없었지만 이제 보니 수상하다. 곁눈으로 그 남자를 주시하며 지현을 향해 몸을 돌린다. 다시 대화를 이어가려는데 지현이 말한다.

"까만 외투 입은 남자 보여요? 아까부터 우리를 지켜보고 있는데."

"그래요?" 나는 아무 일 없다는 듯 대답하지만 지현이 어떤 위험을 감수하며 사는지 잘 안다.

"조심해야 해요. 세린 씨는 모를 거예요. 쿠알라룸푸르 공항에서 김정은 이복형이 당한 걸 생각해 봐요. 눈 깜짝할 새 일이 터진다니까요."

불안이 엄습해 자세를 고쳐 앉는다. 몇 초간 고민해 봐도 무슨 말을 해야 할지 생각나지 않는다. 두렵다고 인정했다가는 걱정만 더 커질 뿐이다. 그렇다고 가만있을 수는 없으니 이렇게 말한다.

"마음껏 쳐다보라고 해요. 왜, 동양 사람들 흔히 그러잖아요. 길에서 마주치면 한국인인지 일본인인지 중국인인지 궁금해서 계속 빤히 쳐다보는 거. 지현 씨는 그런 적 없어요? 저는 그러거든요! 저 남자도 그런 것뿐일 테니 걱정 말아요."

여행 중에 먹으려고 가져온 과자 봉지를 지현에게 건네주고 그 남자를 등지고 나를 바라보도록 지현의 어깨를 잡아끈다. 지현이 다시 미소 짓는다. 나는 조금 안도하며 초조한 마음을 다잡고 아까 하던 이야기로 돌아간다.

"북한 여성의 처지를 이야기하고 있었잖아요. 저는 거기서도 이혼이 가능한지 궁금했어요."

"설마요! 제 외할머니처럼 남편이 반역자라도 되지 않는 한 이혼은 꿈도 못 꿔요. 이웃에 살던 분이 기억나네요. 혼자 두 아이를 키우고 있길래 남편이 죽은 줄 알았어요. 그러다 남편이 돌아왔는데 10년 동안 감옥에 있었다더라고요. 여자분은 내내 이혼 수속을 하려고 애를 썼지만 못 했대요. 결국 평생 전과자와 함께 살 수밖에 없었죠. 상상이 가요?"

"그렇다면 동성애를 인정하는지는 물어볼 필요도 없겠네요."

"영국에 오기 전까지 그런 말이 있는지도 몰랐어요! 저 사실 영국 여권 신청서 쓸 때 '동성결혼' 항목에 체크했어요. 같은 민족끼리 결혼했냐고 묻는 줄 알았거든요!"

뜻밖의 사연에 깜짝 놀라 할 말을 잊는다. 그러다 마치 상스러운 말을 처음 배운 소녀들처럼 둘 다 킥킥거리며 배가 아프도록 웃어대기 시작한다. 그 웃음이 우리를 끈끈하게 엮어준다. 우리가 함께 웃는 동안 거미가 세심하게 거미줄을 치듯 우정의 실이 뻗어 나와 우리를 더욱더 단단히 휘감는다. 나는 문득, 모두가 거짓 웃음을 짓는 그곳을 떠올린다.

그저 살아 있는 척, 당장 굶어 죽을 지경인데도 부족함 없는 듯 행동하며 오직 위대한 영도자를 위해서만 눈물을 흘릴 수 있는 그곳. 그 이상한 나라에서는 폭동도 반란도 일어나지 않는 게 너무 당연하다. 가족애 정도가 남아 있다지만 그마저도 망가지고 있으니 한데 뭉칠 일이 없다. 서로 돈독히 관계 맺고 연대감을 형성할 방법이 없기 때문이다. 인간은 고통만으로는 하나가 될 수 없다. 행복을 느껴야만 한다!

지현은 하늘 위로 흘러가는 구름을 바라본다. 온화하고 평화로운 얼굴이다. 나는 대화를 이어나간다.

"그간의 사연을 남편분이나 다른 누구와도 나누지 못했다고 했는데요."

"네, 그러다가 런던에 있는 파노스라는 단체에서 여성들 대상으로 강연을 하게 되었어요."

"파노스? 처음 들어봐요."

"고통을 겪는 사람들을 지원하는 단체예요. 어느 날 전화가 왔어요. 제가 겪은 일을 이야기하러 와줄 수 있냐고. 그 자리에 가서 처음 입을 열었어요. 여성들 앞에서는 말 꺼내기가 편하더라고요. 이해를 잘해주셔서. 그리고 나니까 외로움이 가시더라고요. 그 모임이 제게 두려움에서 벗어날 힘을 줬어요. 이 책을 우리 둘이 함께 쓰게 된 것도 단지 우연은 아니라고 생각해요. 우리는 한국어를 쓰는 한국인이라는 공통점뿐만 아니라 여성이라는 정체성도 공유하고 있으니까요."

잠시 곁길로 새어 생각해 본다. 지현과 나는 유교 가부장제 아래서 유년기와 청소년기를 보냈다. 알지 못하는 사이에 유교 사상을 지지하고 내면화하며 자랐다. 그 사상은 우리를 어디로 이끌어 온 걸까? 전통적 유교 남성상은 여성 교육을 등한시하고 사회 활동을 억압하지만, 우리 둘의 부친은 딸 교육에 있어 기존 통념을 넘어섰다. 유교에서 중시하는 효심과 성실성, 타인을 존중하는 마음을 지닌 동시에 자기만의 신념을 가진 강하고 당당한 여성이 되도록 우리를 뒷바라지했다. 결점 많은 유교 가부장제 안에서도 변화를 이룰 수 있다는 것을 보여주었고, 한국인이자 여성으로서 우리 둘은 이렇게 만나게 되었다. 분단의 문제도 이렇게 접근해 보면 어떨까? 전 세계가 나서서 우리 문제를 해결해 주길 바라기보다 우리 고유의 강점에 의지해 하나 되기를 시도할 때 화해의 희망이 생기지 않을까?

나는 다시 대화로 돌아온다.

"지현 씨가 한국어로 말할 때 느껴지는 독특한 감정이 있어요. 표현 자체는 지현 씨만의 것이지만 단어 자체를 넘어서 행간에 무언가 담겨 있달까요. 목소리에는 구슬픈 감정이 가득하고요. 한국어로 '한'이라 부르는, 민족 정체성과 분단의 상처가 담긴 감정 말이에요. 그리고 뭔가 놀라운 이야기를 할 때면 말끝에 '참!'이나 '기가 막혀!' 같은 감탄사를 덧붙이곤 하잖아요. 그러면 마치…… 우리 둘이 함께 맞서는 느낌이 들어요. 그 순간에는 런던이 아니라 한국에서 함께 있는 기분이 들어요. 땅이 아니라 언어를 통해서 조국이 되살아난 듯이. 같은 말을 쓰는 것만으로도 우리가 함께할 수 있었을 것처럼 느껴져요. 일제강점기를 생각해 보세요. 우리말도 우리 이름도 쓰지 못하고 일본어를 써야 했기에 정체성을 빼앗겼잖아요. 결국은 같은 언어 덕분에 우리도 다시 태어날 수 있는 게 아닐까요?"

"아, 그러고 보니 제가 왜 이 이야기를 한국인이 썼으면 좋겠다고 생각했는지 떠오르네요. 이렇게 말로 나타내기 어려운 마음을 정확히 표현할 수 있으니까. '한'이라든지…… 참 복잡하고 설명하기 어려운 개념이 많잖아요."

"따지고 보면 지현 씨나 나나 일제강점기도 한국전쟁도 직접 겪지 않았는데…… 어째서 그런 억압적인 문화가 낳은 한이라는 감정을 공유하고 있는 걸까요?"

의아해하는 내 말에 지현은 고통스러운 기억이 떠오르는 듯 고개를 떨군다.

"사건이 진행 중일 때는 애도할 수가 없어요. 임종을 앞둔 아버지를 버리고 떠나야 했던 때를 떠올리면……. 슬픔은 그대로 스며들어 평생 내 안에 머물러요. 저는 여태 아버지를 애도하지 못한 채 살아왔어요. 지금 우리나라에도 똑같은 일이 벌어지고 있는 거죠. 분단 상태가 유지되고 있으니 애도할 수가 없고 그래서 이토록 괴로운 게 아니겠어요."

지현이 고개를 들어 나를 바라본다. 우리 민족의 역사와 개인사를 이렇게 한 번에 설명해 주니 더는 덧붙일 말이 없다. 제대로 표현할 언어가 없어 드러내지 못하고 품어온 침묵이 몇 세대에 걸쳐 우리를 얼마나 짓누르고 있는지. '한'은 우리 안에 감정적, 역사적으로 실재하는 짐이다.

"안내드립니다. 제네바로 가는 탑승객 여러분은 15번 게이트로 가시기 바랍니다."

방송을 절반밖에 듣지 못했다. 주위를 둘러보니 까만 레인코트를 입은 남자는 이제 보이지 않는다. 못 본 척하길 잘했다. 내 머릿속은 한에 대한 생각으로 가득 차 있다. 지현과 나눈 대화로 내 안에 있던 감정을 그대로 인정받은 듯하다. 한 걸음 내딛을 때마다 마음 깊은 곳에서 새로운 힘이 솟아올라 온몸을 휘감는다. 아, 그런데 탑승이 몇 번 게이트라고 했더라?

창백한 얼굴, 마지막 만찬

Visages pâles et dernier souper

1990년대 북한은 그 어느 때보다 어려운 시기를 맞이했다. 주방에서 쓸 석유나 기름을 구할 수 없고 전기도 들어오지 않았다. 물도 나오지 않아 물동이로 강물을 퍼다 썼다. 배급소에서 나오는 식량이 점점 줄어 음식을 구할 곳은 장마당밖에 없었다. 1991년 당시 북한 언론은 흉작의 원인을 홍수와 가뭄 탓으로 돌릴 뿐, 북한이 식량을 크게 의존하던 소련이 무너진 사실은 절대 언급하지 않았다. 당에서 '고난의 행군'이라 이름 붙인 엄청난 기근은 그렇게 시작해 10년 동안 이어졌는데도 실상이 외부에 알려진 건 한참 뒤였다. 공식적으로는 1994년부터라고 하지만 실제로는 1991년에 이미 시작되었다.

아버지가 심장마비를 겪은 것도 그해였다. 몇 달 동안이나 공장에 나가지 못하고 급여도 받지 못했다. 다행히 어머니 사업이 번창하고 있어 우리 가족은 거리로 내몰리는 상황을 피할 수 있었다. 정전으로 기차도 다니지 않았지만 어머니는 어떻게든 중국 국경지대인 무산을 오가며 마른 낙지나 해삼 같은 건어물을 팔았다. 장기인 협상력을 발휘해 트럭 기사에게 술이나 담배 혹은 현금을 뇌물로 쥐여주고 물건 싣는 공간에 올라타곤 했다.

어머니는 한 번 나가면 몇 주 동안 돌아오지 않았다. 해안에서

낙지와 해삼을 사다 말려 무산시장에 내다 팔고, 그 돈으로 전자
제품이나 신발 옷가지 등을 떼 와서 근처 수남시장과 장마당에 노
점을 차렸다. 하루는 어머니가 귀하고 값비싼 물건인 라디오를 집
에 가져왔다. 우린 그 라디오로 김일성 노래를 들었다. 채널은 하
나뿐이었지만 음악을 듣는 것만도 굉장한 사치였다. 라디오를 가
져온 날 우리는 먼저 안전부에 신고했고, 안전원이 집에 와서 채널
하나를 고정해 준 뒤에야 방송을 들을 수 있었다.

지금도 일본군과 벌인 전투의 승리를 기념하는 노래가 기억
난다. 내가 제일 좋아하는 악단은 김일성 혁명 사적지 이름을 따
1983년 7월 22일 결성한 '왕재산 악단'이었다. 아버지는 어머니가
장마당에 다니는 걸 반대했지만, 우리가 근사한 중국산 옷을 입고
강냉이와 감자로 배를 채울 수 있는 게 다 어머니 덕분이라는 점은
인정해야 했다.

정호는 호리호리하고 잘생긴 열다섯 살 소년으로 자랐다. 외
모에 신경을 많이 써서 매일 저녁 목 카라°와 운동화를 스스로 빨
고 어머니의 재봉틀을 돌려 단추도 직접 달았다. 정호는 겉모습만
매력적인 게 아니라 공부도 열심히 했다. 특히 축구를 정말 잘해서
나중에는 학교는 물론 지역 축구 그룹 주장을 맡기까지 했다. 혈기
왕성한 선수로서 누릴 수 있는 최고의 영예였다.

가끔 정호가 제일 친한 친구 박성진을 집에 데려오면 우리는
다 같이 재밌게 놀았다. 정호 친구 중에는 공부에 별 관심이 없고
담배나 마리화나 같은 것에 빠지는 아이도 있었다. 청진 거리에는

° 까만 교복에 탈부착하는 하얀 옷깃.

역삼 나무가 많았는데, 그 씨앗과 이파리로 마리화나를 만드는 줄은 전혀 몰랐다. 1980년대 누에를 모으던 것처럼 우리는 역삼 씨앗을 모아 국가에 바치기도 했다. 동생 친구들은 마리화나를 피우면서도 마약인 줄은 모른 채 또 다른 담배 종류라고만 생각했다.

―――

1991년 9월 스물세 살이 된 나는 북청진에 있는 새거리동 고등학교에서 수학을 가르치기 시작했다. 온 나라가 삭막한 분위기로 뒤덮여 있었지만 나는 그 일이 좋았다. 사실 그 자리는 어머니 덕에 얻은 것이었다. 이번에도 어머니는 뇌물을 써서 부패한 체제를 유리하게 활용하는 데 성공했다. 직업을 배정하는 인민위원회 행정부 노동과 담당자에게 중국산 담배와 말린 낙지를 뇌물로 준 것이다. 덕분에 나는 농업 및 기상 전공자로서 맞이해야 했던 농부의 삶을 피할 수 있었다. 그 일로 어머니에게 얼마나 감사했는지 모른다. 아침 일곱 시마다 나는 머리 위에 다음과 같은 문장이 붙어 있는 학교 정문을 지나갔다.

―배우고, 배우고 또 배우자!

열두 살이던 1980년 새로운 선생님을 만날 생각에 설레는 마음으로 들어간 남청진의 고등학교. 그로부터 11년 뒤 스물세 살의 나는 그런 아이들을 가르치는 선생님이 되었다.

교실에서는 열두 살 학생 40명이 나를 기다리고 있었다. 이 아이들은 중등교육을 마칠 때까지 앞으로 6년 동안 나와 함께할 예정이었다. 나는 박영미라는 아이를 제일 좋아했다. 우등생과는 한참 거리가 멀었지만 언제나 웃음을 잃지 않고 열심히 공부하는 학생이었다. 집도 우리 동네라 자주 마주쳤는데, 어느 날 함께 걷다가 영미는 딸 넷 중 막내고 아버지는 가족을 먹여 살리기 위해 해외노동자로 리비아에 가 있다는 말을 들었다.

내 급여는 한 달에 80원 정도로 세금을 제하고 나면 손에 들어오는 금액은 50원 미만이었다. 적은 돈이지만 교사 초임이 그 정도고 승진하면 오르리라 생각했다. 매일 밤 학교에 남아 다음 날 수업을 준비하고 나머지 시간은 승진에 필요한 시험공부에 쏟았다. 대학을 졸업하면 더는 시험 볼 일이 없을 줄 알았는데……. 매우 정치적이고 위계적인 교직 세계에서 성공하려면 일이 어떻게 돌아가는지 빨리 파악해야만 했다.

교직을 시작한 지 1년도 채 안 되어 제자들에게 뭔가 변화가 일어나고 있다는 걸 알았다. 아이들은 웃지 않았고 굶주린 채 학교에 와서는 받아쓸 힘도 없어 책상에 엎드려 있곤 했다. 그런 아이들 앞에 서 있는 내가 무능력하게 느껴졌다. 그 나이 때 교탁 앞에 마주 앉아 있던 나는 미래에 대한 확신으로 가득 차 선생님과 조국에 기특한 존재가 되겠다는 부푼 꿈을 가진 아이였는데.

1992년 2월 어느 날 우리 아파트 반장인 은주 엄마가 입구에 벽보를 붙였다. 김일성이 김정일 생일 50돌을 맞아 지은 <백두광명찬가>라는 시였다. 인민반장이 맡은 역할이 그렇다 보니 엄격하고 권위적으로 행동했지만, 2층에서 두 아이를 키우며 사는 은주 엄마는 알고 보면 다정하고 온화한 여성이었다. 1990년에 이곳 청진항 주택단지로 이사 왔을 때 우리 가족을 유난히 따뜻하게 맞아준 사람이기도 했다.

이사 전까지는 단칸방에 사느라 몹시 불편하게 지냈다. 정호도 점점 커가면서 혼자만의 공간을 원했다. 참다못한 어머니가 부엌과 방 사이를 허물어 집 안을 길게 트인 공간으로 만들었을 땐 집이 무너지지 않나 싶었다. 그 방법이 좋아 보였는지 주위에서 따라 하는 집이 많았는데 인민반장과 동사무소에 가서 변명하는 건 오로지 어머니 몫이었다.

얼마 후 근처에 청진항 아파트가 들어섰다. 4층 건물에 현관이 네 개, 현관마다 층별로 두 세대씩 배치해 한 동에 총 32세대가 들어갔다. 아파트 내부에는 방 두 칸에 넓은 부엌과 앞뒤로 발코니까지 있었다. 어머니는 그중 형편이 제일 어려운 집을 찾아 웃돈을 주고 집을 바꾸기로 했다. 북한에서 이 방법은 불법이었지만 어머니는 그 집에 강냉이 600킬로그램과 북한 돈 천원을 주고 청진 도시개발 담당자에게도 뇌물을 주어 거주등록증을 받아냈다.

은주 엄마는 아파트에 들어서는 내게 벽에 붙여둔 <백두광명찬가>를 외우라고 했다. 집에 있는 노인과 아줌마들 보라고 붙인 그 벽보는 누구든 계단을 오르내릴 때마다 한 번씩 읽으며 김일성 일가를 찬양하게 만드는 세뇌 교육 도구였다.

"네, 저희는 이미 학교에서 외웠어요."

"당연하지. 모두 다 외워야 해. 한 명도 빠짐없이!"

나는 허기지고 피로에 찌든 데다 거리에 구걸하는 사람이 가득한 걸 보고 충격을 받은 상태였다. 그런데 지금 내게 물리적 정치적으로 존재하는 '두 삶'에 관한 시를 외우라니. 시간이 지나면 육신은 죽어도 '정치적 영혼'은 죽지 않는다……. 머릿속으로 시구를 외우는 동안 눈앞에는 제자들의 창백한 얼굴이 아른거렸다. 돌풍이 불어와 20년 쌓인 먼지를 날려버린 듯 나는 진실을 목도하고 새로운 자아로 변하는 자신을 느꼈다.

구원을 받으려면 정치적 영혼을 키워야 한다고? 하지만 우리 육신은 어쩌고? 아무리 정치적 양식을 먹어봐야 목숨을 부지할 수 없잖아. 그 무엇도, 김일성의 시조차도 밥 한 그릇을 대신할 수 없다고!

———

1993년 스물다섯이 되던 해에 배급이 완전히 끊겼다. 식량 배급소 앞을 맴도는 어머니와 내게 직원은 "내일 다시 오세요! 오늘은 배급이 안 왔어요!"라고 외쳤다. 감히 불평도 하지 않고 격한 감정을 품지도 않은 채 우리는 다음 날 또 그다음 날 계속해서 텅 빈 배급소를 찾아갔다.

"우리 동네만 이런 거예요, 아니면 다른 데도 다 이래요? 이해가 안 되네. 왜 계속 배급이 안 오는 거예요?" 하루는 한 아줌마가 배급소에 묻자 "저라고 더 아는 게 있어야 말이죠!" 하고 안에 있던 직원이 대답했다. 듣기로는 남조선에서 독이 든 비료를 보내서 논을 다 망쳤다더라는 뜬소문을 덧붙이며.

안쓰럽게도 그 여자는 그저 주워들은 말을 되풀이하고만 있었다. 당시 당에서는 '1일 3식 대신 2식' 운동을 벌이고 있었는데, 보아하니 우리 동네만이 아니라 전국적으로 식량이 부족한 듯했다. 위대한 영도자 김일성이 1945년 항일 투쟁 당시 "굶주림을 알아야 한다!"고 주장했던 일을 들먹이는데, 사실 김일성은 조국을 수호하는 병사들을 먹이겠다고 인민의 손에서 주저 없이 밥그릇을 빼앗아 갔다. 아마도 군대를 먹여 살리는 게 우리 의무였던 모양이다.

굶주림이 우리 교실을 잠식했다. 아이들은 모두 다 여위어 갔지만 그중에서도 박영미의 상태가 가장 심각했다. 이제 겨우 열세 살인데……. 영미는 성적이 뚝뚝 떨어지더니 4월 어느 날엔가는 등교하지 않았다. 보통 아이들이 결석하는 이유는 둘 중 하나였다. 굶주린 배를 채울 방법을 찾아 거리를 떠돌거나, 영양실조가 너무 심해 학교까지 올 기력이 없거나.

방과 후 영미를 보러 집에 찾아가 보니 영미 가족은 눈앞에 벌어진 일에 아무 말도 할 수 없다는 듯 건조하게 나를 맞이했다. 눈을 감고 바닥 요 위에 누워 있는 영미의 배가 임산부처럼 불룩했다. 아이 배가 그렇게 부풀어 오른 건 처음 보았는데 끝이 임박했다는 표시라는 걸 그때는 몰랐다. 영미는 목숨을 부지하는 것만도 버거운 듯 극도로 지친 모습으로 꼼짝도 하지 않았다. 그 애 아버지는 리비아에서 벌어온 돈으로 약을 샀지만 너무 늦었다. 영미는 사흘 뒤 숨졌다.

비어버린 영미 옆자리에는 역시 내가 좋아하던 이승철이라는 아이가 있었다. 언젠가 의사가 되어 거리를 떠도는 아이들을 돌봐주고 싶다던 승철이는 짝꿍을 잃고 몹시 슬퍼했다. 40여 명으로 시작한 우리 반은 이제 25명밖에 남지 않았다.

그해 5월 어느 날 일하러 갔던 어머니가 가방에서 커다란 사과 하나를 꺼내며 말했다. "이건 언니 줄 거다. 아이가 생겼으니 많이 먹어야 해!"

이제 스물아홉이 된 언니는 지난 6년 동안 라남 방직 공장에서 일했다. 언니와 상철을 떼어놓는 걸 진작에 포기한 아버지는 임신 소식을 핑계로 결혼 날짜를 잡았다. 1993년 7월 20일. 여러모로 어려운 상황이었지만 언니는 감격했고 그런 언니를 보니 나도 기뻤다.

결혼식 날 뜻밖의 인물이 등장했다. 다섯 살 무렵 어머니를 버렸던 외할머니가 찾아온 것이다. 하객 사이에서 생전 처음 본 할머니의 성함은 한순자였다.

"어떻게 할머니를 찾았어요?"

나는 아무도 안 보는 틈을 타 어머니에게 속삭였다.

"어릴 때부터 못 봤는데 아는 사람이 도와줘서 김책에서 수소문했지. 자기 없이도 내가 얼마나 잘 살아왔는지 보여주려고 오라했어. 우리 가족이 얼마나 자랑스러운지 와서 보라고. 무슨 말인지 알겠어?"

"어머니……"

"나를 버린 게 지금도 화가 나. 그래서 이렇게 내 식대로 복수하는 거야. 외할머니는 다시 결혼해서 아이가 넷이나 더 있다지 뭐냐?"

나는 그 순간 어머니에게도, 다음 날 내게 다가와 자기를 소개하던 외할머니에게도 아무 말을 하지 못했다. 이렇게 만나 대책 없이 헤어지는 모녀 사이에 깊이 묻힌 슬픔이 느껴질 뿐이었다. 나이든 두 여자가 재회하는 순간 둘의 얼굴은 눈물로 뒤덮였다. 외할머니는 이틀 후 떠났고 다시는 만날 수 없었다.

어머니라면 누구나 딸 결혼식을 근사하게 치러주고 싶어 하기 마련이다. 아무리 비참한 상황 속에 있어도 어떻게든 방법을 찾아낸다. 어머니는 장사하며 조금씩 떼어둔 돈으로 우리 집 바로 옆 아파트를 사들이는 데 성공했다. 언니를 위해 마련한 선물이었다. 유교적 전통에 따르면 신부는 신랑 집 사람이 되는데, 집안이 너무 가난한 상철은 거꾸로 처가살이를 하게 되었다. 남자로서 그리 떳떳한 일이 아니었지만 어쩔 수 없었다.

1993년은 이별의 해이기도 했다. 언니가 결혼한 지 얼마 안 되어 남동생마저 육군 9사단으로 소집 명령을 받아 떠나게 되었다. 평양에 가서 공군이 되고 싶었던 정호 역시 어머니 성분의 저주를 피하지 못한 탓에, 열일곱 나이에 청진에서 꽤 먼 지역으로 가게 되었다. 가족 간 유대감을 낮추기 위해 당에서는 집에서 최대한 먼 곳에서 군 생활을 시작하도록 했다.

동생을 멀리 떠나보내게 된 것으로는 부족했는지, 같은 해 어머니마저 불법 거래로 체포당하고 말았다. 더운 8월 어느 오후 어머니와 집에 있는데 낯선 남자 둘이 찾아왔다. 평상복 차림이어서 누군가를 체포하러 온 줄은 꿈에도 몰랐다. 그들은 어머니에게 이렇게 말했다. "안전부로 같이 가실까요? 몇 가지 물어볼 게 있어서요."

어머니는 저항하지 않고 따라갔다. 나는 아마도 남쪽에 사는 할아버지가 찾아오려고 해서 관련 정보를 파악하려는 것이려니 생각해 크게 걱정하지 않았는데, 나중에 아버지에게 자초지종을 듣고서야 얼마나 심각한 상황이었는지 알았다. 같은 아파트에 사는 누군가가 어머니 사업을 고발한 것이다. 사실 그 사람들은 안전원이 아니라 비사회주의구루빠라는 단속팀이었다. 비사회주의구루빠는 1980년대 동유럽 사회주의 국가들과 소련이 무너진 뒤 외부에서 흘러드는 물품이 늘면서 주민들의 일탈 행위가 나오자 그것을 막기 위해 만든 그룹인데, 어머니는 시범 단계인 초기에 단속에 걸리고 말았다. 꼬리가 길면 밟힌다고 1978년 돼지 사육에서 시작해 건어물과 중국산 담배 등으로 무려 15년이나 불법 거래를 해왔으니……. 앞으로 어머니가 어찌 될지 전혀 짐작할 수 없었다.

8월 8일 아침, 반죽에 있는 초모소*에 갔던 정호는 그날 저녁 군복을 입고 집으로 돌아와 다음 날 떠난다고 했다. 안전부에 찾아가 어머니에게 그 소식을 전했더니 아들이 떠나는 모습을 역에 가서 직접 보고 배웅하고 싶어 했다. 비사회주의구루빠에서 허락해주지 않자 형부가 말린 낙지를 가져가 빌었고 그제야 어머니는 당일 외출 허가를 받아낼 수 있었다. 정호 앞에서 울지 말라는 아버지의 당부가 있었던 터라 우리는 모두 활짝 웃음을 지어 보였다. 하지만 속으로는 군 복무가 끝나기까지 앞으로 10년 동안 정호를 볼 수 없으리라는 생각에 참을 수 없는 고통을 느끼고 있었다.

어머니는 집에 돌아오자마자 대기 중이던 안전원에게 끌려갔다. 하지만 놀랍게도 그들은 불과 며칠 뒤에 어머니를 다시 데려왔다. 이제 탁월한 협상가가 된 어머니가 엄청나게 많은 중국산 담배를 쓴 덕에 거래 상대에 관해 아무런 정보도 넘기지 않고 풀려났다. 누구도 고발하지 않는 것, 이것이 어머니가 믿을 만한 사업가로서 명성을 쌓아온 비결이었다.

•
군대 갈 나이가 된 청년이 신체검사를 마치고
부대를 배정받기 위해 기다리는 곳.
부대가 확정될 때까지 매일 아침 지정된 초모소에 가서
입대 통보를 기다려야 한다.

164

1994년 2월 5일 언니는 딸을 낳고 수정이라고 이름 지었다. 어려운 시절에 태어났지만 아기는 사랑과 관심을 듬뿍 받으며 사막의 오아시스처럼 모두를 끌어당겼다. 언니는 아기 먹일 음식을 마련하고 어머니는 언니네 집을 청소하고 나는 기저귀를 빨고 아버지는 온종일 수정이를 얼렀다. 수정이는 우리의 희망이자 삶 그 자체였다.

1991년 심장마비를 겪고 기운이 약해진 아버지는 수정이만 보면 예전처럼 얼굴이 환해졌다. 남자아이가 아니라 약간 실망했을 수도 있지만 아버지는 손녀를 보자마자 빠져들었다. 아이가 곁에 있어야만 살아 있다고 느끼는 듯 수정이 곁에서 떠나지 않았다. 퇴근길에는 언니 집에 먼저 들러서 수정이를 보고 돌아왔고 출근 전에도 시간이 되면 수정이부터 만나야 했다.

학교에서 나는 교사였지만 수정이와 있을 때는 엄마 노릇을 해야 했다. 게다가 우리 둘이 무척 닮아서 함께 나가면 모녀 사이로 오해를 받곤 했는데 그게 참 자랑스러웠다. 마음속으로 나도 언젠가 엄마가 되리라고, 그 아이도 우리처럼 네 살 때 구구단을 외우게 될 거라고 상상했다.

농촌 동원의 계절인 봄을 맞아 나는 반 아이들을 데리고 들일을 하러 북쪽 국경 근처에 있는 온성에 갔다. 15년 전 학생 시절에 억지로 가야 했던 바로 그곳. 중국 및 러시아와 국경을 맞대고 있는 이 지역은 청진 인근보다 훨씬 더 가난했다. 나는 학생들의 저녁 식사에 쓸 음식 재료를 구하러 온 동네를 헤매고 다녔다.

부모들이 마련해 보낸 절임 무 등이 있기는 해도, 교사로서 맡은 반 학생들 식탁에 반찬을 하나라도 더 올려주는 게 내 임무였고 필요하면 분조장을 찾아가 협상도 해야 했다. 교사도 간혹 함께 일 터에 나가기도 했지만 대개는 모여 앉아 김일성 전기『세기와 더불어』나 생활총화와 학급별 농촌 동원 실적을 토론하며 시간을 보냈다.

한편 식사 시간에는 학생들이 식사를 마친 후 따로 여러 가지 반찬이 나오는 독상을 받았는데 나는 그게 부끄러웠다. 학생 시절 농촌 동원을 겪어본 나로선 고된 육체노동에 시달리는 학생들의 체력 보충을 위해 가능한 한 배불리 먹여야 한다고 생각해서, 분조장에게 강냉이나 국수를 얻어 오고 감자도 구해 아이들 밥그릇 밑에 깔아주었다.

1994년 7월 8일이었다. 견디기 힘들 정도로 더웠던 그 날 열한 시 반쯤 수업 도중에 날카로운 경보음이 울렸다. 5분도 지나지 않아 교내에 있던 모두가 강당에 모여들어 교장 선생님이 한가운데 놓아둔 텔레비죤 앞에 섰다. 한국 대통령 김영삼이 공식 방북을 결정했다더니 드디어 통일이 되는 건가 싶었다. 정오가 되자 검은 한복을 입은 리춘히 아나운서가 등장해 울면서 이런 소식을 전했다.

"오늘 새벽 두 시, 우리 민족의 위대한 영웅이시며…… 경애하는 김일성 대원수님께서 서거하셨습니다."

다리가 후들거리기 시작했다. 뭐라고? 어떻게 이럴 수가 있지? 난 어떻게 해야 해?

학생과 교사 3천 명은 마치 묘지 앞에 선 것처럼 말없이 자리에 서 있었다. 그러다 어느 순간, 망연자실한 교장이 정신을 차리더니 '비통함'이란 버튼이 눌린 로봇이라도 된 듯 거의 기계적으로 울부짖기 시작했다. 나도 따라 울었다.

그래, 울어야만 한다면 울어야지. 언제 우리가 슬피 울어볼 기회가 오겠어. 이 기회를 살려서 굶주림과 고통, 지친 몸, 너무나 그리운 남동생, 너무 어린 나이에 세상을 떠나야 했던 영미 같은 아이들을 떠올리며 마음껏 울어보자. 눈물을 흘려 우리 모두 살아 있는 인간이라는 걸 보여주자. 적어도 눈물만은 진심일 테니까. 아직 감정이 남아 있다는 증거일 테니까. 눈물을 보이자. 위대한 지도자를 위해 우는 척하면서 사실은 나를 위해, 내 안의 슬픔을 달래려 울도록 하자. 그러면 사람들은 당을 향한 나의 충성심이 각별하다고 생각하겠지.

곧 강당 전체가 "위대한 수령님! 위대한 수령님!" 하는 외침과 통곡과 한탄으로 가득 찼다. 부모가 감옥에 끌려간 아이도 있고 정말 아무것도 먹지 못한 아이도 있었지만, 그 자리에 선 모든 아이가 생존 본능을 발휘해 모두 최선을 다해 눈물을 짜냈다. 그 눈물은 김일성 서거를 비통해하는 것뿐 아니라 지금까지 무겁게 안고 살아온 고통을 쏟아내는 눈물이기도 했다.

집단적 광기가 한 시간 가까이 이어진 후 눈물을 거둔 교장은 오늘 수업은 취소했으니 포항에 있는 김일성 동상 앞에 가서 애도를 표하라고 했다. 두 시간 동안 걸어서 동상 앞에 도착하니 이미 수많은 군중이 모여 있었다. 아이들은 더위에 지쳐 쓰러져 갔다.

공식 추모 기간인 2주 동안 도시는 거의 활동을 멈추었다. 거리에는 버스가 다니지 않고 기차를 타는 사람도 없었다. 라남 아줌마들은 시내에 있는 동상을 찾아가 매일 정오 3분 동안 묵념을 했다. 나도 학생들을 데리고 똑같이 했다. 7월 17일에 포항에서 장례식이 열린 후 김일성의 아들 김정일이 우리의 새 지도자가 되었다. 한 시대가 끝나고 다음 시대가 도래했으며 이전보다 더 암울한 폭정이 우리를 기다리고 있었다.

　식량은 김일성 사망 전에도 부족했다. 스물일곱 살이 되던 1995년 나는 급여를 그만 받기로 했다. 그런데도 나라에서 자꾸 군대를 도우라고 강요해 집마다 밀린 배급 통장을 내놓아야 했다. 우리 집도 사실상 빈 껍데기에 불과한 배급 통장을 냈고, 나는 동생을 위하는 마음으로 학교에서 받은 배급표를 군대에 보냈다.

　언니는 수정이를 낳으면서 직장을 그만두고 주로 딸을 돌보며 아파트 관리 일을 하고 지냈다. 이런 생활을 좋아하기도 했고, 일단 아이를 낳으면 다시 공장 일을 하기 힘들다는 걸 알고 있어서 스스로 선택한 길이었다. 형부가 배를 타는 것도 이유 중 하나였다. 수정이 먹일 음식을 구하기도 어려운데, 얼마가 되었든 어부인 남편이 벌어 오는 데만 의지해 살아야 하는 형편이었다.

　자재와 전력 부족으로 공장은 대부분 문을 닫았다. 아버지 일터도 예외가 아니었다. 사회주의에 해를 끼친다는 이유로 총살당할 위험을 알면서도 쇠붙이 사다리 전선 따위를 훔치려고 빈 공장에 침입하는 사람이 점점 늘었다. 전선 피복 안에 있는 구리를 빼내 중국에 가져가면 좋은 값에 팔 수 있었다. 기아는 사람들이 나쁜 선택을 하도록 몰아가 선한 사람도 범죄자로 바꿔놓았다. 주민들이 신성한 구역으로 여겨 출입을 삼가던 아파트 앞 창고에 묻어둔 김칫독을 훔쳐 가는 일도 벌어졌다.

　인근 공장 폐수로 오염된 식수를 끓여 마시다 설사병이 나면 장마당에서 200~300원을 주고 치료제를 사야 했다. 쌀 1킬로그램이 150원 정도였으니 굉장히 비싼 가격이었다. 200원이면 아파트도 한 채 살 수 있었다. 어려운 사람들이 고작 빵 몇 개 값에 집을 내놓았기 때문이다. 개인 재산이 아니라 팔 수 없다는 건 알지만 굶주림 앞에서 마냥 국가를 믿고 있을 수만은 없었다.

쌀이나 강냉이 1~2킬로그램을 구하려고 집을 내놓고 나면 온 가족이 거리에서 불안정한 생활을 해야 했다. 네댓 살짜리 어린아이는 장마당에서 과자를 팔고 좀 더 큰 아이는 떠돌이가 되었다. 어른들은 물건을 훔치거나 영양실조로 죽어갔고 혹여 아프기라도 하면 절대 회복하지 못했다. 혼돈 그 자체였다.

1년 후인 1996년 5월, 제자 중에 장 씨 아줌마네 아들 광철이가 가쁜 숨을 쉬며 내 자리로 찾아왔다.

"선생님, 진이네 식구들이요……."

"알아. 진정해, 광철아. 알려줘서 고맙다. 이제 가서 앉아 있어. 선생님이 오늘 오후 수업 끝나고 가 볼게."

아무 말도 필요 없었다. 더 물어볼 것도 없었다. 무슨 일이 일어났는지 우리 둘 다 잘 알고 있었다. 진이와 가장 친했던 광철이는 겁에 질려 "네……" 하고는 고개를 떨구고 자리로 돌아갔다.

두려움에 떨며 광철이와 함께 5층 계단을 올랐다. 진이 집은 옛날 우리 집처럼 방 하나짜리 아파트였다. 목숨을 부지하기 위해 가진 것을 모조리 쌀과 강냉이로 바꿔 먹은 터라 집 안은 텅 비어 있었다. 진이네 가족은 모두 웅크린 채 바닥에 나란히 누워 있었고 주위에 빈 그릇이 나뒹굴었다. 다들 그저 잠에서 깨지 않은 듯 보였다.

인민반장이 말하길, 이레 동안 음식을 찾아 헤맸지만 아무것도 구하지 못해서 다 같이 마지막 한 끼를 나눠 먹고 죽기로 했다고 한다. 굶어 죽는 건 선뜻 따라 할 일은 아니었지만 다 같이 떠날 수 있는 방법이었다. 우리 가족도 저렇게 될지 몰라. 정호가 찾아왔을 때 저런 모습을 보이고 싶지 않아. 죽고 싶지 않아, 혼자서든 온 가족이 함께든.

그해 어머니를 따라 수남시장에 갔을 때 어머니가 두부밥을 사 줘서 깜짝 놀랐다. 처음 먹어보는 음식이기도 하거니와 그 시절에 먹을 수 있으리라고는 상상조차 못 했기 때문이다. 그런데 한입에 먹으려는 순간, 어디선가 나타난 어린아이가 내 손에서 두부밥을 홀랑 채어 달아났다. 옆에서 지켜보던 상인은 "거봐! 아무도 안 볼 때 몰래 먹으랬잖아. 조심하지 않으면 그렇게 되는 거야!" 하며 웃음을 터트렸다.

굶주림 때문에 도둑이 되어버린 건 그 아이만이 아니었다. 그날 집으로 돌아가는 길에 우리 반 아이 몇 명이 장마당에서 구걸하며 돌아다니는 모습을 보았다. 솔직히는, 등교하지 않은 지 1년도 넘은 아이들이 아직 살아 있다는 데 놀랐다. 먹을 것을 찾아 거리를 떠돌던 아이들은 몰래 기차에 올라타서는 터널에 진입하자마자 승객들의 배낭을 칼로 찢어 맨 밑바닥에 숨겨둔 음식을 찾으려고 달려들었다. 당시 이런 아이를 꽃제비라고 불렀다. 더는 둥지 안에서 부리를 벌린 채 어미 새가 물어다 주는 벌레를 기다릴 수 없게 된 어린 새들은 본능적으로 포식자로 변했다.

누더기를 걸친 아이들 앞에, 어머니가 중국에서 사다 준 잘빠진 푸른 정장을 입고 서 있자니 몹시 당황스러웠다. 한 아이가 쌀 몇 톨 건져내려고 하수구에 손을 넣는 순간 그 광경을 더는 참고 볼 수 없어 휙 돌아섰다. 부끄러워서 구역질이 났다. 아이들도 나도 다 부끄러웠다. 교사로서 나는 김씨 일가가 모두를 지켜줄 거라는 거짓말을 퍼트리는 데 일조했다. 내가 솔직하지 못하다는 걸 나도 알고 있었다. 거짓말쟁이, 그게 나였다. 갑작스러운 깨달음을 참기 힘들었지만 살아남으려면 받아들이는 수밖에 없었다.

다음 날 오후 수업이 끝나고 승철이가 조금 일찍 가도 되는지 물었다. 나는 안 된다고 했지만 아이가 왜 일찍 나가려는지 알고 있었다. 수남시장 꽃제비 아이들과 어울려 다니려는 것이다. 보내 줘야 한다고 생각하면서도, 나는 자신만 생각하는 거짓말쟁이에 이기적인 겁쟁이가 되어 있었다. 빈자리가 늘어 생활총화 시간에 비판받는 걸 더는 견딜 수 없었다. 유령 교실에서 아무 문제 없다는 듯 계속 가르쳐야 했다. 비록 급여를 받지 못하더라도 내 직업을 지키는 게 무엇보다 중요했다. 그 후 다시는 교실에서 승철이를 볼 수 없었다. 내 친구 혜영이도 형편이 좋지 않았다. 아버지가 소련에서 사 온 텔레비죤과 재봉틀을 내다 판 혜영이네 가족은 남은 물건 몇 개로 겨울을 견딜 참이었다.

1996년 중반에 접어들자 아이들이 길에 쓰러지기 시작했다. 의지가 꺾이고 만 것이다. 시체에서 풍기는 악취, 장마당에서 음식을 훔치다 공개 처형 당하는 사람들, 자기 살자고 무기로 시민을 위협하는 군인들. 이 모든 것이 라남의 일상이 되었다.

어느 날 시장을 걷다가 벽을 등지고 구부린 채 움직이지 않는 어린아이를 발견했다. 나는 지극히 무기력한 상태로 목적 없이 떠돌아다니는 사람들 사이를 헤치며 조심조심 그 아이에게 다가갔다. 얼굴에는 오물이 그득하고 옷은 진흙투성이에 긴 머리카락이 마구 엉켜 있었다.

아닐 거야, 제발…… 아니야! 순간 절망감에 눈이 휘둥그레진 채 두 손으로 입을 가리고 숨을 죽였다. 교실을 떠난 나의 제자 승철이였다. 의사가 되어 거리의 아이들을 돌봐주고 싶다던 아이. 그러나 겨우 열세 살 나이에 벽 앞에 웅크린 채 세상을 떠나야 했던 맨발의 소년. 승철이는 지금도 내 마음속에 남아 있다.

사흘 굶어 담 아니 넘을 놈 없다

Le ventre creux sort le loup des bois

죽음은 남들만 겪는 일이 아니었다. 그리 오래지 않아 내 곁에도 죽음이 찾아왔다. 여름 방학 중이던 1996년 8월 어느 날 누군가 집에 찾아왔다. 룡암 농장에서 큰아버지와 함께 일하는 분이었다.

"너희 큰아버지가 아픈 것 같구나, 아주 많이. 2주 동안이나 일하러 나오지 않았어. 너무 걱정돼서 말이야. 당장 찾아가 보는 게 좋을 것 같다."

나쁜 소식을 전하는 게 힘들었는지 아줌마는 말을 마치자마자 계단을 뛰어 내려갔다.

나는 온갖 무서운 생각이 떠올라 덜덜 떨면서 출입구 앞에 그대로 서 있었다. 연신 시계를 들여다보며 공장에 간 아버지가 어서 빨리 돌아오기를 바랐다. 이윽고 집에 들어서는 아버지에게 큰아버지가 좋지 않다는 소식을 말했다.

아버지는 문간에 멈칫 서 있다가 깊은 한숨을 내쉬더니 어둡지만 차분한 모습으로 내게 뭐든 가벼운 거로, 소화하기 쉬운 거로 죽을 좀 끓여보라 하곤 곧바로 사라졌다. 계단을 뛰어 내려가는 발걸음 소리로 아버지 마음이 얼마나 급박한지 알 수 있었다. 농장은 걸어서 한 시간 거리에 있으니 잠시도 지체할 수 없었다.

밤 열 시가 되어서야 아버지의 발소리가 들렸다. 내내 큰아버지를 등에 업고 오느라 완전 녹초가 된 아버지는 말할 기운도 없는지 턱으로 안방을 가리켰다. 나는 서둘러 방으로 들어가 큰아버지를 눕힐 수 있도록 바닥에 요를 깔았다. 아버지의 형이자 우리의 '큰' 아버지는 전에 없이 작아 보였다. 한때 그토록 자랑스러워하던 어깨와 팔의 근육은 다 사라지고 남은 건 뼈와 가죽뿐이라서 알아볼 수도 없을 정도였다. 큰아버지, 세상에 어쩌다 이 지경까지…….

큰아버지는 허공을 바라보며 "배고파…… 너무 배가 고파." 하고 힘겹게 말했다. 나는 이해할 수 없었다. 농장에서 일하는 사람이 먹을 것이 없다니 말도 안 되는 일이었다. 농장에서 식량을 나눠주지 않나? 1년 양식을 모두 강냉이와 쌀로 주고 있는데? 덥고 습한 밤공기에 들러붙은 옷 아래로 수척해진 큰아버지의 몸이 그대로 드러났다.

"일찌감치 찾아오지 그랬어요? 왜 도와달라고 하지 않았어요, 왜?"

"배가 너무 고파……."

아버지는 내가 끓여둔 죽 그릇을 가져가서 한 숟갈 가득 떠 큰아버지 입에 흘려 넣었다. 한 숟갈 또 한 숟갈 떠먹이다 보니 5분도 안 돼 그릇이 바닥났다. "더……" 빈 그릇을 바라보며 큰아버지가 중얼거렸다. 애원하는 큰아버지를 보고 있자니 마음이 찢어질 듯했다. 부엌으로 돌아가 한 그릇 더 퍼 오려는데 아버지가 앞을 막아섰다. "절대 안 된다! 한꺼번에 너무 많이 드시면 위험하니 기다려야 해. 내일 아침에 좀 더 드리면 돼. 이제 너도 자야지. 피곤하겠다."

괴로운 밤이었다. 다음 날 아침 다섯 시, 무거운 마음으로 일어나 보니 벌써 아버지가 큰아버지 옆에 앉아 있었다. 이마를 찡그린 채 죄책감과 회한에 가득 찬 얼굴로 큰아버지를 바라보던 아버지는 마음을 가다듬으며 말했다. "좀 쉬세요. 이제 공장에 나가야 해요. 지현이가 돌봐드릴 테니 저녁에 봐요."

나는 온종일 큰아버지를 돌봤다. 물집 가득한 거친 피부를 식히려고 젖은 수건으로 몸을 닦고 옷 속에 숨은 이를 잡았다. 점심과 저녁에 죽 한 그릇씩을 떠먹였다. 큰아버지는 아버지가 퇴근하기 전에 잠들었다.

다음 날 아침 아버지 식사를 준비하다가 부엌에 둔 죽그릇이 비어 있는 걸 발견했다. 놀라서 방으로 뛰어 들어가 보니 큰아버지가 바닥에서 신음하고 있었다. 나는 아버지에게 달려가 외쳤다.

"아버지, 아버지, 빨리 와보세요. 큰아버지가 부엌에 있던 죽 그릇을 들이마셨어요!"

이미 잠에서 깨어 요 위에 앉아 있던 아버지는 내 말을 듣고 입술을 깨물며 머리를 흔들었다. 죽을 수도 있는 상황임을 직감한 듯했다. 잠시 후 벌떡 일어나 옆방으로 달려가서는 바닥에 쓰러진 큰아버지 옆에 앉아 두 손으로 머리를 감쌌다. 푹 패인 뺨 위로 눈물이 흘러내렸다.

"형님" 하고 부르는 아버지의 목소리는 부드럽고 애절하면서도 다정했다. "어머니께서 나를 믿고 맡기셨는데, 사랑하고 존경하는 형님……"

이후 며칠 동안 아버지는 매일 아침 출근할 때마다 큰아버지에게 인사하며 똑같은 말을 되풀이했다. 형을 잘 돌보겠다고 했는데 돌아가신 어머니와 한 약속을 이토록 처참히 어기고 말았다고.

고통을 덜어줄 방법을 찾지 못한 채 하루하루가 흘러갔다. 엿

새 째에 비로소 잠잠해진 큰아버지는 더 버틸 마음이 없다는 듯 먹기를 거부했다. 너무 지쳐 있던 큰아버지의 위장은 전혀 제 기능을 못 했고 식도가 막혀 음식을 삼킬 수도 없었다. 나와 아버지를 계속 번갈아 보며 눈을 맞추던 큰아버지는 눈물을 한 방울 떨어뜨리며 아버지 품 안에서 마지막 숨을 내쉬었다. 뒤이어 깊은 정적이 찾아왔다.

농장에서는 나무가 없다며 관을 만들어주지 않았고 아버지 직장에서도 직원이 아니라서 못 준다고 했다. 북한에서 누가 죽으면 그 사람이 속한 공장이나 농장 등에서 관을 마련해 주는데 1990년대 들어 자재는 부족하고 죽는 사람은 많으니 관 제공을 중단했고, 농장에서는 관을 받기가 더욱더 어려웠다. 하는 수 없이 우리는 볏짚으로 만든 가마니로 큰아버지 시신을 감싸고 소가 끄는 수레에 실어 농포산으로 향했다. 누가 물으면 홍역으로 죽었다고 했다. 농장에도 어린 시절 앓았던 병이 말년에 다시 도졌다고 보고했다. 사회주의 국가에서 굶어 죽는 사람은 있을 수 없으니까.

큰아버지의 죽음은 우리 가족에게 돌이킬 수 없는 변화를 가져왔다. "저 쥐새끼 같은 놈들이 조국이 처한 현실을 숨기고 거짓말을 했어!"라며 아버지는 대놓고 당을 비판하기 시작했다. 언니도 분명 문제가 있다고 생각했지만, 매일같이 아줌마들과 아파트를 관리하느라 네 살배기 딸 수정이에게 먹일 음식을 마련하기가 얼마나 힘든지 불평할 시간도 없었다. 불평을 용납하지 않는 사회에서 살아남기 위해 그저 내색 않고 주어진 일을 해내려고 애썼을 뿐, 이처럼 속으로라도 불만을 토로하는 건 우리 집 식구들만은 아니었을 것이다.

몇 주 후 이번에는 장 씨 아줌마에게 죽음이 찾아왔다. 한때 우리 집안 행사에 와서 음식 준비를 도와주었던 친절한 장 씨 아줌마는 가진 걸 모두 내다 팔아 집에 남은 거라곤 텔레비죤 한 대밖에 없는 상태였다. 어릴 적 놀러 가서 텔레비죤을 보곤 했는데 이젠 전기도 들어오지 않으니 무용지물이 되었다. 나라에서 받은 선물이라 팔 수도 없었다.

1996년 가을 장 씨 아줌마와 스물세 살 딸은 둘 다 '병으로' 세상을 떠났다. 하지만 사실은 굶어 죽었다는 걸 모두가 알고 있었다.

건어물 사업은 경쟁이 점점 치열해져서 헤쳐나가기 쉽지 않았다. 건어물을 포기하고 다른 분야에 도전하기로 마음먹은 어머니는 골동품이나 가죽 제품처럼 돈 있는 사람의 흥미를 끌 만한 고급품 쪽을 노려보기로 했다. 중국에는 부유한 사람이 많으니까 괜찮을 듯했다.

사업가로서 탄탄한 명성을 쌓은 덕에, 어머니는 재일교포에게 초기 사업 자금으로 3만 원을 빌릴 수 있었다. 재일교포는 일제강점기에 더 나은 삶을 찾아 일본으로 간 사람들인데, 1960년대에 일본 정부는 이들이 새로운 기회를 찾아 북한으로 돌아가도록 장려했다. 어머니는 그들이 건어물 사업 때처럼 고급품을 사줄 거라 기대했지만 그런 일은 일어나지 않았다. 가진 돈과 대출금을 모두 날린 어머니는 곧 빚더미에 앉았다.

한 달 내내 하루 두 번씩 빚쟁이들이 집으로 찾아왔다. 어머니는 그들과 마주치지 않으려고 아침 일찍 집을 나가 밤늦도록 돌아오지 않았다. 날마다 빚쟁이들이 온 건물을 샅샅이 뒤지며 복도에서 어머니를 저주하는 소리가 들려왔다. 아버지는 완전히 낙담해서 집 밖으로 한 발자국도 나가지 않았다. 돈을 받지 못한 빚쟁이들이 벽에 걸린 김일성 부자의 초상화만 빼고 가구와 주방용품을 전부 집어 가니 집 안은 텅 비고 내 마음도 점차 비어갔다.

1997년 4월 18일 어머니가 함경북도 동북쪽 국경지대인 온성시로 떠났다. 계속 숨어 살 수는 없다며 중국에 사는 먼 친척 이야기를 종종 꺼냈다.

"온성에 가야 사촌 언니에게 전화를 걸 수 있거든. 떠나기 전에 알려줬어. 분명 내 사업을 다시 일으키게 도와줄 거야."

"그런데 어느 사촌을 말하는 거예요?"

"80년대에 연락하고 지내던 먼 친척이다. 정확히 중국 어디에 사는지는 몰라. 찾아봐야지. 아버지 잘 보살펴 드려라. 찾는 대로 며칠 안에 돌아올 테니까."

어머니는 거듭 아버지를 잘 돌보라고 신신당부했다. 정말 돌아오실 생각이었을까?

———

"너희 엄마 어딨냐? 어딨어······"

아버지에게 또다시 심장 마비가 찾아왔다. 이제는 자리에서 일어나지도 못하고 혼수상태에서 온종일 어머니를 찾았다.

"걱정 마세요. 며칠 안에 돌아오실 거예요."

화가 났다. 돈도 배급품도 없는데 아버지를 돌볼 책임을 떠맡은 나는 매일 밥상에 올릴 밥 한 그릇을 어떻게든 마련해야 했다.

1997년 4월 30일 나는 학교에 공식 사직서를 제출했다. 지난 3년 동안은 급여도 받지 못했지만 그토록 사랑했던 일을 그만두는 건 가슴 아픈 결정이었다. 하지만 음식을 구걸해야 하는 현실이 내겐 더 끔찍했다.

먹을 것을 찾아 농포산을 헤매고 다녔다. 뿌리, 나물, 버섯, 나무껍질…… 갈아서 죽으로 만들 수 있는 거라면 뭐든지 끌어모았다. 칡뿌리는 흔치 않지만 영양분이 많아 인기가 높았다. 단 반드시 물에 담가 독성을 제거한 후 조리해야 했다. 소나무 껍질도 먹었다. 껍질 안쪽 면을 벗겨다가 물에 끓여서 두 조각으로 나누어 상에 올렸다.

흙 만지는 일은 익숙했고 장 씨 아줌마에게 식물과 씨앗 구분하는 법도 배워두었기에 그럭저럭 견뎌낼 수 있었다. 하지만 생존에 몰두하는 사이 내 안으로 스며드는 굴욕감은 떨쳐낼 수가 없었다. 한때 교사였던 내가 철길을 걸으며 나물을 뜯고 새순을 얻으려고 논을 파헤치고 있다니. 아버지는 평생 공장에서 일했고 우린 매일 흰 쌀밥을 먹을 수 있는 흔치 않은 가족이었는데 이제는 이렇게 풀과 나무뿌리에 의존하며 살아야 한다니.

견디기 힘든 현실이었다. 큰아버지는 굶주려 돌아가셨고 아버지는 거의 죽기 직전이었다. 그리고 나는 마치 생쥐처럼 먹을 것을 찾아 흙 속을 헤집으며 살고 있었다. 마치 공장에서 끊임없이 돌아가는 기계처럼 마음속으로 '이건 다 경제 제재를 가한 미국과 남조선 때문이야! 우리가 사는 사회주의 국가에서는 누구도 굶어 죽어서는 안 돼!' 이런 말을 되풀이했다.

필요가 모든 것을 이기는 법이다. 저항은 불가능했다. 목숨을 부지하려면 어떻게든 자신의 운명을 정당화하는 수밖에 없다.

1997년 6월로 접어들자 산에 가도 이미 마을 사람들이 다 파헤쳐 버려 아무것도 구할 수 없었다. 남은 방법은 단 하나, 장롱 속에 있는 물건을 내다 파는 것뿐이었다. 아버지가 소중히 보관하던 우리 대학교 졸업장, 언니가 손수 베껴 쓴 수학책, 아버지의 까만 양복, 내가 교사가 되고서 입던 푸른색 모직 정장 같은 것들.

"아버지, 마음 아프시겠지만 양복을 팔아야겠어요. 얼마나 소중히 여기시는지 아는데…… 죄송하지만 다른 방법이 없어요."

아버지는 얼굴을 찌푸리며 나를 바라보았다.

"대답 안 하셔도 돼요. 이해해 주시는 것으로 알고 있을게요."

나는 아버지 양복과 내 정장을 들고 나가서 처음 찾아온 사람에게 220원에 팔았다. 그 돈이면 달걀 세 개와 강냉이 1킬로그램을 사서 아버지와 한 달 동안 먹을 수 있었다. 이 일을 해낸 나 자신이 자랑스러웠지만 한편으론 그동안 어머니가 가족의 밥상에 밥을 올리려고 얼마나 고생했을까 생각하니 슬퍼졌다.

1997년 7월 27일, 기아의 직접적인 원인은 미국의 경제 제재이며 간첩이 침투해 국가 경제를 교란하고 있다는 이야기를 들었다. 우리 아파트 반장 말로는 수성천에서 여러 번 공개 처형이 있었다고 했다. '간첩 사냥'의 첫 희생자가 된 당시 농업 담당 비서 서관희는 한국 간첩 혐의로 고발당한 후 공개적으로 돌에 맞아 죽었다. '심화조 사건'으로 불릴 정도로 많은 사람이 죽거나 정치범 수용소로 끌려간 심각한 사건이었다.

같은 해 아버지는 세 번째 심장마비를 겪었다. 내가 구해 오는 음식으로는 건강을 회복하기 어려웠다. 힘든 시간을 보내는 사이 아버지는 안색이 창백해지고 위통이 심해졌다. 아, 이렇게는 안 돼요. 견뎌주세요, 아버지. 제가 여기 있어요. 견뎌주세요.

큰아버지가 점차 쇠약해지던 과정을 돌이켜 보았다. 세밀한 부분까지 다 기억하고 있었는데 위통은 좋지 않은 신호였다. 좌절감이 밀려왔다. 어머니는 여전히 돌아오지 않았고…….

────

아버지 상태는 나아지지 않았다. 정호가 휴가 나온 10월에는 화장실에도 가지 못할 정도로 약해져서 이부자리 옆에 양동이를 놓아드려야 했다.

정호를 보는 건 3년 만이었다. 이제 스물한 살이 된 정호는 키가 크고 호리호리해서 아버지 젊은 시절과 똑 닮아 보였다. 쇠약해진 아버지를 본 정호는 충격을 감추려 애썼다. 그동안의 일을 설명해 주니 가만히 듣던 정호는 감정을 추스른 다음 아버지를 잘 돌봐주어 고맙다고 했다. 그리고는 곧바로 떠날 준비를 했다.

"친구 성진이네 집에서 자려고 해."

"그래. 내일 올 거야?"

"그래야지. 아침에 돌아올게."

성진이네 집은 걸어서 10분 거리에 있었다. 어릴 적 친구를 만나고 싶어 하는 마음은 이해했지만 동생이 친구네 집을 더 편하게 여기는 게 조금 속상했다. 한편으로는 벌거숭이가 되어버린 이 누추한 집을 누가 좋아하겠나 싶기도 했다.

동생은 성진이네 집에 머물면서도 매일 찾아와 아버지 곁을 지켰다. 팔다리를 살살 주무르고 손을 꼬옥 잡아주었다. 하지만 아버지는 몹시 부끄러워하며 아들이 자신을 바라보는 걸 견디기 힘들어했다. 정호가 온 지 사흘째 되던 날 오후 30대로 보이는 군인

두 명이 집에 찾아왔다.

"박정호를 찾고 있습니다." 평양 말투로 그들이 말했다.

군인은 단체로 휴가를 가는 경우가 많았기 때문에 정호와 같은 부대원일 거라 생각한 나는 이렇게 대답했다.

"정호는 집에 없어요. 오늘은 친구 성진이네 집에 있을 거라고 했어요."

문을 닫는데 나를 바라보는 시선을 느껴 돌아보자 아버지 눈빛이 공포로 가득했다. 그 순간 깨달았다. 정호는 탈영했고 지금 그 애의 은신처를 내 입으로 알려줬음을. 극심한 위경련이 몰려와 몸이 고꾸라졌다. 그러고 보니 군인들이 휴가를 나올 때면 반드시 군관 한 명이 동행하는데…… 동생은 홀로 집에 왔고 나는 며칠이 지나도록 별 의심을 못 했다.

새벽 한 시에 문 두드리는 소리가 들렸다. 형부 상철이 밤새 조업을 나가는 날이면 우리 집에 와서 자곤 하던 언니와 조카 수정이도 함께 있었다. 문을 열어보니 얼굴이 피범벅이 된 정호가 낮에 찾아왔던 두 군인에게 붙들린 채 서 있었다. 군인들은 문이나 유리창 틀에 대는 1미터 길이의 나무 막대를 들고 있었고, 바로 그 막대로 두들겨 맞은 게 분명해 보이는 정호는 제대로 서지도 못하는 상태였다. 나는 한 손으로 문을 잡고 소리쳤다.

"언니, 빨리 좀 와봐!"

"지현아, 무슨 일이냐?" 언니가 아니라 아버지가 놀랄 만큼 큰 소리로 물었다.

문 앞으로 나온 언니는 애써 차분한 목소리로 말했다.

"우리 동생에게 왜 이런 짓을 한 거죠?"

군인들은 대답 없이 우리를 밀치고 정호를 안방으로 끌고 들어가며 따라오지 말라고 했다. 구토가 치밀고 온몸이 덜덜 떨렸다. 뒤로는 격분한 아버지의 얼굴이 보였다. 우리는 공포에 휩싸였다. 숨죽인 비명이 들려왔다. 정호가 아버지와 수정이를 걱정해 애써 참고 있다는 걸 알 수 있었다. 하지만 정호의 몸을 때리는 막대 소리까지는 숨길 수 없었다. 군인 한 명이 외쳤다.

"너 뭐 하는 놈이야? 어떻게 할 작정이었어? 이 새끼야!"

심문은 한 시간 동안 이어졌다. 때때로 작게 "모릅니다."라고 말하는 소리가 들렸다. 수정이가 깨서 울기 시작했다. 언니는 복도에서 차분하게 수정이를 안고 등을 두드려주었다. 나는 부엌에서 내내 서성댔다.

새벽 다섯 시, 군인 한 명이 방에서 나오더니 나더러 청소하라고 손짓했다. 정호가 죽어 있으면 어떡하나 싶었지만 바닥에 피가 흥건하기는 해도 아직 살아 있는 걸 확인하고 안도했다. 그 후 정호는 평양으로 끌려갔다. 탈영범으로 사형 선고를 받을 게 틀림없었다. 얼마 후 정호 친구 성진이가 연락해 왔다.

"정호가 또 탈출했어요."

"아, 세상에. 어떻게 된 건지 말해줘. 전부 다."

사방에 감시자들이 있어 그날은 편하게 대화를 못 하고 사흘 뒤 라남 시장에서 다시 만나 자세한 이야기를 들었다.

정호는 평양으로 돌아가다 열차가 정전으로 멈춰 선 사이 기차에서 뛰어내렸고, 라남으로 돌아와 이번에는 성진이 할머니 집에 숨어 지낸다고 했다. 사실 정호는 탈영한 게 아니라 충성 자금 마련을 위한 외화벌이에 동원되었다가 과제를 완수하지 못해 도망친 것이었다. 병상에 누운 아버지는 가끔 정신이 돌아오면 내게 손짓을 하며 동생을 꼭 살려야 한다고 부탁했다.

정호가 숨어 지내는 동안 우리 가족은 모두 바늘방석에 앉은 듯 불안한 나날을 이어갔다. 아버지는 가만히 앉아 있다가 버럭 화를 내거나 재떨이를 던지기도 했다. 나를 그토록 사랑하던 아버지가 모진 행동을 하는 모습을 보니 마음이 아팠다. 동네 아줌마들은 아버지가 내게 정을 떼려는 거라고, 사람이 임종을 앞두면 제일 사랑하는 사람을 두고 가는 것이 슬퍼 못된 짓을 하기도 한다며 나를 달래주었지만 아버지의 그런 도발적인 행동이 너무나 낯설었다.

어머니는 빚쟁이들에게 쫓기고 동생은 나라에 쫓기는 몸이 되었다. 라남에 남은 우리 신변이 점점 더 위험해지고 있었다. 어느 날 형부 상철이 침착한 목소리로 말했다.

"이 나라를 떠나야 해."

언니는 놀란 나를 진정시키려고 한쪽으로 데려가, 우리가 계속 이렇게 살 수 없는 이유를 설명해 주었다. 언니는 내가 세상에서 신뢰하는 몇 안 되는 사람 중 하나였다.

"정호를 살리려면 이 길밖에 없어. 만약 정호가 붙잡히는 날에는 우리도 전부 끌려가게 될 거야. 너도 잘 알잖아."

"어디로 갈 건데?"

"중국."

"그러니까 중국 어디?"

"일단은 국경 근처인 온성으로 가서 중국으로 넘어갈 기회를 기다려봐야지. 형부가 몇 달 전부터 준비하던 일이야. 벌써 온성에서 중국 사이를 여러 번 왔다 갔다 하면서 지형도 파악해 놨대. 어머니랑도 이야기가 다 돼서 우릴 기다리고 계셔. 누가 물어보면 네 결혼 때문에 간다고 얘기할 거야. 정호는 성진이가 소식을 전해주면 찾아올 거고."

"근데 무슨 돈으로 가?"

"나 결혼할 때 어머니가 주신 명주 솜을 내다 팔려고."

"아버지는?"

그 순간 우리는 입을 다물었고 한동안 누구도 감히 침묵을 깨지 못했다.

1998년 2월 18일, 나는 형부와 언니 그리고 조카 수정이와 함께 라남을 떠났다.

아버지에게

아버지

동생을 살려달라고, 어디든지 떠나라고 부탁하셨죠?

제게 모질게 대하면서 정을 떼려 하셨지만

저는 아버지의 사랑을 놓아버릴 수 없어요.

어머니 집 나가고 아버지와 저, 둘이서 밥 한 그릇 나눠 먹으며

보이지 않는 눈물 얼마나 많이 흘렸나요?

새벽 일찍 장마당 나가면서 이불 밑에 밥 한 그릇 두고 가면

저녁 늦게 제가 돌아올 때까지 한 숟가락도 안 드시고 기다렸다가

저녁 밥상에서 밥을 나누어주던 아버지.

남자 같다고 하시면서도 제 행동 하나하나 늘 응원해 주시고

주무실 때 곁에 누우면 팔베개를 해주며 다독여 주시던 아버지.

아버지의 마지막 유언 제가 꼭 지켜드릴게요.

머리맡에 죽 한 그릇과 깨끗한 잠옷 한 벌 놓아두어요.

작은삼촌이 돌보러 올 테니 걱정 마세요.

문 잠그고 나서 열쇠는 집 앞 김칫독에 넣어둘 거고요.

저, 언니와 수정이 데리고 떠나요.

언니와 형부가 제게 이야기하는 거 들으셨죠.

안 들리는 척하신 것 다 알아요.

아버지가 혼수상태로 몇 마디 중얼거리신 걸

제가 알아들었던 것처럼 말이에요.

그때 부탁하신 대로 꼭 정호를 찾아서 평생 돌봐줄게요.

약속해요.

아버지는 지금 죽음의 문턱에서 견디고 계시죠.

이 악몽에서 벗어나 자유를 찾고 싶지만,

저희가 떠나기 전에 돌아가시면 마음에 짐이 될까 봐

안간힘 쓰며 버티시는 거 다 알아요.

혓바닥이 터서 갈라지고 물 한 숟가락도 못 넘기시면서

저희 갈 길 응원해 주는 아버지는

자식들을 위해 한평생을 바친 정말로 위대한 사람이에요.

저희를 위해 그만한 희생을 할 수 있는 사람은 세상에 또 없을 거예요.

오늘 밤은 평화롭기만 하네요.

길에서 굶주린 사람들이 죽어 나가고 있다는 게 실감 나지 않고

그저 먼일처럼 느껴져요.

지금 집 안에 남은 거라고는

벽에 나란히 걸린 김일성, 김정일의 초상화와

빈 선반 위에 얹힌 그들의 전기

그리고 바닥 요 위에 누운 아버지뿐인데 말이에요.

그런 아버지 옆에 혼자 앉아서 용서를 빌어요.

제 말을 듣고 계신 건지, 저를 알아보시는지 잘 모르겠어요.

까칠하고 핼쑥해졌어도 여전히 멋진 아버지 얼굴이
어둠 속에서 희미하게 빛나고 있어요.

아버지, 저는 눈물이 나요.
집에서나 학교에서나 늘 투사처럼 늠름한 얼굴로 살아왔지만
오늘 밤에는 30년 만에 처음으로 눈물을 흘려요.
절망의 눈물이에요.
세상에서 그 누구보다 사랑하는
소중한 아버지를 두고 떠나야만 하다니.
뻣뻣하고 차가운 아버지 손을 잡아보아요.
잠깐 움찔하는 듯하지만
그 손에서 아버지의 괴로운 마음과 형언할 수 없는,
한없는 좌절이 느껴져요.
턱이 벌어져 이제는 입을 다물지 못하는 아버지,
공허한 눈빛 속에 커다란 공포를 감춘 채
거친 숨을 내뱉는 아버지를 보고 있자니 마음이 아파요.
아버지를 돌봐드릴 수 없다는 사실에 가슴이 찢어져요.
그동안 두려움을 느낄 틈도 없이 버텨왔는데
지금 제 마음은 비참하고 두려운 감정으로 가득 차 있어요.
눈시울을 뜨겁게 만드는 이 글이 결국 이별의 편지가 될까 두려워요.

하늘을 올려다본 게 언제인지 모르겠어요.
마지막으로 또렷이 기억나는 건
여덟 살 때 아버지가 해님 달님 이야기를 들려주던 날이에요.
옛날 옛적에 별도 아직 없던 시절에

해님과 달님이 어떻게 생겨났는지 알려주는 이야기였죠.

그 포근한 공기 속에서 아버지는 저와 장기를 두고

언니와 정호는 숨바꼭질을 했어요.

그 순간만큼은 배고픔도 잊을 수 있었어요.

전기가 끊기면 다 같이 촛불을 켜고 모여 있던 거 기억하세요?

아무 말 하지 않아도 함께 있으면 어둠 따위 두렵지 않았어요.

그런 날에는 촛불을 아끼려고 일찍 잠자리에 들었죠.

하지만 숙제를 다 못한 날이면 깡통 안에 기름과

심지가 든 기름등을 켜고 서둘러 숙제를 마쳐야 했어요.

다음 날 아침에 일어나선 서로 콧구멍에 까맣게 묻은 검댕을

가리키며 배가 터져라 웃어댔죠.

별것 아닌 그런 순간, 웃을 줄 알았던 그 기억 덕에

매일 아침 깨어 하루를 시작할 수 있었어요.

죽는 건 두렵지 않아요, 절대로.

하지만 어린 시절은 그리워요.

아버지도 그립고요.

인생의 달콤한 순간은 어째서 그렇게 쉽게,

무너진 가슴 속에 박혀 영원히 지워지지 않는

고통스러운 기억의 무게에 짓눌리고 마는 걸까요?

거의 8년이라는 시간이 아버지의 노쇠한 어깨 위로

무겁게 내려앉았어요.

아버지는 종일 일하느라 몹시 지쳤으면서도 배고프지 않다며

슬그머니 밥그릇을 우리에게 밀어주셨죠.

청진 갈매기 식당에서 품삯으로 받은 그 빵마저도 손대지 않고

곱게 손수건에 싸서 가져와 나눠주셨고요.

그 어느 해보다 추웠던 지난겨울, 영하 28도까지 떨어져

바람을 막으려고 두꺼운 옷을 머리에 둘러야 할 정도였던

그날도 그랬어요.

시장에서 돌아와 보니 강냉이죽을 손도 안 대고

그대로 남겨두시고는 말씀하셨죠.

"네가 저 추운 데 나가서 떨고 있는데 어떻게 죽이 넘어가겠냐."

아버지를 쇠약하게 만든 건 굶주림이 아니란 걸 알아요.

어머니가 떠났을 때, 정호가 피투성이가 되어 집으로 돌아왔을 때

아버지 눈에 고인 슬픈 눈물을 보았어요.

이런 쓰라린 슬픔이 아버지를 죽이고 있어요.

제가 여느 남자보다 강하고 용감하다며

가끔 제 머리를 톡톡 두드리며 자랑스러워하시던 게 기억나요.

저는 평생 그렇게 아버지가 보여주는 다정함을 느끼며 살아왔고

그 덕에 이제까지 버틸 수 있었어요.

제가 교사가 되었을 때 아버지는 경사가 났다며

술 한잔 마시면 좋겠다고 하셨어요.

막걸리 한 병이 세 끼 밥값 정도였지만,

아버지를 위해 기꺼운 마음으로

막걸리 한 병과 두부를 사다 드렸어요.

그날 밤 아버지는 목이 메는 듯 천천히,

술잔에 눈물을 떨어뜨리며 한 잔 또 한 잔 술을 마셨죠.

다음 날 아침 여섯 시에 일어나 보니

아버지는 어느새 부엌에 서 계시고 유리창에는 수증기가 가득했어요.

"도시락 쌀 만한 음식이 별로 없어서 죽 한 그릇 끓였으니 가져가라.

몸조심하고. 절대, 무슨 일이 있어도 밥은 거르지 마라.

이거면 오늘 점심은 때울 수 있을 거다."

제게 도시락과 함께 꾸깃꾸깃해진 양표를 건네며 하신 말씀이에요.

언제고 먹을 것이 떨어질 때를 대비해 챙겨둔 표라는 걸

잘 알고 있었지만 거부할 수 없었어요.

부모로부터 선물을 받는 기분이란…….

다정하고 훌륭한 부모를 가진 운 좋은 아이만이 누릴 수 있는

순수하고 한없는 기쁨이죠.

저는 그런 아이가 되는 복을 받았어요.

언제까지나 아버지를 돌봐드리겠다고 다짐했는데…….

아시다시피 부모만 한 자식이 없잖아요.

열 나는 저희 이마에 찬 수건을 대며 지새우신 밤이 얼마인가요?

배 속이 텅 비어 요동치는데도 밥 한 숟갈 크게 떠서

저희에게 덜어 주신 적이 얼마나 많았던가요?

그러던 아버지가, 큰아버지를 떠나보내고 몇 주 후부터

자리에서 일어나지 못했어요.

아침이 오는 걸 두려워하며 사방이 막힌 고요한 방 안에

온종일 누워 지내고만 싶어 하셨고요.

그동안 나무껍질과 풀뿌리와 언 감자를 말리며

먹고 살자고 나름대로 최선을 다했는데…… 이제 더는 못하겠어요.

깨어 있는 동안은 내내 어떻게 해야 살아남을지

아버지께 뭘 구해다 드려야 할지 고민하며 지냈어요.

이제는 길에서 구걸해야 할 지경이 되었다고

언니에게 털어놓을 자신이 없어요.

국수 조금만 나눠달라는 말도 차마 할 수 없어요.

너무 부끄러워서요.

큰아버지가 왜 아버지에게 도와달라고 부탁하지 않고

조용히 혼자 죽는 편을 택했는지 궁금해하셨죠.

솔직히 저라도 그랬을 거예요.

날이 밝아오네요.

"정호를, 정호를 구해줘야 해." 하신 아버지 말씀이 계속 맴돌아요.

숨 쉬는 순간마다 죽음과 싸우고 있다는 걸 알아요.

지금 살아 계신 것도 제가 보기에는 기적 같아요.

제발, 우리가 나가며 문 닫는 소리가 들리더라도 계속 버텨주세요.

너무 오래 눈을 감고 계시지는 마시고요.

죽음의 잠에 지면 안 돼요.

우리가 돌아올 때까지

눈꺼풀을 무겁게 짓누르는 슬픔을 이겨내 주세요.

아버지의 당부를 지키겠다고 제가 약속하는 만큼

아버지도 잘 지내겠다고 약속해 주세요.

아시죠? 아버지를 다시 볼 수 없게 된다면

절대 저 자신을 용서하지 못할 거라는 걸.

평안히
아버지의 딸 지현

아홉째 장

배신
Trahison

중국에 대해 내가 아는 거라고는 학교 다닐 때 역사책에서 읽은 내용이 전부였다. 60년대에 북한으로 도망해 온 사람이 많으며, 그들은 늘 우리에게 감사하고 있다고 했다. 중국 사람들은 매일 고기와 달걀을 먹는다고 형부에게 들은 뒤로는 무섭지 않았다. 그보다는 국경을 건너다 붙잡힐까 두려웠다. 형부는 이미 여러 번 건너봤다니 괜찮을 거라고, 베테랑 형부만 믿으면 된다고 스스로 마음을 달랬다.

1998년 2월 18일 언니와 형부 그리고 수정이와 나는 돈을 받고 목적지까지 데려다주는 차 운전사에게 담배 두 상자와 200원을 건네고 트럭 짐칸에 올라탔다. 이미 삼사십 명이 빽빽이 들어앉은 상태였다.

수정이는 본능적으로 움직이면 안 된다고 느낀 모양인지 파랗게 질린 얼굴로 엄마 손을 꼭 쥔 채 꼼짝도 하지 않고 앉아 있었다. 트럭은 한참 조용히 서 있다가 갑자기 살아 움직이며 짐칸에 탄 우리를 마구 흔들어댔다. 울퉁불퉁한 산길로 접어들자 바람이 뺨에 휘몰아쳤다. 언니 얼굴이 공포와 추위로 새파래졌다.

그날 아침 일곱 시에 청진 북쪽 고산지대에 있는 고무산이라는 지역에 도착했다. 고무산을 지나면 국경 인근 도시로 들어갈 수 있어서, 그곳엔 지나가는 모든 차량과 사람을 조사하는 검문소가 있었다. 우리도 서류 검사를 받으러 트럭에서 내렸다.

"어디 갑니까?" 경비대 군인 한 명이 언니에게 물었다. 언니는 차분하게 동생이 온성에서 결혼한다며 가짜 결혼식 준비물로 챙겨 간 자수 이불과 수산물 등을 보여주었다.

어찌나 잘 둘러대는지 놀라웠다.

천만다행히도 군인은 언니 말을 믿고 우리를 보내주었다. 회령에서 잠시 머물렀다 다시 기차로 온성까지 가는 지루한 여정이 이어졌다. 여덟 시간 걸려 회령에 도착한 우리는 몹시 지치고 배가 고팠다.

겨울 끝자락이었고 저녁에는 눈이 내려서 숙소로 가는 동안 발밑에 쌓이는 눈을 느낄 수 있었다. 길모퉁이마다 여윈 얼굴에 피부는 거칠고 머리에는 잿빛 먼지가 겹겹이 들러붙은 채로 누더기를 걸친 아이들이 추위 속에 구걸하고 있었다. 캄캄한 어둠 속에서도 나는 그 장면에서 눈을 뗄 수 없었다.

그날 밤 우리는 형부가 100원을 내고 얻은 방에 묵었다.

"작은삼촌이 아버지를 잘 돌봐주시면 좋겠는데……" 추위를 피해 들어서자마자 언니에게 속삭였다. 수정이가 무슨 일인가 싶어 우릴 돌아봤고 언니는 그저 침묵으로 답했다. 그 순간에는 아무런 말이 필요 없었다. 지친 언니의 눈물이 모든 걸 말해주었다.

이튿날 온성으로 가는 열차를 탔다. 오후 세 시에 들어올 예정이던 열차가 다섯 시가 되도록 오지 않았다. 그 때문에 서로 다른 두 열차를 기다리던 승객이 한데 몰렸다. 좌석도 부족하고 남은 표도 없었다.

열차 진입을 알리는 호루라기 소리가 들리자 다들 승강장으로 달려들었고 우리도 그랬다. 객실이 만원이라 졸음과 피로에 찌든 채로 내내 서서 갈 마음의 준비를 했다. 그러다 정말이지 기적적으로 비어 있는 나무 의자 몇 자리를 발견하고 서둘러 달려가 앉았다. 깨진 유리창으로 들이치는 얼음장 같은 바람에 코와 귀가 떨어져 나가는 듯했다. 그러나 차표 없이 올라탄 걸 들켰다가는 수용소에 끌려갈 수 있어 눈도 못 붙이는 상황이었다. 추위는 신경 쓸 여력이 없었다.

세 시간 후 저녁 여덟 시, 목적지인 온성에 무사히 도착했다. 우리 여정의 첫 단계는 총 40시간이 걸렸다. 얼어붙은 두만강변에 펼쳐진 눈 덮인 들판 너머로 하얀 산봉우리들이 보였다.

우리는 형부가 미리 연락해 둔 밀수꾼 집에서 이틀 동안 머물며 국경을 건너기 좋은 때를 기다렸다. 형부가 이 모든 걸 어떻게 해냈는지 짐작되지 않았지만 무척 고마운 마음이었다.

온성에서 중국으로 이어지는 다리는 일제강점기에 지은 것으로 폭이 좁고 길이는 30미터 정도 되었다. 한쪽은 북한 군인 다른 한쪽은 중국 경비병이 지키고 서 있었다. 중국으로 가는 방법은 단 한 가지, 수영하거나 얼어붙은 강 위를 걸어서 건너는 것뿐이었다. 중국 국경을 따라 흐르는 또 다른 강인 압록강은 수심이 깊고 물살이 거셌다. 다행히 두만강의 이쪽 구간은 좁고 얕았다. 우리는 강을 건너는 날 발밑 얼음이 갈라지지 않기를 기도했다.

이틀이 다 지날 즈음 마침내 실행에 나설 때가 왔다. 1998년 2월 21일 자정이 막 지난 시각이라 강변은 칠흑 같은 어둠에 잠겼다.

"내 뒤를 따라와. 무슨 일이 있어도 나를 놓치면 안 돼."

형부는 차분하고 신중한 목소리로 말했다. 언니와 조카는 두려움에 아무 말도 못 했다. 둘은 종일 한마디도 하지 않았다. 우리는 숨죽인 채 키 큰 밀수꾼을 따라 강냉이밭을 헤치며 강으로 접근했다. 밀수꾼은 무덤 속처럼 들판을 뒤덮은 고요를 깨지 않으려 극도로 조심하면서 막대기로 눈을 쓸어 길을 냈다.

15분가량 어둠 속을 걷고 나서 국경에 도착했다. 철조망과 경비병이 있을 줄 알았는데 얼음에 뒤덮인 평평한 모래톱이 나타났다. 얼어붙은 두만강이었다. 약속의 땅에 닿으려면 그 위를 걸어서 건너야 했다.

군인들이 밤낮으로 지키고 있으니 빨리 움직여야 했다. 밀수꾼이 맨 앞에 서고 수정이를 업은 언니와 내가 그 뒤를 따르고 형부는 제일 뒤에 섰다. 부디 시간이 천천히 흐르기를 바라며, 새까만 하늘 아래 창백해진 얼굴로 막 걸음마를 배운 아기처럼 한 번에 한 걸음씩 휘청이며 걸었다. 숨 쉬기조차 어려워 뒤도 돌아보지 않았다. 극도로 찬 공기에 옷이 눈처럼 몸에 들러붙었다. 뼛속까지 얼어붙을 듯했지만 동트기 전에 반대편 언덕에 도착해야 했다.

걷는 동안 미끄러지지 않으려고 한 걸음 한 걸음 집중하다 보니 두려움을 잊을 수 있었다. 그러나 한편으로는 떨칠 수 없는 궁금증이 일었다. 얼마나 많은 무고한 생명이 이 강물 아래 가라앉았을까? 20여 미터 남짓한 강 위를 무사히 건너 중국에 도착한 사람은 얼마나 될까? 머리맡에 죽 한 그릇 놓아둔 채 죽음을 앞둔 아버지를 버리고 간 사람은 얼마나 될까?

15분. 딱 15분이었다. 한 세계에서 다른 세계로 넘어가는 데 걸린 시간은 그게 다였다. 등 뒤에서 "탈주자다!" 외치는 소리가 들린 순간 우리는 중국 땅을 밟았다. 총소리도 들렸지만 이미 사정

거리를 벗어난 상태였다. 강에서 그다지 멀리 떨어지지 않았어도 중국 국경 안이었다. 우리는 숨을 고르거나 무사히 건넌 것을 기뻐할 틈 없이 계속 나아갔다. 형부가 밀수꾼에게 돈을 건네준 뒤로는 우리끼리 헤쳐나가야 했다. 추위에 피부와 머리카락이 얼어붙고 창백한 얼굴에 흙투성이 누더기를 걸친 상태로 눈에 보이는 첫 번째 집으로 달려갔다. 형부가 문을 두드리자 중국인 여성이 우리를 집 안으로 받아들였다.

그 여성은 우리에게 흰밥에 달걀과 국을 내주었다. 장마당에 정장을 내다 판 뒤로 처음 먹는 달걀이었다. 나는 아버지를 떠올렸다. 북한에서 몇 년 동안 죽음을 곁에 두고 살았는데 국경에서 불과 100미터 떨어진 곳에는 전혀 다른, 풍요롭게 살 수 있는 세상이 있었다.

이튿날 아침 여덟 시에 형부로부터 연락 받은 브로커가 찾아왔다. 몇 달 전 어머니 혼자 먼저 중국에 왔을 때도 이 사람이 맞이해 주었다고 했다. 형부는 그 사람을 신뢰했다. 살진 몸에 가죽 재킷을 입은 그 사람은 우리를 차에 태워 길림성의 작은 도시 도문으로 데려갔다.

"중국에 잘 왔어요! 여러분은 이제 김정일 그 개새끼 손아귀에서 벗어난 거예요!"

남자가 우리를 돌아보며 큰 소리로 말했다. 언니와 나는 겁에 질려 서로를 바라보았다. 이동하는 내내 꼼짝도 하지 않았다. 대놓고 김정일을 비판하다니 믿을 수 없어! 중국은 정말 다른 세계구나……

도문에 있는 브로커 집에 도착하자 그의 아내가 맞이했다. 국경을 넘어온 후로 중국인들은 계속 우릴 따뜻하게 받아주었지만, 브로커의 아내가 이 집에서 한 발짝도 못 나간다고 말하는 순간 믿음이 흔들렸다. 동네 사람이 우리를 보면 수상히 여겨 고발할 것이고, 그러면 틀림없이 북한으로 송환될 거라고 했다. 그 순간 나는 처음으로 중국에서 일이 계획대로 풀리지 않는단 느낌을 받았다.

사실 중국인은 우리를 우정으로 대하지도 않았고 난민으로 받아주지도 않았다. 내가 받은 친절한 응대는 그저 돈벌이를 위한 개인적 이익 추구 행위에 불과했다. 결국 그들에게 우리는 불법이주자일 뿐이었다. 우리가 정말 더 나은 삶을 찾아온 것이 맞는지 확신할 수 없었다.

2주 후 드디어 정호도 똑같은 과정을 거쳐 도문에 왔다. 아버지 소식을 묻는 정호에게 우리는 대답할 말을 찾지 못했다. 그런 언니와 나를 보고 상황을 파악한 정호는 분노와 괴로움을 숨기지 못해 하얗게 질렸다. 그 장면을 떠올리면 지금 이 순간에도 내 몸 안의 피가 얼어붙는다. 때로는 침묵이 모진 말보다 가혹하다.

우리는 도문을 떠나 훈춘에서 기자로 일하는 형부 친구 집에 3주 동안 머물렀다. 그런 다음 몇 달 전부터 어머니가 살고 있다는 밀강으로 갔다. 3월 중순이라 흑룡강성에는 봄기운이 완연했다. 그러나 어머니와의 재회는 내가 기대했던 것과 달랐다.

놀랍게도 어머니는 작은 시골집에서 한 씨라는 중국 조선족 남자와 함께 살고 있었다. 그는 우리를 달가워하지 않았다. 우리에게 힐끗 미소를 보이고는 달려가 수정이를 안아 드는 어머니는 살진 모습이었다. 거의 1년 동안이나 굶주린 채 누워 죽어가는 아버지를 버려두고 이 남자와 편하게 살고 있었나 생각하니 속에서 분노가 치밀었다. 나는 숨쉬기도 힘들어 부들부들 떨며 말했다.

"어머니, 아버지가 어찌 되었는지 묻지 않아요? 왜? 아버지가 지금 어떤 상태인지 알아요? 최소한 요만큼이라도 생각 안 해요? 하나도 궁금하지 않아요?"

격분한 나를 보고 놀란 어머니는 말없이 계속 수정이만 쳐다보았다.

"어머니, 제 말 안 들려요? 열두 달 내내 아버지는 밤낮으로 어머니 소식을 물으셨어요. 그런데 보세요, 어머니는 여기서 이렇게 지내고 계셨어요!"

정호도 나만큼 분노했지만 화를 터트리지 않고 나를 한쪽으로 데려가 낮은 목소리로 말했다.

"누나, 가만있어 봐. 뭔가 이상해. 일단 지금은 놔두고 내일 아침에 상황을 좀 더 살펴보자."

그 말에 나는 마음을 가라앉혔다. 조금 안심이 되었다.

"얘들아, 이리 와라."

어머니가 우리를 안방으로 이끌며 말했다. 그곳에는 어머니가 우리를 위해 준비해 둔 음식이 기다리고 있었다. 오랜만에 만나는 자식들 입에 더운밥과 맛있는 반찬을 물려주고 싶은 그 심정을 누가 알까. 홀로 떠나긴 했어도 어머니는 늘 우릴 위해 살아왔다는 걸 알고 있었다. 그렇다고 해도 아버지를 생각하면 원망이 가시지 않았다.

"아버지 아프신 건 알고 있어. 너희들이 고생 많았지. 미안하다."

우리가 생사를 오가는 동안 어머니는 결혼해서 새 삶을 꾸리고 있었는데 이제 와서 미안하다니…… 화가 머리끝까지 치민 나는 어머니를 날카롭게 쏘아보았다. 그러다 문득 어머니가 억지로 미소를 지으며 뭔가 곤란한 일을 숨기고 있다는 걸 눈치챘다. 정호 말대로 아직 우리가 모르는 게 더 있으리란 생각이 들었다. 아무래도 한 씨 앞에서는 밝힐 수 없는 사연인 듯했다.

그 늦은 시각에 음식을 본 우리는 짐승처럼 돌변했다. 어머니의 따뜻한 눈빛을 받으며 음식을 먹는 동안 그릇에 수저 부딪치는 소리 외에는 아무 소리도 나지 않았다. 얼마 후 어머니는 짓고 있던 미소를 지웠다.

30분 정도 지났을까. 식사를 끝내자마자 어머니가 조용히 말문을 열었다.

"지현아, 할 말이 있다. 너는 내일 아침에 떠나야 해."

"내일 떠나다니 그게 무슨 말이에요. 어디로요?"

"다 같이 지내기엔 이 집이 너무 작구나. 이웃에서 의심할 거야. 신고라도 당했다가는 곧바로 우리 다 북한으로 끌려갈 거라는 건 너도 알잖니."

그리고는 내 눈을 똑바로 바라보며 단호한 목소리로 말했다.

"언니와 동생을 살리려면 네가 가야 해."

"근데 왜 저예요? 가면 어디로 가고요? 말도 안 돼요!"

"우리는 돈이 필요해…… 여기 중국에는 젊은 북한 여자가 인기가 많아. 나이 들어 혼자 사는 남자가 여자보다 훨씬 많거든."

어머니는 울먹이며 말했다. 무너져 내릴 듯한 심정으로 누구라도 도와주기를 바라며 방 안을 둘러보았다. 하지만 다들 바닥만 내려다보고 있었다. 모든 게 분명해지기 시작했다. 중국으로 가야 한다고 내게 말하던 언니의 다정한 말투, 형부와 주고받던 미묘한 시선…… 이 모든 게 처음부터 계획된 일이었다. 어머니도 다 알고 있었다. 고무산에서 동생을 결혼시키러 간다고 한 언니의 진술은 거짓이 아니었다. 가짜 결혼식이 아니었다. 속은 건 바로 나였다. 갑자기 구토가 올라오고 딸꾹질과 울음이 동시에 터졌다. 다행히 정호가 침묵을 깼다.

"누나는 중국인에게 시집가지 않아요! 누나는 조선인이라고요! 다른 사람들처럼 우리와 함께 밭일하면 되잖아요. 설마 진심으로 누나를 중국 남자에게 팔아넘기려는 건 아니겠죠?"

충격에 빠져 소리치는 정호의 항변에도 어머니와 형부는 흔들리지 않았고 심한 말다툼이 이어졌다.

만약 이렇게 될 줄 알았다면, 그랬다면 나는 절대 북한을 떠나지도 아버지를 버려두지도 않았을 거야. 적어도 아버지는 날 지켜줬어. 아버지라면 절대 이런 짓을 용납하지 않았을 거야.

갑자기 정호가 벌떡 일어나 형부에게 주먹을 날리고는 칼로 위협했다. 어머니는 53년 버텨온 힘을 쥐어짜 둘을 떼어내려 애썼다. 이 난리 통에 수정이는 혼자 구석에서 울고 한 씨는 무심하게 바라만 보고 있었다. 언니의 표정에는 분노도 원한도 보이지 않았다. 자기가 가담한 일이니 충격받을 이유도 없었다. 언니는 눈물이 가득 고인 채로 수정이의 손을 잡고 옆방으로 갔다.

누군가를 그렇게까지 증오한 적은 처음이었다. 나는 평생 언니를 믿었는데 어떻게 이런 일이 일어난 걸까? 어머니가 나를 한쪽으로 데려가 말했다.

"이 결혼으로 받을 돈이면 우리 가족이 먹고살 수 있어. 그러면 모두 평생 너에게 고마워하며 살 거다. 앞으로 알게 되겠지만 중국 남자와 결혼하는 북한 여자는 너 혼자만이 아니야. 그중에는 행복하게 잘 사는 사람도 있으니 너무 걱정하지 마라…….”

동생이 어머니 말을 가로막았다.

“작은누나, 어머니 얘기 듣지 마. 절대 가면 안 돼!”

나는 말문이 막혔다. 언니에 대한 들끓는 분노와 동생을 향한 애정이 동시에 솟아올랐다. 그 순간 커다란 곤경에 처할 때면 늘 그랬듯 아버지를 떠올렸다.

“정호를, 정호를 지켜줘야 한다.”

그리고 속으로 다짐했다. 아버지가 맡긴 일은 절대 잊지 않을 거예요. 걱정 마세요, 아버지.

사람은 아주 작은 계기로 전혀 다른 선택을 하게 되고 그 계기는 이처럼 단 두 마디 말에 불과할 수도 있다. “정호를 지켜줘.”

동생을 지켜야 한다. 그러려면 큰돈을 마련해야 해.

다음 날 아침 어머니가 나를 결혼할 사람에게 데려갈 줄 알았는데 한 씨의 사촌이라는 사람이 찾아왔다. 모든 일이 너무 순조롭게 진행되는 걸 보니 한 씨도 공범일 거라는 생각이 들었다. 한 씨의 사촌은 키가 다소 작은 여성이었다. 이름을 밝히지 않았지만 내게 친근하게 굴며 결혼 ‘절차’를 진행하러 목단강 시내에 같이 가자고 했다. 나는 누구와도 작별 인사를 하지 않고 한 씨 집을 떠났다.

흑룡강성 남부 목단강으로 실려 가는 차 안에서 나는 속으로 생각했다. 어머니가 한 씨와 함께 살지 않았다면 정호와 언니네가 머물 집을 어떻게 구했겠냐고. 그때는 그 ‘동거’의 조건을 알지 못했으니…….

어머니는 1년 전 북한을 떠나면서 약속한 것과 달리 새 사업을 일으키는 데 실패했지만, 어쨌거나 가족이 머물 집과 돈을 마련할 다른 방법을 찾아냈다. 나를 팔아서. 이런 시기에는 입 하나라도 덜면 도움이 되는 법이니 어머니의 계산은 합리적이었다. 하지만 어머니는 실제 이 일이 어떻게 진행될지 전혀 알지 못했고 의심조차 하지 않았다. 한 가지 내가 분명히 깨달은 사실은, 어머니가 결코 돌이킬 수 없고 용서받을 수도 없는 잘못을 저질렀다는 것이었다.

목단강에 도착하니 대머리에 키 작은 남자가 방 두 개짜리 집 안으로 우리를 데리고 들어갔다. 북한계 중국인인 그 남자의 이름은 황성진으로 그냥 조교라고 불렸다. 한국어로 말할 때는 심한 온성 사투리를 썼다. 그의 아내도 북한 출신으로 굉장히 젊고 예뻤다. 한쪽 방에서는 두 아이가 놀고 있었고 다른 방에는 젊은 여성이 셋 있었다.

높은 광대뼈만 봐도 북한 출신이라는 걸 알 수 있었다. 여기서 뭘 하는 걸까? 뭘 기다리고 있는 거지? 방 안에 들어서자 그들은 내 눈을 피해 황급히 구석으로 몰려갔고, 나도 한마디도 하지 않았다. 이런 상황에서는 익명성이 중요하다는 걸 잘 알고 있었다. 불안한 마음으로 그 지저분한 아파트에서 영문도 모른 채 동포들과 지냈다. 사흘 뒤 조교가 나를 자기 방으로 부를 때까지. 그와 단둘이 있는 건 처음이었는데 등 뒤에서 문을 잠그는 순간 불현듯 상황을 파악했다.

내가 도착하던 날 옆방에 있던 세 여성의 얼굴에 비친 괴로움과 절망의 원인이 바로 이것이었다. 이제 곧 내가 겪어야 할 치욕을 그들은 이미 당한 뒤였다. 뭔가 끔찍한 일이 벌어질 것이며 아무도 나를 구하러 오지 않으리라는 걸 알 수 있었다.

"반항하려 들면 고발할 거야."

깊고 차갑고 창백한 분노가 나를 집어삼켰다. 나는 주먹을 꽉 쥐고 다짐했다. 어떤 고난도 장애물도 감당하겠다고. 아무것도 두렵지 않다고. 어떤 대가를 치르더라도 내 동생을 지키겠다고.

———

자기 몸을 스스로 통제할 수 없을 때 우리를 이끄는 건 영혼이다. 내 영혼은 그 어느 때보다 진실했고, 아무런 해를 입지 않고 순수하고 온전하게 남아 있었다. 오히려 내 영혼을 더럽힌 것은 어머니와 언니의 배신이었다. 얼마나 충격적인 일이었던지 그 배신이 내게 준 고통의 크기에 비하면 조교가 끼치는 해는 아무것도 아니었다. 어떤 이유를 대도 얼마나 오랜 시간이 흘러도 치유할 수 없는 상처였다.

이튿날 조교의 아내가 나를 시내에 있는 공중목욕탕으로 데려갔다. 씻는 동안 그 여자는 상인이 매대에 올려놓을 생선값을 매기듯 나를 위아래로 훑어보았다. 몇 년 전에는 자신도 똑같은 처지였는데 운 좋게, 어쩌면 운 나쁘게 조교가 아내로 맞아주어 두 아이를 낳고 살고 있다고 했다. 하지만 안정된 듯 보인다고 해서 그 여자가 부럽진 않았다. 나는 더 나은 운명을 찾아내겠다고 다짐했다.

이튿날 조교는 나를 경매가 열리는 전시장 같은 곳에 데려갔다. 단순히 남자가 여자를 사러 오는 곳이 아니라 늙은 여자, 못생긴 여자, 장애가 있는 여자, 어린 여자아이 등 온갖 종류의 '상품'을 다 파는 곳이었다. 자기네 밭에서 소 대신 쟁기질을 할 노예를 사러 온 가족이 함께 찾는 시장이었다. 20대 젊은 여자는 만 위안에 팔렸다. 30~40대는 5천~8천 위안, 비쩍 마른 사람은 5천 위안 미만이었다.

조교의 집에 붙들려 지내는 동안 나는 여러 차례 이 시장에 끌려다녔다. 두 달이 지날 무렵 조교에게 구매자가 나타났다는 연락이 왔다.

"박지현! 4천 위안!"

경매석에서 늙은 남자 하나가 값을 불렀다.

"5천 위안, 그 이상은 안 돼! 그렇게 건강해 보이지도 않구먼! 발목을 보라고. 홀쭉해서 밭일이나 하겠나. 5천 위안에서 단돈 1위안도 더 못 줘."

푸른 재킷과 검은 바지를 입은 피부색 짙은 남자가 소리쳤다.

"그 정도 값도 안 되는 것 같으면 딴 데 가서 알아보쇼."

남자의 태도에 짜증이 난 조교가 비꼬듯 답했다. 푸른 재킷을 입은 그 남자는 의자에서 일어나 주머니에서 구겨진 지폐 뭉치를 꺼내 조교에게 건넸다. "5천 위안. 더는 못 줘."

조교는 잠시 망설이다 이내 거래를 받아들였다. 겨우 5천 위안에 내가 팔리던 순간이었다. 그래도 폭력적인 사람으로는 보이지 않잖아. 이렇게 생각하며 조금 안도했다. 막 나를 구입한 그 남자는 웃으며 자기가 아주 넓은 땅을 갖고 있다고 말했다. 그래, 그 끔찍한 땅에서 일할 사람이 바로 나라는 거지. 이 나쁜 새끼…….

그 남자는 김성호. 나이는 마흔여섯에 역시 조선족이었다. 1998년 4월 22일, 이제 부부가 된 우리는 조교와 작별하고 버스를 타러 갔다. 목단강 그 먼지투성이 버스 정류장에서 내 청년 시절이 끝났다.

성호는 밥과 채소 반찬 한 끼를 사주고는 이제 버스를 타고 집까지 갈 거라 했다. 버스에 타자 내 뒷자리에 앉았다. 좁고 가파른 계곡 사이로 난 도로 위를 거의 세 시간 동안 계속 달렸다. 이상하게도 바깥 풍경은 내게 익숙한 북한의 모습과 비슷해 보였다. 가는 내내 버스가 이리저리 돌며 흔들려서 좌석 끝자락을 계속 붙들고 있었다. 다시는 가족을 만날 수 없을까 봐 두려웠다. 성호는 말이 별로 없어 조용했지만 믿음이 가지는 않았다. 버스가 멈춰 섰을 때는 어둠이 내리고 있었다.

노예 생활
Vie d'esclave

"꾸물대지 말고 따라와!"

버스에서 내리자 성호가 명령했다.

성호가 사는 집은 멀리 지평선에 닿는 산기슭에 있어서 거기까지 걸어가야 했다. 빽빽한 소나무 숲가로 난 흙길을 따라 걷다 보니 지쳐서 잊고 있던 공포가 밀려왔다. 성호가 아무도 모르게 날 죽일 수도 있다는 생각이 든 것이다. 절반쯤 갔을 때 성호가 길가 작은 식당에서 저녁거리로 탕수육을 샀다. 집에 가서 먹으려는 모양이었지만 내 몫은 사지 않았다.

20분 후 드디어 림구에 도착했다. 지붕에 볏짚을 올린 작은 집을 보니 할머니 집이 떠올랐다. 북한은 시골집도 대부분 기와를 올렸는데 중국은 아직 볏짚을 올린 집이 많았다. 늦은 시각인데도 성호의 부모는 우리를 기다리고 있었다. 젊은 부부도 있었는데 지나던 길에 들른 성호 동생과 아내였다. 머리는 세고 허리가 굽은 노인인 성호 어머니는 말투가 거칠고 냉랭했다. 그에 비하면 다리를 약간 절뚝거리고 오른팔이 편치 않던 성호 아버지는 훨씬 따뜻했으며 내게 웃어주기까지 했다.

인사를 끝내기도 전에 성호가 집 안을 둘러보게 하더니 부엌으로 데려갔다. 작은 침실이 있었는데 그게 우리 방이었다. 벽은 허물어지려 하고 바닥에 깐 초록색 장판은 너덜너덜해서 시멘트 바닥이 드러나 보일 정도로 몹시 더러웠다. 화장실은 마당 건너편 헛간 같은 곳에 있었고 바닥에 나무판자를 대고 구멍을 뚫어놓은 형태였다. 방에서 꽤 멀리 떨어져 있는데도 화장실에서 풍기는 암모니아 냄새가 온 집 안을 가득 채웠다. 역겨웠다.

집 안을 다 살펴보고 나니 성호 부모가 저녁을 차려주어 나지막한 밥상에 둘러앉았다. 성호는 오는 길에 산 탕수육을 상에 올려놓고 내 옆에 앉았다.

"어떻게 살아 나왔어요?" 조선족 말투로 성호 동생이 물었다. 중국어는 전혀 하지 않았는데 사투리로 하는 한국말은 거의 다 알아들을 수 있었다. 그는 막걸리 잔을 앞에 두고 비웃는 듯한 느낌으로 우리 맞은편에 앉아 있었다.

두 형제는 낄낄거리며 한 잔 한 잔 비워갔다. 그들은 북한에 대한 이야기를 전부 농담처럼 취급했다. 전능하고 위대한 지도자, 정치적 억압, 기아…… 중국에선 누구도 그런 데 관심을 두지 않았다. 나를 예의 있게 대하고 우리 조국에 대해서도 어느 정도 알고 있는 사람은 그들의 부친인 김 씨뿐이었다. 문화대혁명 시기인 1960년대에 공부를 한 인텔리인데 숙청 대상이 되는 바람에 북한으로 피신했다고 했다. 그때 먹었던 맛있는 음식, 특히 황태가 여전히 기억난다며 향수에 젖었다. 하지만 결국은 매일 황탯국을 먹는 게 질려 중국으로 돌아왔다고 했다.

나는 밥상에서 주고받는 대화에 신경 쓰지 않고 게걸스럽게 내 몫을 먹어 치웠다. 오랜 세월 배를 곯고 지내느라 식탐이 생겨 밥 먹을 때만큼은 세상 어떤 일에도 흔들리지 않았다. 식사가 끝날 무렵 성호는 술을 너무 많이 마셔 거의 일어서지도 못하는 상태였다. 그는 아내가 생겨서 참 좋다고 중얼거리면서 침실 쪽을 가리키며 나더러 따라오라고 손짓했다. 곁에 누우라고 했지만 술 냄새 때문에 토할 것 같았다. 겁에 질린 나는 방 한구석에 웅크려 턱을 무릎에 묻은 채로 꼼짝하지 않았다. 성호는 몇 번 더 채근하다가 잠이 들었다.

새벽 네 시쯤 여전히 구석 자리에 웅크리고 있는데 밖에서 성호를 부르는 소리가 들렸다. 밭에 일하러 가자는 성호 친구의 목소리였다. 술을 너무 많이 마신 성호는 일어날 기미가 보이지 않았다. "네가 가." 하고 성호가 중얼거리더니 다시 코를 골았다. 그 방에서 나갈 수 있다는 데 안도한 나는 서둘러 밖으로 나갔다.

"중국에 잘 오셨어요!"

나를 본 성호 친구가 말했다. 이런 친절한 반응은 전혀 예상하지 못한 터라 뭐라고 답해야 할지 몰랐다. 친절한 눈빛을 지닌 그 사람은 내가 어색해하는 걸 눈치채고는 자기 이야기를 하며 분위기를 풀어주려 했다. 자신이 저지르지도 않은 죄로 10년 동안 감옥에 갇혀 있었는데 풀려나서 너무 좋다고. 게다가 중국인 아내가 아이를 낳을 예정이라 더 기쁘다고 했다.

이 구석진 림구에서 세상으로부터 단절되어 고통을 맛보는 와중에 선한 인간성의 흔적을 발견하니 반가웠다. 불행한 경험을 하고도 억울한 마음에 빠지지 않고, 오히려 고통받는 다른 사람을 다독일 수 있다는 사실에 안심했고 희망을 얻었다. 그 덕에 고립감도 조금이나마 덜어낼 수 있었다.

반면 성호는 불행을 통해 성장하는 유형의 인간이 아니었다. 도박에 돈을 날리고 심지어 10대 시절부터 어머니 돈에 손을 대며 나태하게 살아온 사람이었다. 성호 어머니는 평생 장남에게 온갖 정성을 쏟았지만, 고등학교를 졸업한 후로는 도저히 아들을 제어할 수 없었다. 그래서 어떻게든 아들을 변화시킬 신붓감을 찾아주기로 마음먹었고 그게 바로 나였다.

"너한테 돈을 얼마나 썼는지 알아? 심지어 돈을 꾸기까지 했다고! 내가 시키는 대로 열심히 해야 해. 안 그러면 신고할 거니까. 내가 너를 그냥 죽여버려도 아무도 모를걸……"

그날 저녁 밭일을 마치고 돌아오니 부엌에 있던 어머니가 호통을 치며 매의 눈으로 내 일거수일투족을 지켜보다 내가 반응하지 않자 계속 혼잣말을 했다. 사실 성호 어머니는 동네 사람들에게 인기가 없었다. 나중에 알고 보니 다들 성호 어머니를 미친 사람 취급했고, 그런 사람을 내가 무서워하는 게 당연하다며 수군대고 있었다. 나는 시키는 일이 무엇이든 복종하면서도 되도록 눈에 띄지 않게 피해 다녔다.

마을에 사는 모든 조선족이 나를 주시하고 있었다. 이 지역에 발을 들인 북한 사람은 내가 처음이라 '노예'를 구경하겠다고 마을 사람들이 집으로 찾아왔다. 그러고는 만약 내가 도망치면 고발하거나 죽여버리겠다고 위협했다. 가난과 불행은 사람을 어떤 식으로 몰아가기도 하는데, 이 마을 사람들은 영혼을 잃고 증오와 악의만 남은 상태로 살고 있었다.

성호는 매일같이 술과 담배에 절어 이웃을 헐뜯으며 지냈다. 점차 나를 사 온 이유가 뚜렷해졌다. 더는 밭일을 하기 싫었던 거다. 그리하여 북한에서 농부가 되지 않으려고 온갖 노력을 다했던 나는 이곳에서 결국 밭일을 하며 살게 되었다. 더 나은 삶을 찾아서 내가 나고 자란 땅을 떠나왔는데 한낱 노예로 전락하고 말았다.

가족들이 식탁에서 고기와 생선을 먹을 동안 혼자 밥과 김치만 놓고 먹는 노예. 낮에는 온종일 밭을 갈고 저녁에는 청소와 음식을 하고 밤에는 남편의 요구에까지 응해야 하는 그런 노예로.

———————

아이가 생겼다. 어느새 무더운 7월 초였다. 성호에게는 말하지 않고 마을 부녀회장 한 씨에게 먼저 임신 사실을 알렸다. 그게 마을의 규칙이었다. 40대 정도에 친절해 보이던 한 씨 역시 조선족이었는데, 나더러 아이가 태어나도 등록을 할 수 없으니 당장 낙태하는 게 좋겠다고 했다.

맞아, 나는 이 아이를 감당할 수 없어. 절대 그런 남자에게서 아이를 낳고 싶지도 않아.

한 씨에게 말한 건 실수였다. 다음 날 임신 사실이 바로 성호 귀에 들어간 것이다. 성호 어머니는 아이가 태어나면 입 하나 늘 뿐이라며 무슨 수를 써서라도 낙태해야 한다고 말했다. 하지만 불법체류자인 나를 받아줄 병원이 있을 리 없었다. 설사 있다고 해도 무슨 돈으로 수술을 받지? 해결책은 단 하나, 불법 낙태 수술을 받는 것뿐이었다.

홀로 버려진 느낌이었다. 그 지저분한 집에서 아이를 키우고 싶지 않았다. 언젠가는 우리 처지에 대해 아이에게 설명해야 할 텐데, 뭐라고 하지? 엄마가 불법체류자라 다른 아이들처럼 학교도 못 가고 자라서 취직도 못 할 거라고 어떻게 말해? 이런 고민을 하면서 만약 언니였다면 어떻게 했을지 상상해 보기까지 했다. 나는 언니가 그리웠다. 고립감에 분노가 누그러져 원망하는 마음은 예전만큼 크지 않았다.

정신을 차리고 상황을 뚜렷이 파악하기까지 꽤 오랜 시간이 걸렸지만 결심은 명확했다. 무슨 일이 있어도 불법 낙태를 해서는 안 된다.

아이를 지킬 방법을 고민했다. 날이 갈수록 조금씩 생각이 구체화되더니 이내 선명해졌다. 이 아이는 림구에서 살지도, 이 가족과 함께 살지도 않을 것이다. 불행의 한가운데 선 내 마음에 이 아이가 희망의 공간을 마련해 줄 것이다. 일주일 후 나는 결정을 내렸다. 우리는 이 여정을 함께할 거라고. 마을 부녀회장 한 씨는 내가 아이를 지킬 수 있도록 눈감아 주기로 했다.

불러오는 배를 최대한 감춘 채 논과 강냉이밭에서 일하는 동안 성호는 내내 술을 마셔댔다. 성호 어머니가 어떻게든 음식을 안 주려고 애를 썼기 때문에, 나는 저녁밥 한 그릇을 마련하기 위해 두 배 더 열심히 일해야 했다.

그러던 어느 날 성호 동생이 수작을 걸었다. 나는 기회를 놓치지 않고 성호에게 그 집을 떠나자고 했다. 밭일을 함께 하던 성호 친구의 도움으로 우리는 산꼭대기 작은 경비막*을 구할 수 있었다. 다른 북한 여성들이 나보다 먼저 은신처 삼아 지내던 곳인데 제일 마지막에 있던 사람이 얼마 전 떠나서 비어 있었다.

뜻밖에도 성호가 선뜻 받아들여 며칠 뒤 우리는 집을 옮겼다. 한 평도 채 안 되는 곳에 요 한 장 깔고 그릇 몇 개 놓으니 꽉 찼다.

•
임법이 주산업인 림구 주민들은 나무 베는 일을 많이 하는데, 경비막은 그렇게 벤 나무를 지키기 위해 짓는 작은 오두막이다. 내부에는 가마 하나와 부엌 시설이 있고, 남은 공간은 장정 한 명이 누우면 꽉 찰 정도로 좁다.

그래도 그 집은 우리의, 나의 공간이었다! 이제 나는 얼마 안 되는 쌀과 채소나 얻으려고 성호 대신 일하러 가는 게 아니라 내 의지로 일할 수 있게 되었다. 몹시 배가 고프긴 했지만 어려운 시기가 올 것을 대비해 쌀을 최대한 많이 챙겨두려고 아껴 먹었다.

하루는 나이 든 중국 여성 하나가 나를 불쌍히 여겨 쌀을 좀 챙겨주었다. 이전에 몸 파는 일을 했던 그 사람은 어린 나이에 고아가 되어 홀로 버려지는 아픔을 잘 안다며 나를 아주 다정히 대해주었다.

"시어머니라는 그 나쁜 년이 한 짓 좀 보라지! 아무리 그래도 좀 더 잘 대해줄 수 있었을 텐데!"

내게 왜 그렇게 친절하게 대하는지 잘은 몰랐지만, 그 사람을 보면 어머니와 언니가 떠올랐다. 용서할 수 없는 배신을 당했는데도 가족이 그리웠다. 떠난 지 거의 1년이 다 되도록 전화 한 통 걸지 못했다. 성호네 집에 전화기가 없기도 했지만 그 집 식구들은 혹 내가 도망칠까 봐 바깥 세계와 연락을 취하는 걸 원치 않았다. 나는 철저히 혼자였다.

———————

1999년 3월 20일 새벽 네 시에 첫 진통을 느꼈다. 사람이 너무 고통스럽고 무력한 상태에 처하면 적에게까지도 도움을 청하게 되는 법이다. 나는 어리석게도 성호를 깨웠다.

"뭔데 이렇게 난리야? 소리 지를 거면 나가서 질러! 당장! 나가라고!"

내가 너무 큰 소리를 내니 이웃에서 듣고 조산사를 불러주었다. 다행히 성호가 나를 밖으로 내던지기 전에 도착한 조산사는 나를 흔들어 깨우며, 아기가 죽을 수 있으니 절대 잠들면 안 된다고 했다. 열한 시간이나 진통하고 거의 기진맥진한 상태에서 아이가 나왔다. 남자아이였다. 이 혹독한 세상을 강철같이 이겨내라고 아이에게 철이라는 이름을 붙여주었다. 조막만 한 아이 얼굴을 보니 행복이 가득 차올랐다. 강인한 철이. 아이는 나의 희망이자 그날 이후 내가 살아가는 유일한 이유가 되었다.

아이가 태어난 후로도 성호는 이전처럼 술을 잔뜩 마셔댈 뿐 전혀 변하지 않았다.

"쟤를 내다 팔아야겠어! 빚 갚는 데 도움이 될 거야."

어느 날 집에 돌아온 성호가 말했다.

"제발, 안 돼요! 그 애는 내 아이예요! 아이는 파는 게 아니라고요! 아이에게 손끝 하나라도 대면 죽여버릴 거예요!"

내가 칼을 들고 대들자 1년 전 나를 데려온 후 처음으로 성호가 내 말을 듣는 듯했다. 아이에게 젖을 먹였는데 양이 충분치 않아서 설탕물을 조금 줬다. 조산사에게 그 얘기를 하니 펄쩍 뛰며 아이를 죽일 뻔한 멍청한 짓이라고 야단쳤다. 내 처지를 조금이나마 걱정해 주고 이따금 들여다보는 사람은 성호 아버지인 김 씨뿐이었다.

"애는 잘 먹이고 있니? 장에서 떡 판 돈으론 부족할 텐데."

김 씨가 친구에게 빌린 돈으로 샀다는 돼지 족발을 내밀었다. 그 말대로 나 혼자서는 도저히 감당할 수 없었다. 고민 끝에 성호에게 철이가 태어났다는 소식을 우리 가족에게 전해달라고 부탁했다. 성호는 질색했지만 내가 계속 빌자 결국에는 받아들였다. 성호는 줏대가 없을 뿐 마음이 악한 사람은 아니었다.

5월 중순에 접어든 어느 날 오후, 시장에서 돌아오자 누군가 문을 두드렸다.

"언니! 정호야! 이게 무슨 일이야! 들어와!"

나는 흥분을 감추지 못하고 소리쳤다. 꿈에도 안 나타나던 언니와 동생 정호가 내 앞에 서 있었다! 성호가 내 소원을 들어준 것이다. 우리가 재회하는 동안 성호는 얌전히 밖으로 나갔다.

헤어진 지 2년밖에 안 지났는데 우리는 평생 떨어져 산 사람들처럼, 앞으로 다시는 못 만날 운명인 것처럼 열정적으로 서로 얼싸안고 한없이 눈물을 흘렸다. 방 안을 둘러보는 그들의 눈빛이 애처로웠다. 불쌍하게 보이고 싶지 않았지만 둘은 불편한 마음을 숨기느라 애를 먹는 듯했다. 애초에 내가 이런 곳에서 살게 만든 건 그들 아닌가. 언니와 동생이 할 말을 찾는 사이 내가 먼저 말을 꺼냈다.

"어머니는?"

"같이 못 오셨어. 갱년기 증세를 겪고 있어서 피를 많이 흘리셔. 어머니가 얼마나 미신을 잘 믿는지 알잖아. 그런 상태로 갓난아이가 있는 집에 가면 안 된대."

"형부는?"

"잘 지내. 밭에도 나가고 자동차 수리도 하고 이런저런 일 하면서 대충 잘 해나가고 있어."

말을 마치자마자 언니는 가방에서 네모난 작은 보따리를 꺼내서 내게 건넸다. 어머니가 나를 위해 마련한 아기 옷이 들어 있었다. 새것도 아니고 예쁘지도 않았지만 그 옷을 보니 눈물이 솟구쳤다. 그 감동적인 순간을 만끽하고 싶어서 반쯤 풀어진 보따리를 품에 꼭 안고 가만히 서 있었다. 아이를 낳은 여자가 맞닥뜨리는 엄청난 혼란을 잘 아는 어머니만이 마련해 줄 수 있는 선물이었다.

내 마음을 읽기라도 한 듯 정적을 깨는 철이의 울음소리에 퍼뜩 현실로 돌아왔다. 그리고 언니에게 물었다.

"나 팔려 가고 중매인이 얼마 줬어?"

"어머니가 받은 돈이…… 천 위안이었어."

"천 위안? 말도 안 돼! 난 5천 위안에 팔렸다고!"

언니가 움찔했다. 나는 충격을 다스리려 했지만 허사였다. 몸서리가 쳐졌다. 세상에, 이 쓰레기 같은 조교 새끼가…… 적당히 떼먹을 거라고는 생각했지만 4천 위안이나 먹을 줄은…… 못해도 3천 위안은 줬어야지!

불편한 분위기를 느낀 언니가 다시 화제를 돌렸다.

"네 덕분에 형부랑 나는 이제 집이 생겼어."

나는 귀를 의심했다. 내가 팔려 갔는데 언니랑 형부는 그 덕에 새집을 샀다고? 그러면 어머니는 뭘 얻은 거지? 그 돈을 어머니를 위해 썼어야 하지 않나? 다들 너무 비열하잖아.

"미안해, 누나…… 용서해 줘."

내 비통한 심정을 이해한 정호는 의도치 않게 범죄에 가담한 걸 인정하고 용서를 구했다. 어떤 변명도 할 수 없다는 사실도 인정하고 있었다.

최소한 정호는 나에게 용서를 구하고 있어. 하지만 언니는 뭐야? 적어도 죄책감을 느끼긴 하는 거야?

언니는 정신없이 집을 청소하고 빨래를 갰다. 내 시선을 피할 수 있다면 무엇이든 했을 테고 집안일은 언니에게 가장 잘 맞는 일이기도 했다. 마음을 가다듬기 위해 정호와 나는 아버지 이야기를 했다. 살아 계시기를 바라긴 했지만 이미 아버지는 돌아가셨고 그

집엔 다른 사람이 살고 있으리란 걸 우리는 알고 있었다.

어떻게 지냈냐는 정호의 물음에 뭐라고 답해야 좋을지 몰랐다. 깊숙한 시골구석에 있는 손바닥만 한 방에서 둘이 사는 생활이야 짐작할 만했겠지만, 그래도 폭력적인 성호에게 거의 매일 맞고 지낸다는 이야기는 하지 않았다. 카드놀이에서 지고 술이 떡이 되어 돌아온 날이면 손에 잡히는 대로 물건을 벽에 집어 던지고 아이가 보는 앞에서 나를 때렸다는 이야기도 하지 않았다. 내 사는 모양을 너무 거리낌 없이 자세히 드러내고 싶지 않기도 했고, 정호가 이미 느끼고 있는 죄책감을 더 키우고 싶지 않았다.

언니는 다음 날 떠났지만 정호는 며칠 더 머물렀다. 하루는 술을 한잔 마시고는 군에서 탈영한 이유를 들려주었다. 군부에서 외화벌이 그룹을 만들어 모두 정기적으로 군에 돈을 상납하거나 기부해야 했는데 1997년에는 그 돈을 마련할 수 없었다고 했다. 도망치기 전까지 몇 달 동안 금 거래에 손을 댔지만 잘 풀리지 않아서 그해 10월 무렵에는 동기 몇 명과 함께 도망치지 않고는 더 버틸 방법이 없었다고 했다.

그 이야기를 듣자마자 "김정일, 이 개새끼!" 하고 소리쳤다. 마음 깊은 곳에서 솟아난 외침이었다. 생전 처음으로 아무 두려움 없이 소리를 질렀다.

───────

2000년 1월 나는 다른 북한 출신 여성 다섯 명과 함께 중국 공안에 끌려갔다. 1년 전만 해도 마을에 북한 여성은 나 하나뿐이었는데, 몇 달 새 나처럼 살길을 찾아 두만강을 넘은 사람이 많이 늘었다. 새벽에 공안이 들이닥치자 나는 철이를 업은 채로 마을 회관에 끌려갔다. 모두가 불안에 떨며 안절부절못하는 가운데, 다른 집에선 친척들이 따라와 함께 걱정해 주는데 성호 집에서는 그 누구도 나와 보지 않았다.

공안은 일상적으로 하는 심문이니 크게 걱정하지 말라고 했다. 다른 북한 출신 여성은 돈 몇 푼 주면 나올 수 있다고도 했다. 하지만 성호 집에서는 나와 철이를 위해 누구도 돈을 지불하지 않으리라는 것을 나는 잘 알고 있었다. 공안국에 도착하자 공안 한 명이 장난스러운 미소를 띠며 물었다.

"중국인 아빠에게서 난 아이들이 북한에 끌려가면 어떻게 되는지 알아요?"

그는 아무렇지 않게 차를 한 모금 마시고는 자기 물음에 자기가 답을 했다.

"죽여버려요! 내가 당신이라면 아들을 팔겠어요. 그러면 만 위안이라도 받을 테니까. 여기서 나가려면 내야 하는 벌금의 두 배라고요."

성호가 공안국에 도착했다는 말을 들을 때까지도, 나는 숨을 헐떡이며 공안이 한 말에 놀란 마음을 진정시키지 못하고 있었다. 나를 데려가려면 5천 위안을 내야 한다며 돈이 없으면 아이를 팔라고 공안이 제안하자 성호는 망설임 없이 동의했다. 순간 눈앞에서 세상이 무너지는 듯했다.

아무 대책 없이 사흘이 지났다. 철이와 나는 기다리느라 녹초가 되었다. 마침 중국 설날이 다가오고 있었다. 나흘째 되던 날 공안은 설 지나고 5천 위안을 구해 오겠다는 각서를 쓰면 풀어주겠다고 했다. 나는 '이건 하늘에서 떨어진 선물이야'라고 속으로 외쳤다. 아무리 큰 불행이 닥쳐도 언제나 희망의 빛은 나타나기 마련이다.

성호에게 5천 위안이 있을 리 없었고 섣불리 접촉했다가 다 같이 잡혀갈까 봐 가족에게 연락할 수도 없었다. 난 어쩌면 좋지? 어떻게 해야 이 일을 해결할 수 있을까? 그러다 한 가지 방법이 떠올랐다. 목단강에서 나를 성호에게 팔아넘긴 브로커인 조교를 찾아가 보자고 말이다.

조교는 나를 강간하고 5천 위안에 팔아놓고는 어머니에게 천 위안밖에 주지 않았다. 내게 온갖 악행을 저질렀지만 그래도 나를 바깥세상과 연결해 줄 수 있는 유일한 사람이었다. 설 이튿날 나는 성호가 자고 있던 새벽녘에 철이를 데리고 집을 나섰다.

목단강까지 가는 길은 내가 기억하는 것보다 짧았다. 잠든 철이를 등에 업은 채로 조교 집 초인종을 눌렀다. 문을 열고 나와서 철이와 나를 본 조교의 아내는 하얗게 질렸다. 뭔가 문제가 생긴 게 확실해 보이니 어쩔 수 없이 집 안으로 들였다. 조교는 나를 이틀 동안 머물게 해 주었지만 돈을 내주진 못했고, 가능한 한 빨리 림구에서 나오는 방법밖에 없다고 했다. 불법체류자 신분으로 세를 얻을 수도 없으니 남편과 함께 나와야 한다며 나더러 성호를 설득하라고 했다. 살 집을 얻기 위해서라도 나는 성호가 필요했다.

성호와 철이와 함께 목단강에서 지낸 지 몇 달이 지난 2000년 4월 19일 아침, 언니 가족과 정호가 집 앞에 나타났다. 머물 곳이 필요하다며 어머니만 뺀 가족 전부가 찾아온 것이다.

나는 모두 집 안으로 들여 할 수 있는 대로 잠자리를 마련했다. 어머니가 그 중국 남자를 떠나면서 다들 쫓겨났다고 했다. 중국에 도착하고 여태껏 사업을 제대로 펴지 못하고 있던 어머니는 2000년 3월 18일 다시 한번 행운을 기대하며 중국 남부에 있는 산둥성이라는 도시로 떠났다. 어머니는 돼지를 키울 때도, 담배와 건어물을 거래할 때도 꽤 영리하고 수완 좋은 사업가였다. 그런데 중국에서는 실패만 했다. 그것이 너무 슬펐다.

한편으로는 이상하게도 얼버무리는 언니 때문에 온갖 걱정에 휩싸였다. 어쩌면 어머니도 나처럼 팔려 간 걸까? 누구와 함께 살고 있을까? 몸은 괜찮은 걸까? 하지만 나는 아주 나중에야 알게 되었다. 어머니의 중국 생활도 시작부터 비참했다는 사실을.

두 사람이 지내기에도 좁은 방에서, 직접 키운 콩나물을 팔아 하루에 겨우 10위안을 벌던 나로선 네 명을 더 먹여 살리기가 버거웠다. 그래도 조카 수정이가 있어 기뻤다. 이제 일곱 살이 된 수정이는 한 번도 본 적 없는 사촌 동생 철이와 잘 놀아주었다. 둘이 저렇게 함께 자라서 평생 서로 의지하며 지낼 생각을 하니, 지난 며칠 동안 힘겨운 상황을 버티느라 복작대던 마음을 다 잊을 만큼 행복했다.

내가 무한정 그들을 감당할 수 없다고 생각한 형부는 곧 떠나기로 마음먹었다. 내 결혼 생활이 평탄치 않다는 것도 눈치챘는지 한국에 무사히 도착하기만 하면 자기가 도와줄 테니 조금만 참으라고 했다.

"한국이요? 거긴 적국이잖아요!"

나는 망치로 얻어맞은 듯했다.

"2년 전부터 준비해 온 일이야. 나에게 자동차 수리를 맡기던 손님이 정보를 알려줬어. 그 사람이 도와줄 거야. 여기서 두 시간

거리에 있는 료녕성 대련에 가서 배를 타면 돼. 너도 알잖아. 이제는 한국에 사는 북한 사람들 많아. 괜찮아, 다 잘될 거야!"

하여튼 매사 대책 없이 열심히 하는 건 여전하네. 저 거짓 확신에 찬 모습…… 잘 알지. 2년 전 우리를 데리고 중국에 올 때도 그 확신에 다들 홀랑 넘어간 거 아냐. 우리가 아버지를 버리고 조국을 버리게 된 것도 결국은 형부 때문이잖아?

"같이 가자. 쉽지 않겠지만 틀림없이 잘될 거야."

"난 못 가요. 성호가 무섭기도 하고요. 중국에 남아 있어야겠어요."

긴 실랑이를 벌인 끝에, 나는 우선 어머니를 찾은 다음 아들 철이와 함께 뒤따라가기로 했다.

———

언니 가족과 동생은 목단강에 온 지 3주 만에 대련으로 떠났다. 나만 두고 떠나기 싫어했지만 나는 완강히 거부했다. 두 번 다시 내 운명을 남의 손에 맡기고 싶지 않았다. 처음 한 번으로 이미 대가는 충분히 치렀다.

형부는 한국에 도착하는 대로 돈을 보내겠다고 약속했다. 정호는 아무렇지 않은 척했지만 불안한 마음을 감추지 못했다.

"한국 가면 장난감 많이 사 줄게, 철아. 그동안 엄마 잘 모시고 있어!" 동생은 내 아들을 껴안고 말했다.

2000년 5월 10일 다 같이 아침 식사를 한 뒤 떠날 채비를 했다. 가족들은 내게 손을 흔들며 문 앞에 서 있지 말고 빨리 들어가라고 손짓했다. 그게 우리 가족의 마지막 식사가 되리라고는 상상도 못하고 그렇게 헤어졌다.

그 후 며칠 동안 나는 걱정스러운 마음으로 생존 신호를 기다렸다. 하루는 꿈에서 동생을 보았다.

정호야, 그리로 가면 안 돼. 그쪽은 북한으로 가는 길이야. 돌아와!

땀에 젖은 채 잠에서 깨어 옆에 누워 있던 성호에게 꿈 이야기를 하자 잘될 리가 있겠냐며 냉담하게 말했다. 다시 잠을 청해보았지만 마음이 너무 무거워 잠들지 못했다.

다음 날 아침 누군가 문을 두드렸다. 형부의 탈출 계획을 도와주었다던 남자였다. 쿵쾅대는 심장을 다스리며 그를 집으로 들였다.

"상철이와 정호가 체포되었어요."

심장이 덜컥 내려앉았다. 호흡이 가빠 더듬거리며 물었다.

"언니는요? 언니는 어디 있어요?"

"언니는 운이 좋았어요. 공안이 애가 불쌍하다며 둘을 풀어주었대요."

그날 이후 언니가 곧바로 돌아올 거라는 생각에 내내 기다렸다. 그 사이 성호를 떠나 도망칠 기회가 몇 번 있었지만 언니와 수정이가 올 때까지 기다리고 싶었다. 하지만 소용없었다. 언니는 돌아오지 않았다.

3년이 지나도록 어머니도 언니도 동생도 연락이 없었다. 언제든 고발당하고 철이를 잃을 수 있다는 공포 속에서 나는 갈수록 홀로 고립되었다. 그러다 목단강에서 콩나물을 팔러 다니던 시장이 사라진다는 소식을 들었다. 그 사이 철이는 부쩍 자랐다. 네 살밖에 안 되었는데도 한국어와 중국어를 유창하게 구사해서 마음이

든든했다. 그나저나 시장이 없어지면 어떻게 먹고살며 집세는 어떻게 내지?

지난 3년 내내 아무것도 하지 않은 성호가 이 문제를 해결해주리라 기대할 순 없었다. 필사적으로 대책을 찾던 중 흑룡강성의 중심지인 하얼빈에서 조금 떨어진 곳에 새 시장이 생긴다는 소문을 들었다. 하얼빈은 큰 도시라 신분을 숨기고 지내기에 괜찮아 보였다. 중국어 '위기危機'가 위험과 기회를 뜻하는 두 글자로 이루어져 있듯 이것이 곧 나의 기회이자 미래가 될 거라 여겼다.

2003년 3월 나는 철이 성호와 함께 목단강을 떠나 하얼빈으로 갔다.

가장 잔인한 달 4월

Avril, le mois le plus cruel

오늘도 하나도 못 팔았다. 하얼빈 변두리의 오래된 이 시장이 그리 붐비는 편이 아니란 건 처음부터 알았지만 이 정도로 한산할 줄은 상상도 못 했다. 추위와 피로 속에 발까지 아파 펼쳐놓았던 고춧가루와 미역 등을 거둬 좌판을 접고 주위를 둘러보았다. 해질 무렵이 되자 나처럼 그날 못 판 채소를 반값에 사려고 어슬렁대는 사람들이 보였다.

먹을 것이 부족하면 머릿속엔 음식 생각만 가득 차게 마련이다. 저녁밥을 뭐로 할지 고민하던 중 내 옆자리의 상인이 좌판에 올려놓은 부추 한 다발이 눈에 띄었다. 그래, 저거다. 오늘 저녁에는 철이가 좋아하는 부추 달걀 볶음을 해야겠다! 나는 부추 한 움큼을 가방에 담고 아이를 데리러 보모 집으로 향했다. 철이는 호적이 없어 일반 유치원에 보내지 못했기 때문에, 낮 동안 집에서 아이를 돌봐주는 곳에 맡기고 장사를 했다.

뺨을 휘갈기는 바람을 피해 서둘러 걸었다. 흑룡강성은 겨울이 길기로 유명한데 2004년도 예외가 아니었다. 그래도 보모 집이 우리 집 가는 길에 있어서 다행이었다. 인구가 350만 명이나 되는 하얼빈에는 사람도 많고 거리에 높은 건물과 번쩍이는 네온 불빛이 가득했다.

몇 달 전 이곳에 와서야 나는 드디어 익명성을 얻었다. 1998년 중국에 온 후로 가장 바랐던 일이다. 미지의 세계에 대한 두려움을 길들여 내 안으로 받아 안고서 위조 신분증을 마련해 조선족 행세를 하며 지냈다. 아무도 내가 북한 출신이라고 의심하지 않을 정도로 완벽했다.

　　한 달에 25위안을 받고 아이를 돌봐주던 그 집에는 철이 말고도 일곱 명이 더 있었다. 이 역시 내게는 좋은 조건이었다. 그들은 나에 대해 알려 들지 않고 아무것도 묻지 않으며 내가 온종일 시장에서 채소를 파는 동안 아들을 돌봐주었다. 이제 겨우 다섯 살이 된 철이는 시계도 볼 줄 몰랐지만 다섯 시 정각이 되면 파란 점퍼를 입고 웃으며 문 앞에서 나를 기다렸다.

　　"엄마! 엄마가 왔어! 우리 엄마야!" 철이는 나를 보자마자 한국어로 이렇게 외치고는 달려와 안겼다. 조그만 몸에서 나오는 온기가 너무 좋았다. 아이 손을 잡고 집까지 걸어가는 것도 좋았다. 어릴 적 할머니가 나를 두 팔로 안아주곤 하던 순간이 떠올랐다. 할 일이 많아 자식 돌볼 겨를도 없던 우리 부모님은 한 번도 학교까지 함께 가준 적이 없었다. 누가 더 큰 손해를 본 걸까. 따뜻한 정을 못 받고 자란 나, 아니면 정을 주지도 못하고 자식을 키운 우리 부모님?

　　집에 도착하면 철이를 안방에 들여보내고 저녁을 준비하러 부엌으로 갔다. 부추를 볶는 동안 아이를 지켜볼 수 있었다. 철이는 방 한구석에서 종이비행기를 접으며 조용히 혼자 놀았고 반대편에는 매일 술이 떡이 되어 들어오는 성호가 누워 있었다. 저녁 먹기 전에 수학 공부를 좀 시키려 하면 아이는 온종일 기침에 시달리느라 지쳐서 집중을 못 했다.

철이는 태어난 지 한 달 무렵 고열에 시달렸고 11개월에는 폐렴에 걸려 폐가 손상됐다. 그 후로 늘 기침을 달고 살았지만 혹 공안에 고발당할까 두려워 병원에 데려가 보지 못했다. 약국에서 파는 약은 너무 비싸 주로 생리통 완화에 쓰는 성인용 진통제를 사다 먹였다. 아이가 먹기에 너무 독하다는 건 알고 있었지만 시장통에서 내가 구할 수 있는 약은 그것밖에 없었다.

아파서 입맛이 떨어진 철이는 밥을 잘 먹지 않았다. 그래도 그날은 부추와 달걀이 있어 밥그릇을 싹 비웠다. 물론 씁쓸한 진통제를 먹이는 건 또 다른 문제였지만 나는 인내심을 가지고 끈기 있게 약을 먹였다. 저녁을 먹고 나면 다음 날 장사를 준비했다. 손님들이 사서 바로 먹을 수 있는 도라지 반찬을 만드는데 제법 손이 갔다. 도라지를 햇볕에 말려두었다 팔기 전날 다시 물에 불려 간장에 참기름 마늘을 조금 넣어 재빨리 버무려야 한다.

빨간 고추를 갈다 보니 어느새 밤 아홉 시가 되었다. 나는 그 시간만 되면 늘 불안감이 솟구쳤다. 사실 중국에 온 뒤로 하루도 평온하게 지내지 못했다. 고요한 가운데 아주 작은 소리만 나도 깜짝 놀라 밤새 뜬눈으로 보내곤 했다. 그날은 술 취한 성호가 곯아떨어져 자는 바람에 화내며 난동을 부리진 않겠다 싶어 마음이 좀 놓였다. 철이는 아버지를 무서워했다.

남편을 떠나야겠다는 생각은 여러 번 했지만 그럴 수 없었다. 어머니와 언니가 머물던 곳을 성호가 알고 있으니 내가 도망치면 바로 공안국에 신고할 게 틀림없었다. 6년 전 북한을 떠나면서 아버지를 버렸고 동생을 지켜달라던 간곡한 부탁도 들어드리지 못했는데, 어머니와 언니마저 해를 입게 할 수는 없었다. 그리고 언젠가는 가족이 나를 찾아올 거라 믿고 있었다. 성호의 집은 그들이

내게 오는 유일한 길이니 고통은 묻어두고 언니와 어머니를 기다
려야 했다.

———————

2004년 4월 21일 밤 열 시경, 그날도 평소처럼 철이를 안고 누
워 있었다. 혼자 자기 싫어하는 버릇이 생겨 밤마다 아이 옆에 누
워 등을 부드럽게 토닥이며 재워야 했다. 시장에서 긴 하루를 보내
느라 너무 피곤했던 나는 철이 나이 때 할머니가 내게 해주신 것처
럼 옛날이야기를 들려주진 못했다.

그 순간 현관문 쪽에서 뭔가 부스럭대는 소리가 들렸다. 창 쪽
으로 고개를 돌려보니 인기척이 느껴졌다. 옆에서 잠든 철이가 깰
까 봐 일어나지 않고 어둠 속에서 살며시 손을 올려 아이 입을 막
았다. 온 신경이 곤두섰다. 어떻게 하나 고민하다 창가로 가 커튼
끄트머리를 살짝 들어보았다. 두 사람이 유리창에 얼굴을 바짝 대
고 안을 살피고 있었다. 나는 덫에 걸린 매처럼 놀라 허둥대며 커
튼을 내리고 철이 곁으로 돌아갔다.

"쾅쾅쾅"

"문 열어!"

심장이 멎을 것 같고 눈앞이 핑핑 돌았다. 대체 누구일까? 이
도시에 아는 사람은 아무도 없는데…… 분명 공안일 거야. 위험을
느낀 철이가 내 품에 파고들어 울기 시작했다. 나는 소리 내지 말
라며 아이를 꼭 끌어안고 바닥에 주저앉았다. 머리를 감싸고 마치
땅속으로 꺼져버릴 것처럼 최대한 작게 몸을 웅크렸다. 그러다 아
이 울음소리에 정신을 차려 문밖을 향해 중국어로 또박또박 말했

다.

"누구세요? 이 늦은 밤에. 무슨 일로 오신 거예요?"

"문 열어."

다시 한번 명령하는 남자 목소리가 들렸다. 차분하고 권위적인 목소리를 들으니 당황스러워 이마에 식은땀이 맺혔다. 놀란 심장을 달래고 긴장을 풀기 위해 심호흡을 한 뒤 문을 열었다.

제복을 입지 않은 남자들이 열 명 정도 서 있었다. 나는 속으로 생각했다. 지금이구나, 그토록 오래 두려워하던 순간이……. 결국 이렇게 잡혀가는구나.

굳은 표정으로 서 있던 그들은 당장이라도 사냥감을 덮칠 기세로 나를 노려보았다. 무슨 말이라도 해야겠다 싶어 할 말을 쥐어짜 보아도 소용없었다. 곧 누군가 내 팔을 붙들고 수갑을 채웠다. 쇠사슬이 그렇게나 무거울 줄이야!

내 몸은 손목을 휘감은 사슬 무게를 견디지 못해 앞으로 푹 꺾였다. 나는 이렇게 어색한 자세로, 아들의 비명과 공안들 목소리가 뒤섞인 소란 속에 끌려 나갔다. 이웃은 모두 중국인들이었는데 아무도 도와주러 나오지 않았다. 살인 사건이 난다고 해도 손 하나 까딱하지 않을 것 같은 동네였다.

그 와중에 단 한 명, 이 소동에 반응한 사람이 있었다. 성호였다. 방구석에서 "시끄러워! 닥치라고, 좀!" 하고 외치는 소리가 들렸다. 심하게 취해 널브러져 있던 성호는 눈조차 제대로 못 뜨고 비틀대며 일어났다. 방에 공안이 들어와 있다는 것조차 모르는 듯했다.

"간나시키…… 간나시키……" 성호가 계속 중얼거렸다. 공안이 신분증을 요구했지만 성호는 아무것도 보여주지 못했다. 지난

10년 동안 신분증 챙길 생각도 않고 지내왔기 때문이었다. 아들과 성호가 차례로 밖에 나왔을 때 공안들은 이미 주위를 둘러싸고 있었다. 집 앞에 세워둔 차에 나를 태우고 뒤에 있던 다른 차에 철이와 성호를 태웠다.

아들의 울음소리가 얼어붙을 듯 춥고 고요한 밤공기에 묻혀버리고 나니 이제 들리는 건 자동차 소리뿐이었다. 몰래 시계를 보니 밤 열 시가 조금 넘은 시각이었다. 뒷좌석에서 건장한 공안 둘 사이에 끼어 앉은 나는 숨조차 제대로 쉴 수 없었다. 곧이어 그들은 내 눈을 가렸고 "고개 숙여!"라고 명령하며 밖을 내다보지 못하도록 머리를 무릎까지 눌렀다.

나는 침착하려 했지만 철이가 걱정스러웠다. 저쪽 차에서 아들을 어떻게 대하고 있을지 알 수 없었다. 내가 탄 차의 공안들은 마치 내가 그 자리에 없는 듯 저녁에 뭘 먹었는지 따위의 일상적인 대화를 나누고 심지어 농담도 주고받았다. 그 둘 사이에 앉은 나는 너무나 위축되어 겨우 한 시간 전에 다듬던 무말랭이보다 더 작아진 것만 같았다.

이동 시간이 꽤 긴 걸 보니 지역 공안국으로 가는 게 아닌 모양이었다. 두려움에 속이 뒤틀렸다. 한참을 달린 후 차가 멈추자 그들은 여전히 내 눈을 가린 채 머리를 숙여 끌고 나갔다. 이끄는 대로 한 건물의 입구 같은 곳을 지나 또 한 번 문을 통과해 들어가니 그제야 눈가리개를 벗기고 고개를 들게 한 다음 자리에 앉혔다.

텅 빈 작은 방 천장에는 전구가 하나 달려 있고 바닥에 책상과 의자 두 개, 등받이 없는 의자가 놓여 있었다. 벽은 흰색이었지만 내 눈에는 까맣게 보였다. 공안은 나를 맞은편 등받이 없는 의자에 앉히고 자리에 앉아 서류를 작성하기 시작했다. 미친 듯이 주위를 둘러보았지만 철이는 보이지 않았다.

문득 다시는 아이를 볼 수 없을지도 모른단 생각이 들었다. 손목에 수갑을 차고 공안에 끌려가는 게 철이가 본 엄마의 마지막 모습이 되는 걸까? 아이는 어디 있냐고 묻고 또 물어도 그들은 그저 기다리라고만 했다. 분명 신분증 때문에 조사를 받는 성호와 함께 있을 거라 생각하며 애써 마음을 다잡았다.

공안과는 중국어로 대화했다. 내가 중국인이라고 하니 신분증을 보자고 했다. 나는 밤이나 낮이나 반드시 주머니에 넣어 다니던 신분증을 꺼내서 침착하게 그에게 건넸다. 40대 정도로 보이는, 둘 중 나이가 더 많고 뚱뚱한 남자가 코팅된 신분증 위를 검지로 짚으며 내게 말했다. "여태껏 가짜 신분증을 수두룩하게 보았는데 이것만큼 쓸모없는 건 처음이야!"

굳이 말 안 해도 알고 있었다. 그럴듯한 신분증을 구하려면 50위안은 줘야 했지만 그만한 돈을 구할 수 없어 만든 싸구려 위조 신분증이었다. 나는 아무렇지 않은 척하며 그 신분증은 진짜라고, 거기 적힌 대로 2003년 중국 국적을 취득한 박영미가 바로 나라고 계속 우겼다. 그러자 둘 중 한 남자가 내게 종이를 한 장 내밀며 중국어로 이름과 나이 등 인적 사항을 써보라고 했다.

두렵지 않았다. 나는 북한에서 한자 교육이 의무화된 이후에 학교를 다녀서 한자를 아주 잘 썼다. 세종대왕이 1443년에 한글을 창제했어도 공식 사료에는 여전히 한문을 쓰기 때문에 한자를 익혀야 했다. 학교에서는 남한 사람들이 한자를 아주 잘 쓰니 통일 후 한반도를 통치하려면 우리도 그만큼 준비해야 한다고 배우기도 했다.

학생 시절 책상에 앉아 보낸 그 모든 시간이 드디어 보상으로 돌아올 것인가? 진실이 드러날 순간이 왔다. 나는 아주 조심스럽게, 태어난 곳은 길림이며 부모는 박만수 이금희라고 썼다. 공안은 내가 한자를 아주 잘 쓰는 걸 보고 놀랐다.

"우리는 외교부 소속이다."

내 신분증을 자세히 살펴보던 사람이 말했다.

역시 공안은 아니구나. 외교부 직원들은 그런 식으로 사람을 잡으러 다니진 않으니까…… 그나마 다행이었다.

"한자 실력이 나보다 낫구만!"

두 사람은 내가 쓴 종이를 들고 방을 나갔다. 그들이 곧 나의 운명을 결정지을 것이다. 과연 나를 풀어줄까? 뇌물이 좀 필요할지도 모르는데 얼마나 달라고 할까? 그 돈은 또 어디서 구하지? 나를 그냥 수용소에 보내버릴지도 몰라. 사람들은 소처럼 코에 고리를 걸어 손가락질하고 웃음거리로 삼겠지. 그럼 철이는 누가 돌보지? 6년 전 아버지를 버린 걸로 모자라서 이제는 아들까지 버려야 하는 거야? 나는 너무 지치고 피곤했다. 기다림이 영영 끝나지 않을 것 같다고 느낄 즈음 마침내 두 사람이 돌아왔다.

"제 아들은 어디 있어요?" 그들에게 물었다.

"옆방에 있어. 조금만 있으면 만나게 될 거야."

한 사람이 대답하곤 조용히 덧붙였다.

"중국어 하는 것만 보면 넘어갈 수도 있겠지만 고발한 사람 말로는 당신이 북한 출신이라더군. 지역 공안국만이 아니라 외교부까지 전화를 건 이상 우리로서는 북한으로 돌려보내는 방법밖에 없어."

남자는 가소롭다는 듯한 표정으로 나를 노려보았다.

"언제든 다시 올 수 있다는 거 알잖아. 가서 잘해봐."

안 돼. 이럴 순 없어. 철이는 어떻게 해? 절대 북한으로 데려갈수 없어. 거기 가면 굶어 죽을 거야. 죽거나 고아가 된 아이가 얼마나 많았는데…… 창백하게 퉁퉁 부었던 장 씨 아줌마 아들처럼 만들 수는 없어. 철이는 무조건 중국에 남아야 해. 그러면 성호가 어머니와 언니에게 데려다줄 거야. 이런저런 생각으로 머릿속이 복잡했지만 티를 낼 수는 없었다.

"아들은 어떻게 하죠? 그 아이는 중국에서 태어났거든요."

나는 차분한 목소리로 조용히 물었다.

"데리고 가든 남겨두든 알아서 하라고."

순간 안도감이 들었다. 하지만 그것도 잠시, 이제 헤어지면 다시는 철이를 볼 수 없을지 모른다는 생각에 눈물이 차올라 볼을 타고 흘러내렸다. 살면서 그렇게까지 절망한 적은 처음이었다. 먹을 것을 찾아 농포산을 헤집고 다닐 때도 그 정도는 아니었다.

눈물에 젖어 흐릿한 시선으로 시계를 보니 새벽 네 시였다. 그들은 다시 내 손목에 수갑을 채우고 눈을 가린 다음 머리를 누른채 밖에서 대기하던 차에 태웠다. 다 끝났어. 이대로 수용소에 끌려갈 거야. 뒷좌석에 앉자마자 차가 출발해 한참 달렸다. 나는 중국을 떠나기 전에 철이를 한 번만 더 볼 수 있길 바랐다.

하얼빈 교도소에 도착했을 때는 여전히 어두웠다. 황토색 군복을 입은 초병이 정문을 열고 기다리고 있다가 멍한 표정으로 서류를 살핀 다음 들여보냈다. 우리는 앞마당을 가로질러 커다란 철창을 단 정문을 통과해 건물 안으로 들어갔다. 나는 명령대로 화장실에 들른 후 탈의실에서 회색 제복으로 갈아입었다.

얼어붙을 듯 차가운 시멘트 바닥 위에 서니 흐릿한 불빛 아래 양옆으로 철문이 늘어선 복도가 눈앞에 펼쳐져 있었다. 아무 소리도 나지 않고 수감자도 전혀 보이지 않았다. 경비가 손짓으로 첫 번째 문을 통과해 들어가라고 했다. 나는 커다란 열쇠 꾸러미가 쨍그랑대는 소리를 들으며 경비 뒤를 따라 복도를 걸어갔다. 경비는 제일 마지막 문 앞에서 멈춰 서더니 퉁명스러운 표정으로 턱을 가로저으며 들어가라 지시했다. 창문도 없는 비좁은 방에서 풍기는 땀과 배설물 냄새가 뒤섞인 악취에 구토가 나올 것 같았다. 판결봉을 두드리듯 등 뒤에서 쿵 하고 문이 닫혔다.

어슴푸레한 불빛 아래로 바닥에 잠든 한 여자가 보였다. 한쪽 구석에는 개어놓은 이불 더미가 있었는데 바닥에 까는 요는 안 보였다. 잠에서 깬 여자는 내게 아무 관심도 주지 않고 일어나 문 아래 배식구로 들어온 죽 그릇을 가지러 갔다. 스무 살쯤으로 보이는 긴 머리의 그 여자는 너무도 황폐한 모습이었다. 어찌나 말랐는지 혈관에 피가 전혀 흐르지 않는 듯 보였다.

그렇게 첫 번째 수용소 생활을 시작했다. 그때는 두 번째, 세 번째가 있으리라는 생각은 전혀 못 했다.

다음 날은 온종일 혼자 바닥에 앉아 있었다. 같은 방 여자는 아무 말 없이 아침에 사라져서는 저녁까지 돌아오지 않았다. 나중에 물으니 그곳 수감자는 모두 건설 현장에서 일한다고 했다. 그 여자는 중국 정부가 금지한 파룬궁 수련자였는데 부모가 공안국에 고발하는 바람에 잡혀 왔다.

수용소에서는 아침에 나오는 죽과 빵 조각만으로는 버틸 수가 없다. 가족이나 친구가 저녁 식사를 넣어줘야만 한다. 하지만 수감

후 6개월이 지나도록 누구도 찾아오지 않아 여자는 자신이 굶어 죽을 거라 생각했다. 그러던 어느 날 아버지가 찾아와 다시는 파룬궁을 따르지 않겠다고 약속하라고 했다. 여자가 응하자 그다음부터 가족이 찾아왔다. 수감 기간은 이제 열두 달 남았다고 했다. 나와 달리 부모도 있고 출소 후 찾아갈 집도 있는 그 여자가 너무나 부러웠다.

나는 찾아올 사람이 없어 그냥 배를 곯고 지냈다. 가끔 같은 방 여자가 밥을 남기면 기꺼이 그 찌꺼기를 받아먹었다. 북한에서 조국을 버린 반역자인 나를 기다릴 사람은 아무도 없었다. 내 입장에서는, 그보다 타국에 자식을 버린 엄마가 되었다는 게 더 나쁜 일로 느껴질 따름이었다.

너무나 지치고 힘들어 마음을 달래기 어려웠다. 철이가 너무 보고 싶었다. 애가 아직 살아 있기는 할까? 내가 중국을 떠나면 그 애는 어떻게 될까? 수감된 방 한구석에는 뚜껑도 수도꼭지도 없는 변기가 있었는데 24시간 작동하는 감시카메라가 거기까진 닿지 않았다. 약점을 드러내고 싶지 않았던 나는 중국 경비의 눈을 피해 그쪽에 숨어 소리 죽여 울었다. 그들은 모니터에 내가 보이지 않으면 찾아와 문을 쾅쾅 두드리고, 대답하지 않으면 들어와서 거기 말고 다른 데 앉으라고 명령했다.

사흘째가 되자 더는 버틸 수 없었다. 나는 귀신이라도 씐 듯 벌떡 일어나 문을 두드리며 소리를 질러댔다.

"문 열어요! 문 열어! 제발!"

중국을 떠나기 전에 서둘러야 했다. 소리 지르고 발광하며 온몸을 마구 때려도 아무도 반응하지 않았다. 30분쯤 지나니 진이 빠져 바닥에 쓰러졌고 충혈된 눈에서는 눈물이 쏟아져 내렸다. 그 소동을 듣다 못한 같은 층 재소자 한 명이 경비를 불렀다.

"누구예요? 왜 저러는 거예요?"

"탈북자예요. 곧 송환될 거예요."

경비 한 사람이 짜증스레 대답했다.

"북한 사람! 북한 사람이래요!"

재소자가 외쳐댔다. 그들 눈에는 내가 괴상한 정신이상자로 보였던 모양이다. 그날부터 나는 '북한 간첩'으로 알려졌다.

사흘 뒤 난데없이 복도에서 목소리가 들렸다. 세상에! 나는 단박에 그 목소리를 알아들었다.

"엄마…… 엄마……"

나는 주먹으로 있는 힘껏 문을 두들기며 한국어로 소리쳤다.

"엄마 여깄어, 철아! 여기야, 여기!"

아무 대답이 없었다. 복도에서 발소리와 목소리가 나더니 곧 잠잠해졌고 몇 분이 지나 열쇠 소리가 들렸다. 경비가 들어와 내게 꾸러미를 하나 건넸는데 눈에 들어오지도 않았다. 나는 경비를 지나쳐 문으로 뛰쳐나가 철아! 철아! 부르며 맨발로 복도를 내달렸지만 곧바로 붙잡혀 다시 끌려 들어갔다.

"안 돼요, 애를 만나야 해요. 봐야 한다고요!"

나는 저항하며 울부짖었다.

이 먼 곳까지 철이가 왔는데, 이렇게 팔을 뻗으면 닿을 거리에 있는데……. 내가 들은 건 분명 철이 목소리였다. 나는 온 복도에 울려 퍼지도록 비명을 질러댔다. 분노로 온몸의 피가 거꾸로 솟아올라 자칫 누군가를 죽일 수 있을 정도였다. 엄마는 꼭 살아 돌아올 거라고. 그때까지 건강히 잘 있어야 한다고. 어떻게든 아들에게 해야 할 말이 머릿속에 가득 차 있었다. 하지만 나도 알고 있었다.

철이는 아무 말도 듣지 못하리라는 것을.

경비가 나를 진정시키려는 듯 다시 까만 비닐봉지를 건네주었다. 그는 침을 삼키며 내 옷과 영치금을 가져오라고 자기가 직접 남편에게 전화를 걸었다고 말했다. 아들과 남편을 만나게도 해 주고 싶었는데 상관이 반대해 돌려보낼 수밖에 없었고, 다만 철이가 들고 온 비닐봉지만큼은 전하기로 약속했다고 했다.

"엄마가 제일 좋아하는 옷이니까 꼭 전해주세요."

철이가 남긴 이 말은 내가 붙잡을 수 있는 그 아이의 유일한 흔적이었다. 그 말이 내게 준 울림이 지금도 생생하다. 봉지를 열어보니 흰 카라가 달린 까만 잠바와 운동화 한 켤레가 들어 있었다. 몇 년 전 시장에 같이 가서 산 그 옷은 특별한 날 입으려고 한 번도 입지 않고 아껴둔 것이었다. 나는 눈물을 닦으며 묵묵히 아들에게 고마운 마음을 전했다.

———

그 후 같은 방 여자가 떠났고 작은 방 안은 거대한 지옥으로 변했다. 특히 24시간 감시하는 카메라가 나를 미치게 했다. 나중에는 아예 카메라와 친구가 되어 "철이와 이야기하고 싶어"라고 카메라에 대고 말하고 또 말했다.

머리도 빗지 않고 잠도 자지 않고 종일 그저 바닥에 우두커니 앉아 있었다. 미쳐가는 것만 같았다. 6일째가 되던 날 밤, 나를 불쌍히 여긴 나이 든 경비가 복도에 나와 바람을 쐬게 해 주겠다고 말했다.

나는 밖으로 나가 다시 한번 그 길고 어두침침한 복도를 내다

보았다. 왼쪽에는 경비실을 가로막은 철창이 두 겹 있었고, 긴 복도를 따라 빽빽이 늘어선 수많은 방 중에 제일 앞에 내 방이 있었다. 처음 도착했을 때 보았던 풍경이 어렴풋이 떠오르긴 했지만 겨우 일주일 전 일조차 전혀 기억나지 않았다.

경비는 내가 아무것도 먹지 않은 걸 알고 음식을 시켜주겠다고 했다.

"뭘 시켜줄까요? 먹고 싶은 거 있어요?"

솔직히 배가 고프지 않았지만 그렇게 답할 수는 없었다. 떠오르는 음식은 어머니가 해주시던 강냉이죽뿐이었다. 하얼빈 시장에서 일할 때 내가 사 먹을 수 있던 유일한 음식이기도 했다.

"강냉이죽이요."

힘없이 대답했다. 경비는 뭐든 말해보라니 겨우 강냉이죽이냐며 살짝 놀리듯 말했다. 그러고는 내일 아침과 저녁에 강냉이죽을 마련해 주겠다고 약속하며 이렇게 덧붙였다.

"다시 중국에 와서 아들을 찾으려면 먹어야지!"

정말 그러리라 생각한 건 아니었겠지만 어쩐지 그 말에 힘이 났다. 정신을 차린 나는 바닥 걸레를 하나 달라고 했다. 아무것도 안 하고 있으면 미쳐버릴 것 같았다. 걸레를 받아서, 아주 오랫동안 겹겹이 때가 낀 몸을 닦아내기라도 하듯 맹렬히 복도 바닥을 청소했다. 그러자 바닥에서 광이 나면서 어머니가 그토록 열심히 닦아내던 라남의 아파트 바닥처럼 깨끗해졌다. 아버지가 매일 닦던 그 '초상화'처럼 빛나고 '경애하는 아버지'처럼 찬란하고 '우리의 태양'처럼 눈부셨다. 마치 북한에 돌아간 듯한 기분이었다. 송환을 피하려고 울거나 사정해 봤자 부질없는 일. 이제는 돌아간다는 현실을 받아들여야 했다.

바로 그때 아버지를 떠올렸다. 무덤에라도 찾아갔을 때 누더기 걸친 꼴을 보이면 좋아하실 리 없었다. 나는 운동화를 꺼내서 치약을 묻혀 얼룩 한 점 없도록 빨고 또 빨았다. 수도꼭지를 아무리 돌려도 물이 똑똑 떨어지는 정도로 수압이 약해 목욕을 못 한 지 오래여서 몸에서는 냄새가 났겠지만 신발만큼은 티끌 하나 없이 깨끗했다. 신발과 속옷을 말릴 공간도 별로 없는데 나는 계속해서 복도를 닦을 때만큼이나 열심히 세탁했다. 그러면서 기운을 북돋우려고 속으로 계속 되뇌었다. 이왕이면 북한으로 빨리 돌아가는 편이 나아. 드디어 아버지 무덤에 찾아뵐 수 있을 테니까.

───────

일주일이 지나 4월 마지막 날 오후, 문이 열리더니 나를 감옥에 데려왔던 외교부 직원들이 들어왔다. 그중에는 하얼빈에서 나를 심문한 남자도 있었다. 짐을 챙기라고 하기에 정성 들여 빨아놓은 운동화와 까만 비닐봉지를 집어 들었다. 그게 내가 가진 전부였다. 나는 다시 한번 수갑을 차고 눈가리개를 한 채 자동차에 실려갔다.

눈가리개를 벗고 보니 하얼빈 역이었다. 역사의 시계는 오후 세 시를 막 지나고 있었다. 건물 벽은 광고로 가득 덮여 있고 맥도날드의 황금색 아치가 정면을 장식하고 있었다. 회색과 검은색 옷을 입은 사람들이 보였는데 대부분 건설 현장에서 일하고 돌아오는 길인 걸 알 수 있었다. 하얼빈의 숙소 시설이 별로 좋지 않아 노동자들은 커다란 배낭에 침구를 직접 넣어 다녀야 했다. 아이와 여성, 조선족도 보였다. 화장하고 식당이나 노래방으로 출근하는 여성들도 있었다.

그런 사람들이 역 앞에 서 있는 나를 스쳐 지나가는 풍경은 마치 꿈속 같았다. 그러다 어느 순간 역 주변의 모든 사람이 마치 한자리에 모이기로 한 것처럼 내 주위로 모여들기 시작했다. 옆에 서 있던 공안은 사람들에게 내가 탈북자고 북한으로 송환되는 중이라고 알려주었다.

"아이고 세상에…… 북한에서 도망쳐 왔다네."

"수갑은 왜 채웠을까?"

"누굴 죽이기라도 했나 보지!"

수군대며 중얼거리는 소리가 들렸지만 직접 말을 거는 사람은 아무도 없었다. 딱하다거나 중국에서 나가라는 말도 들렸다. 내가 아무것도 할 수 없다는 걸 아는 공안은 길거리 공연이라도 하듯 나를 광장 한가운데 내팽개쳐 둔 채 옆에서 구경만 했다. 역 안에는 사람이 너무 많고 소란해 수감자를 붙잡고 있기 어렵지만, 광장 한복판에서는 잃어버릴 염려가 전혀 없었다. 나는 굴욕감을 느끼며 고개를 숙이고 기다렸다.

두 시간 후 드디어 기차가 도착했다. 공안 두 명이 침실 칸에 데려가 자기들이 아래 칸에 자리를 잡고 나를 위 칸에 올려보냈다. 침대 난간에 수갑을 걸친 채로 누우니 얼굴이 거의 천장에 닿으려했다. 유리창보다 더 높아서 밤새 밖을 내다보지도 못했다. 아래 칸에서 맥주 마시는 소리가 들렸다. 처음에는 그래도 침대칸이라 사람들의 눈을 피할 수 있어 다행이다 싶었지만 그 생각도 얼마 가지 못했다. 수갑을 차고 문을 열어둔 채로 화장실에 가는 건 정말 굴욕적이었다. 수많은 모욕을 당해서 그중 어떤 것이 가장 가장 고통스러웠는지 꼽기가 어려울 지경이었다.

기차가 도문으로 향하는 터널에 접근했다. 중국과 북한 사이 국경 지대인 도문에는 중국으로 탈출한 북한 주민 전용 수용소가 있었다. 바로 내가 갈 곳이었다. 누구든 '김정일 장군 동지'의 땅으로 돌아가려면 반드시 그곳에 일주일간 머물러야 했다.

아들과의 재회

Retrouvailles avec Chul

도문 수용소는 4층짜리 신축 건물이었다.

중국에서 경험해 봤잖아. 무섭지 않아. 다 잘될 거야. 곧 북한으로 돌아갈 수 있어.

작은 희망의 꼬투리라도 잡아야 했던 나는 잠시나마 영화 속에서처럼 두 팔 벌려 반겨주는 조국을 상상하며 마음을 편히 먹으려 했다. 그러나 수용소에 도착하자마자 30대 정도의 뚱뚱한 남자 경비 한 명과 함께 조사실에 들어서니, 아무리 애를 써도 자꾸 솟아오르는 불안감을 억누르기 힘들어 이를 악물어야 했다. 몸수색을 여성 공안에게 부탁할 수는 없냐고 묻자 경비는 내 정강이를 세게 걷어차며 내질렀다.

"간나시키! 내가 시키는 대로만 해!"

경비는 통통한 손으로 평소 남에게 보여주지 않는 내 몸 부위를 뒤지기 시작했다. 여성 수감자들이 살아남으려고 몸속에 숨겨두는 약이나 돈을 찾으려는 것이었다. 철창 안에 갇히기 전에 누구나 거쳐야 하는 수치스러운 과정이었다.

놀랍게도 그곳에는 나 말고도 열 살에서 일흔 살 사이의 여성 40명과 남성 15명이 더 있었다. 여성은 세 칸 남성은 네 칸으로 나뉘어 들어갔다. 중국인은 한 명도 없고 모두 나처럼 고발당해 송환을 기다리는 북한 사람이었다. 그렇게 많은 사람이 안에 있을 줄은 꿈에도 몰랐다.

벽 사이로 띄엄띄엄 낮은 목소리로 속삭이는 정도였지만 수감자들은 서로 의지하기 충분할 만큼 솔직한 대화를 주고받았다. 우리는 모두 북한이라는 같은 목적지를 향해 가는 도망자였다. 여성 수감자 중에는 평양대학교를 졸업하고 중국에서 어학을 가르치던 사람도 있었다. 나머지는 우리 어머니처럼 장사하던 이들이었다. 여기 오기 전에 이미 두세 번 송환된 적이 있어 공안이 어떤 결정을 내릴지 기다리고 있는 경우도 있었다.

가장 친근했던 한 여성은 내게 어디든 고발자가 있으니 경비에게 솔직하게 이야기해선 안 된다고 했다. 물건을 숨기기에 가장 좋은 방법은 삼키는 거라고도 했다. 처음 도착해서 당한 몸수색을 생각해 보면 백번 맞는 말이었다. 도문 수용소에 머무는 기간은 보통 일주일 정도인데 때론 6개월에서 1년 넘게 걸리는 경우도 있다고 했다. 나는 2주 머문 후 2004년 5월 중순경에 결국 북한으로 송환되었다.

그날 나를 포함해 여성 네 명, 남성 네 명이 중국 도문과 북한의 국경 마을 남양을 연결하는 다리를 걸어서 건너갈 예정이었다. 중국 쪽 다리 입구에서 공안이 수갑을 풀고 우리를 북한 안전원에게 넘겼다. 그때 북한 안전원이 처음으로 내린 명령은 좀 이상했다. 신발 끈을 풀어 손목을 묶으라고 했는데, 그게 바로 북한식 수갑이었다. 조국의 경제 상황을 잘 보여주는 그 장면이 부끄러웠다.

손이 묶인 채 트럭을 타고 온성으로 향했다. 연기를 풀풀 내뿜는 트럭은 오르막길을 힘없는 개미처럼 기어 올라갔다. 온성에 도착해서는 보위부로 가 심문을 받고 죄의 경중에 따라 교화소, 정치범 수용소, 노동 단련대, 완전 통제 구역 등 각기 다른 수용소로 배치될 예정이었다. 예를 들어 한국으로 가려다 고발당한 사람은 가족과 함께 평생 정치범 수용소에 수감당한다. 종교를 믿거나 한국인이 운영하는 종교 시설에서 붙잡혀도 모두 정치범이 된다.

다행히도 나는 정치범이 아니라 경제범으로 분류되어 온성 수용소에서 3주를 지내고 2004년 5월 말경에 고향인 청진의 도 직결소로 이송되었다. 직결소는 송평 인근 립체 다리에서 5분도 안 되는 거리에 있었다. 1980년대에 건설한 그 다리는 형태가 독특해 주변 지역 다리들보다 확연히 눈에 띄어 '두드러진다'는 뜻으로 '립체'라는 이름이 붙었다.

***

직결소는 내가 아주 잘 아는 곳이었다. 여덟 살 무렵 그 앞을 자주 지나다녔는데, 회색 옷을 입고 벽돌을 만드는 수감자들이 무서워 재빨리 다니곤 했다. 파란 철문 앞을 지날 때면 경비와 눈을 마주치지 않으려고 더 빨리 걸었다. 아무리 반에서 1등을 하고 지도자들의 생일과 신년 연설을 온 마음을 다해 외우던 나였어도 그 광경은 너무 무서웠다.

28년이 지나 그 파란 철문으로 들어가게 되었다. 직결소에 들어가니 소장이 이상한 말을 했다. 자기를 찾아올 사람은 저녁 일곱 시 이후 사무실로 오라는 거다. 무슨 뜻인지 몰라 이미 북송 경험이 있는 사람에게 물어보니 2천 위안을 내면 직결소에서 내보내 준다고 했다. 완전 깡패 집단이라는 생각이 들었다. 직결소에서는 우리를 검사한 후 조별로 나누었는데 나는 여성 40명과 함께 구덕에 있는 농장으로 배정받았다.

농장에서는 새벽 네 시 반에 일어나 메마르고 갈라진 땅 위로 퇴비가 든 소달구지를 온종일 끌다가 밤 열한 시에 잠들었다. 신발이 없어 오물이 가득 묻은 뾰족한 돌이 발바닥을 파고들었다. 똑같은 날이 끝없이 이어졌고 단 하루도 쉬는 날이 없었다.

저녁에는 이따금 몇몇 여성이 종류가 다른 노동을 하러 불려 갔다. 경비 두 명이 그 여성들을 주방으로 호출하면 다음 날 아침까지 돌아오지 않았다. 대체로 주방에서 밤을 보낸 사람은 다음 날 노동량이 좀 줄었다. 다행히도 나는 한 번도 불려 가지 않았다. 또다시 원치 않는 임신을 하는 공포를 나는 아마 이겨내지 못했을 것이다.

2004년 8월 어느 날 깨진 유리 조각을 밟아 왼발을 베였다. 탈출을 막으려고 신발을 신지 못하게 해서 평소에도 발바닥을 다치는 일이 잦았다. 사소한 상처로 생각했는데 상처가 점차 푸르딩딩한 색으로 변하더니 며칠 후 아침에 깨어 보니 일어나 걷기는커녕 바지를 벗을 수조차 없을 정도로 다리가 부어올랐다. 다리의 피부가 시간이 갈수록 어두워지더니 결국 새카맣게 변해버렸다. 경비들은 내가 곧 죽을 거라며 살아남을 확률이 절반밖에 안 된다고 말했다. 사망 기록을 남기기 싫었던 그들은 나를 즉시 청진 중앙 직결소로 보냈다.

도 직결소 경비들은 처음에는 일하기 싫어서 엄살을 부리는 게 아니냐고 추궁하며 강제로 나를 일터로 내쫓았다. 하지만 열이 39도 넘게 올라가고 정신을 잃기도 하는 내 상태를 보고 겁이 났는지, 아니면 책임을 회피하기 위해서인지 8월 14일 저녁 나를 라남 구역 동 안전부로 호송했다. 그리고 다음 날에는 남청진 진료소로 데려갔다. 언니가 수정이를 낳은 곳이었다. 의사가 내 다리를 보더니 치료법이 있긴 하지만 돈이 많이 든다며 절단을 하라고 했다. 내가 한 푼도 없다는 걸 아는 의사는 애초부터 치료는 생각조차 하지 않았다.

경비들은 내가 쟁기를 끌 수 없으니 쓸모없다고 판단해 지역 안전부 앞에 버려두기로 했다. 그래도 고집을 부린 덕에 내 다리는 아무도 건드리지 못했다. 8월 20일, 안전원이 수소문해 찾아낸 작은삼촌의 부인인 삼촌엄마[•]가 와서 서류 몇 장에 서명하자 나는 즉시 자유의 몸이 되었다.

"다시는 안 봤으면 했는데! 우리 집에는 발도 들여놓지 못할 줄 알아!"

삼촌엄마는 안전부에서 나오자마자 씩씩거리며 화를 냈다.

"작은삼촌은 어떻게 지내세요? 아이들은요? 뭔가 전해줄 만한 소식은 없나요?"

삼촌엄마는 대답 없이 등을 돌리고 걸어갔다.

"저희 아버지 무덤이라도 알려주실 수는 없나요?"

"방금 뭐라고 했지?" 삼촌엄마가 갑자기 확 돌아서서 나를 노려보았다.

"너는 순전히 자기 생각만 하는 더럽게 이기적인 년이야! 아버지 무덤에 찾아가서 절하고 딸 노릇 제대로 했단 소리나 들으려고 그러지. 양심은 있는 년이라고. 근데 말이야, 너와 너희 가족 때문에 우리는 신분을 잃었어. 우리가 양심 챙기고 예의 차리고 그런

[•] 북한에서 숙모를 부르는 말.

호사를 누릴 여유가 있다고 생각해? 우릴 다 죽일 셈이야? 이 역겨울 정도로 이기적인 년아! 꺼져. 다시는 내 눈에 띄지 마!"

길가에 주저앉은 내 볼 위로 슬픔과 절망의 눈물이 쏟아져 내렸다. 시커먼 고름이 가득 찬 다리를 끌고 여기까지 왔는데…… 이제는 한동안 주저앉아 울 핑계를 찾기도, 다시 일어날 힘을 얻으려 마음 깊은 곳에서 희망을 끌어올릴 시간을 갖기도 어려울 것 같았다. 삼촌엄마는 나와 조금도 엮이고 싶어 하지 않았다. 그 마음은 이해했다. 자기 가족을 지켜야 하니까. 내가 그 입장이라도 분명 똑같이 행동했을 것이다.

그렇더라도 나는 작은삼촌에게 북한 정권의 실체를 알려주고 싶은 마음이 간절했다. 우리는 모두 평생 세뇌당해온 희생자임을, 국경 너머 저 바깥에는 다른 세상이 있다는 사실을 말해주고 싶었다. 자기의 운명을 스스로 만들어가자고 설득하고 싶었다. 나는 이제 깨달았지만 그들은 여전히 환상 속에 살고 있었다. 간절히 그 모든 것을 말해주고 싶었다.

어디로 가야 할지 몰라 발길 닿는 대로 걸어서 6년 전 아버지를 버려두고 떠났던 옛 아파트를 찾아갔다. 혹시 김칫독 아래 열쇠가 있을지도 모른다고 생각하며……. 아파트 현관에 들어서니 인민반장 집에 문이 살짝 열려 있었고 문틈으로 희미한 형체가 보였다. 오래전, 그러니까 10여 년 전인 1992년에 내게 아파트 입구에 붙여놓은 김일성의 시를 외우라고 했던 은주 엄마였다.

그 사이 무척 나이가 든 은주 엄마는 나를 보자마자 우리 가족에 어찌 되었는지 묻고는 곧바로 문 안쪽으로 사라졌다. 만남은 순식간에 끝이 났다.

대체 어찌 된 일이지? 조국에서 왜 이렇게 푸대접을 받는 걸까? 다들 왜 이렇게까지 무심한 거야? 내가 자란 고향에 무슨 일이 벌어진 걸까? 이제 더는…… 아무것도 모르겠어.

문을 두드릴 용기가 나지 않았다. 몇 시간 뒤 자정이 지나서야 은주 엄마가 다시 문을 열더니 나를 안으로 들여주었다. 실내는 예전 그대로였다. 나를 이부자리에 누이곤 아까는 보는 눈이 있어 반갑게 대할 수 없었다고 말했다. 나는 중국에서 겪은 일을 이야기하면서도 아버지에 관해서는 감히 묻지 못했다. 은주 엄마도 아픈 내 마음을 아는지 그 이야기는 꺼내지 않았다. 대신에 전혀 생각지 못한 소식을 들려주어 나를 놀라게 했다.

"네 형부, 살아 있어."

"형부가 살아 있다고요? 그럼 정호는요? 아는 대로 다 말해줘요, 제발!"

"동생은 모르겠고 형부는 노동 단련대에 끌려갔는데 심하게 아팠다나 봐. 지금은 풀려난 것 같아. 내가 아는 건 그게 전부야."

은주 엄마는 살균이라도 되라고 생감자를 잘라 내 다리에 붙여주었다. 나는 정호도 형부도 더는 아무도 찾지 않기로 마음먹었다. 그들에게 너무 위험한 일이 될 것 같았다. 다음 날 새벽에 은주 엄마가 날이 밝기 전에 건물에서 나가야 한다며 나를 깨웠다. 20원짜리 지폐 한 장을 쥐여주며 부디 잘 이겨내기를 바란다고 말한 뒤 문을 닫았다.

아파트를 나서는 순간 처참할 정도로 외로움을 느꼈다. 고향에 왔는데 아무도 나를 반겨주지 않았다. 마지막으로 도움을 청할 만한 사람으로 고모가 있었지만 다른 지역에 살고 있어 여행 허가증 없이 찾아가기는 불가능했다. 조국에 돌아온 나는 이제 불법체류자가 아닌데 그보다 훨씬 못한 처지가 되고 말았다. 범죄자. 무법자. 존재만으로도 타인을 위험에 빠뜨릴 수 있는 사람. 누구도 원치 않는 이방인일 뿐이었다.

다리가 너무 부어올라 이제 아무 느낌도 들지 않았다. 나는 간신히 몸을 움직여, 거리에 사는 사람들이 오갈 데 없을 때 찾는 곳인 기차역으로 향했다. 청진역에 도착하기까지 두 시간이 걸렸다. 1950년대에 화강암으로 지은 근사한 역사는 유리창이 높고, 입구 위에는 거대한 김일성의 사진이 있었다. 초상화 양옆으로 각각 문구가 하나씩 걸려 있었다.

— 김일성 동지 만세

— 영광스러운 로동당 만세

어린 시절 그토록 흠모하며 외우던 문구가 그날은 지독히도 역겨웠다.

역 한구석에는 과자며 빵과 국수, 그 밖에 단것을 파는 이들이 보였다. 탑승구에는 초조하게 기다리는 사람이 많은데도 기차는 전혀 오지 않았다. 상인들도 있었는데 우리 어머니가 그랬듯 중국산 옷과 신발이 가득 든 배낭 두세 개를 멘 모습을 멀리서도 알아볼 수 있었다. 시체들도 눈에 띄었다. 승객과 상인들 사이에 널브러져 죽은 사람을 경비나 매표소 직원이 발견하면 한쪽 구석으로 끌고 가 쌓아두었다. 그 시체 더미가 열 겹을 넘어가면 밖으로 끌어내 트럭에 던져 넣었다.

나도 그 시체 더미가 될 수 있었다. 내 다리를 보면 다들 질색하며 멀리 달아났지만 아무도, 심지어 안전원도 나를 발견하지 못

했다. 그저 눈에 띄지 않는, 그 풍경의 일부일 뿐이었다. 빨리 벗어 나지 못하면 나도 곧 시체가 될 게 뻔했다.

견디기 힘든 시간을 보내며 사흘 동안 어슬렁거린 끝에 라남 안전부를 찾아가기로 마음먹었다. 거기 있는 방랑자 숙소에 뭐라 도 도움을 청해보려면 안전원의 허락을 받아야 했다. 하지만 그들 은 어린이도 아닌 내게 해줄 것이 없다며 내보냈다. 나는 안전원 계단에 앉은 채로 이레를 버텼다. 여드렛날인 2004년 8월 27일이 되자 그동안 내내 지켜본 모양인지 안전원이 나를 불쌍히 여겨 숙 소로 보냈다.

자비심이 몸에 밴 숙소 직원을 보니 림구에서 만난 성호 친구 가 떠올랐다. 첫날 밤 그 끔찍한 방에서 벗어날 수 있도록 나를 불 러내 반갑게 맞아주었던 그 사람처럼, 직원은 매일 내 다리에 하얀 가루를 뿌려주며 돌봐주었다. 무슨 가루였는지는 지금도 모르지만 어쨌거나 효험이 있었다.

두 달 후 상처가 어느 정도 나아 라남 주위를 돌아다닐 수 있 게 되었을 때 누군가가 나를 찾아왔다. 내가 도망치지 않았는지 주 기적으로 확인하러 오는 안전원이라고 생각해 냉정하지만 예의 바 르게 대했다. 그런데 그 사람이 조심스럽게 중국으로 밀입국하도 록 도와주겠다고 말했다. 심장이 멎을 뻔했다.

기회가 왔다. 라남을 벗어나려면 이 사람을 따라가야 한다. 내 가 중국에서 북송되었다고 하니 다시 돌아가게 해 주겠다고 제안 했다. 밀고자가 아닌지 확인하려고 라남 다리 밑에서 만나 무수히 대화를 나누었다. 1998년 중국 남자에게 나를 팔아 수수료를 챙긴 조교처럼 이 사람도 중국으로 몰래 데려간 조선 여자들을 등쳐 돈 을 버는 브로커였다. 나는 그 일이 어떻게 돌아가는지 이미 알고 있었기에 오히려 반가웠다. 조교가 그랬듯 이 남자도 나를 팔아 이득을 챙길 것이다. 그게 바로 중국으로 가는 대가였다.

―――――――

2004년 11월 2일 새벽 두 시 무산에서 2주 동안 기다린 끝에 브로커와 23살 여성 한 명, 노인 한 명과 함께 두만강을 건넜다. 강을 건너자마자 우리는 중국 공안의 눈을 피해 좁은 산길을 따라 나아갔다. 나는 아픈 다리를 비닐로 감싸고 신발을 신은 후 끈으로 동여맸다. 아픈 티를 전혀 내지 않아서 누구도 내 다리 상태를 알지 못했다. 도중에 나무줄기를 다리에 묶기도 하면서 단 한 번도 쉬지 않고 걸었다. 멈췄다간 다시는 걷지 못할 것 같았다.

1998년에 비해 감시자가 훨씬 많았다. 도로도 안전하지 않아 새벽부터 밤 아홉 시까지 산길을 걸어 나와 브로커 집이 있는 화룡까지는 택시를 타고 가야 했다. 중국에서 택시 기사는 공안에 밀고하는 감시자이기도 해서 대단히 위험한 일이었다. 나는 택시 안에서 기사에게 중국어로 떠들어댔다. 브로커가 내 남편이고 젊은 여자는 내 동생인데 말을 못 하며 노인은 아버지라고. 다들 조선족이지만 평생 시골에서만 살아 중국어를 잘 못한다고 하자 기사는 내말을 곧이곧대로 믿었다. 중국에 온 건 브로커 덕이었지만 결국 모두의 목숨을 구한 건 나였다.

밤 아홉 시에 브로커의 집에 도착했다. 나는 집 안에 들어서자마자 철이 이야기를 꺼내며 아이를 찾고 싶다고 했다. 브로커는 처음에는 안 된다더니 다음 날 아들에게 전화라도 한번 해보라고 했다. 성호 어머니 집 전화번호를 기억하고 있었기에 바로 전화를 걸어 아들을 바꿔달라고 했다. 행여 아이를 팔기라도 했으면 어쩌나 걱정했는데 다행히 아들이 거기 있다고 했다.

전화를 넘겨받은 철이는 수화기를 놓아버렸다. 다시 걸고 끊고, 그렇게 세 번을 반복한 후에야 "아들, 엄마야!"라고 말할 수 있었다. 한참 후 수화기 너머로 "엄마" 하고 부르며 우는 소리가 들렸다. 나는 울 자격도 없는 자신이 원망스러웠다. 하지만 철이는 곧 전화를 끊어버렸고 나는 아이가 왜 그리 냉정하게 대하는지 알지 못했다. 그 이유를 알기까지는 8년이라는 긴 시간이 걸렸다.

수화기 너머로 우리 모자가 상봉하는 모습을 지켜보던 브로커는 담배에 불을 붙이며 말했다.

"아이가 있으면 못 팔죠. 저도 북한에 아이가 둘 있는데 만약 어제 택시에서 우리를 구해주시지 않았다면 북한으로 끌려가 정치범이 되거나 사형을 당했을지도 모릅니다. 가서 아이를 찾으세요."

나는 감정이 북받쳐 아무 말도 할 수 없었다. 브로커는 같은 부모로서 아이와 떨어지는 고통을 이해했다. 이제 아이가 있는 곳을 알았으니 찾으러 가는 일만 남았다.

———

2005년 3월 18일 나는 성호 집에서 몰래 철이를 빼내는 데 성공했다. 그리고 3월 21일 연변에 살던 어머니의 먼 친척 집에서 며칠 머문 다음 베이징으로 떠났다.

거기서 고비 사막을 건너 울란바토르에 있는 한국 대사관으로 망명하려는 사람들과 합류했다. 모래바람 사이로 고개를 들고 당당한 모습을 보이며 걷는 게 정말 쉽지 않았다.

철아, 힘내. 엄마 손 잡아. 겁낼 것 없어. 이제 200미터만 더 가면 돼. 저기 철조망 보이지? 그 바로 너머가 몽골이야. 우리는 다른 사람들처럼 뛰지 않고 그냥 걸어가도 돼. 다 잘될 거야. 믿지?

지옥으로 떨어지는 지름길일까 아니면 살아남는 길일까? 이미 뛰어들었으니 어느 쪽이든 상관없다. 목숨을 지키는 데 제일 중요한 200미터를 모두가 전력 질주하는 동안 다섯 살 철이와 다리를 저는 나는 꾸준히 앞을 향해 걷기만 했다. 내 손을 잡은 아이의 손은 차가웠지만 두려워하던 눈빛은 자신감으로 바뀌어 있었다.

뒤쪽에서 공안의 경고음이 점점 위협적으로 울려 퍼졌다. 머릿속에 퍼뜩 그 지옥 같던 북한 수용소가 떠올랐다. 나는 또다시 아들에게 수갑 찬 모습을 보여주는 일은 절대 없을 거라고 다짐했다.

문득 정신을 차려 보니 누군가 철이를 잡아채 어깨에 얹고 철조망을 향해 달리기 시작했다. 그 낯선 이의 팔을 붙잡고 나도 따라 뛰었다. 몇 초? 몇 분? 어쩌면 영원토록?

얼마나 뛰었는지 모르겠다. 분명한 것은 철조망도 경고음도 먼지도 모두 저 멀리 우리 뒤에 떨어져 있다는 사실이었다. 눈앞은 바로 몽골이었다.

그리고 이 남자 주광현은 자기 목숨을 걸고 철이와 나를 구했다. 우리가 달려온 200미터가 끝이 아닌 시작이라는 사실을 그는 알고 있었을까? 기한 없이 평생을 함께할 새로운 여정을 이제 막 시작했다는 사실을?

그리고 삶은 계속된다

우리 이야기는 여기 고비 사막에서 멈춘다. 등 뒤로 죽음의 손길이 바짝 따라붙고 목숨은 지평선 위 신기루처럼 걸려 있는. 생명이 모래에 파묻혀 사라지려는 때 우린 책을 덮어야 한다.

세상은 늘 뒤숭숭하다. 경험해 보지 못한 재해가 일상을 흔들고 각종 사건 사고와 정치인의 추문이 뉴스를 뒤덮는다. 보고 있자니 나도 길을 잃을 것만 같다. 그 많은 소식 중에서 사람의 가치를 다룬 기사는 거의 눈에 띄지 않는다.

기존의 사회 질서를 유지하는 데만 골몰하는 우리에게 타인의 고통과 굴욕은 아무런 자극을 주지 못한다. 고비 사막에서 생명이 스러져가는 현실에 놀랄 사람은 별로 없을 듯하다. 일제강점기와 한국전쟁을 지나며 거칠게 찢긴 가족사에 아무도 관심 갖지 않는 것도 마찬가지다.

사막 너머에서도 삶은 계속된다. 지현은 철이와 자신의 목숨을 구한 남자 주광현과 사랑에 빠진다. 계획대로라면 몽골 사막을 건너 울란바토르에 도착해야 했지만 그러지 못했다. 그들은 다시 중국으로 돌아가 3년을 보낸다. 그사이 둘째 아들을 낳고 미국인 선교사의 주선으로 베이징 국제연합 사무소를 찾아간다.

2008년 1월 28일 영국 히스로 공항에 도착한 네 사람은 정치적 난민 지위를 얻는다. 그리고 맨체스터 인근 마을 베리에 정착한다. 12년이 흐른 지금 철이는 런던에서 대학을 다닌다. 철이와 두 동생은 학교에서 수학을 잘하기로 유명하다. 지현처럼.

야간 영어 수업을 듣기 시작한 지현은 2년이 지난 2010년 중등 과정 졸업 자격시험을 통과하고 바로 인권 운동에 뛰어들어 공식적으로 인권활동가가 된다. 그리고 국제앰네스티가 지현의 삶을 영상으로 만드는 과정에서 나와 만난다. 2015년의 일이다.

어머니의 생사는 알지 못한다. 지현이 아는 건 그저 어머니도 자신처럼 어떤 중국 남자에게 팔려 갔다는 사실뿐이다. 돈 벌러 간다며 남편과 아이들을 두고 떠난 그때 이미 노예 상태였는지도 모른다. 지현은 평생 어머니에게 버림받았다고 느낄 따름이다. 동생 정호는 어떻게 됐는지 모르고 언니와 조카에게서도 아무 소식이 없다. 형부 상철은 심각한 병에 걸렸고 여전히 북한에 남아 있다.

그리고 아버지…… 긴 시간 동안 지현이 어떤 마음으로 아버지를 생각해 왔는지는 '아버지에게' 쓴 편지(188~194쪽)에 고스란히 담겨 있다. 아버지를 버려두고 떠난 자신을 절대 용서하지 못할 거라던 지현.

우리가 만나고 1년 뒤 맨체스터에 있는 지현의 집에 갔을 때, 남편 주광현이 나에게 텃밭에서 갓 딴 부추를 내밀었다. 뿌리에는 아직 축축한 흙이 매달려 있었다. 순간 익숙한 느낌이 들었다.

정情. 외국 친구들이 무슨 뜻인지 알려 달라고 할 때마다 제대로 표현하기 힘들었던 그 감정. 우정 애착 향수 다정함 너그러움…… 모두를 합한 감정이라 설명해도 만족스럽지 않다. 그보단 한 사람이 한 사람에게 느끼는, 자신의 일부를 떼어주지 않고는 못 견딜 만큼 강렬한 친밀감 같은 것이랄까. 겉보기엔 닮은 점 하나 없어도 공통의 유산을 지닌 사람들 사이에선 흐르는 모양이다. 정은.

밖에서 바라보는 북한은 마치 블랙박스 같다. 대체 무슨 일이 일어나는지 그곳에 사는 사람이 아니고선 누구도 정확히 알 수 없으니 말이다. 나는 지현의 눈으로 그 나라를 들여다보며 상상 속 북한과 실제로 경험한 북한이 맞닿는 지점을 포착하려 했다.

인생의 대부분을 기꺼이 세뇌당하며 모범생으로 자랐지만 교사가 된 후에야 그 체제가 얼마나 부조리했는지 깨달은 청년. 아버지를 깊이 사랑했으나 떠날 수밖에 없었던 딸. 어머니와 언니에게 배신당했지만 살아만 있다면 그들을 용서하고 싶은 사람.

나는 지현의 이야기에서 모순된 감정을 하나씩 풀어내며 깨달은 바를 함께 나누길 바랐다. 두 여성의 이야기에 담긴 두 한국의 역사를 기록하며, 북에서도 남에서도 부조리 너머 화합을 향한 깊은 열망이 존재한다는 증거를 보여주고 싶었다.

한국인은 나서서 말하는 편이 아니다. 나도 늘 조용한 편이었다. 프랑스 고등학교 시절 아버지는 여러 차례 선생님에게 이런 말을 들었다. "따님이 너무 내성적입니다. 수업 시간에 좀 더 적극적으로 나서야 합니다."

목소리 큰 사람이 유리한 문화권에서 내향적인 성격은 결함이 된다. 하지만 아버지는 이렇게 대답했다. "선생님, 아시아 문화에서 침묵은 아주 좋은 품성입니다. 저는 우리 딸 이대로가 좋습니다."

마치 마술봉을 휘두른 듯했다. 그 교사 마음에 들지 않는 학생으로 사는 건 전혀 문제 될 일이 아니었다. 아버지 대답에 담긴 교훈은 바로 타인의 판단에 자신을 맞추지 않는 것이었다. 침묵은 엄청난 힘을 지닌다는 사실. 결국 관점의 문제였다. 그 후로 부끄럼 많은 열두 살 소녀는 한 번도 갈 길을 잃지 않았다.

인생은 모험의 연속이라더니, 2019년 프랑스에서 이 책을 처음 출간한 후 나는 갑자기 세간의 주목을 받았고 생각지 못한 일들이 펼쳐졌다. 2020년 1월 25일 저녁 영국에 사는 남북한 출신 140여 명이 참석한 대규모 설날 기념행사가 열렸다. 나는 대한민국 정부 기구인 민주평화통일회의 영국협의회와 함께 행사를 기획했다. 한국어 한국음악 한국 음식…… 한국적인 정취로 가득한 곳에서 우린 그저 한국인으로서 함께하는 행복에 취해 마음껏 울고 웃고 노래하고 춤추었다.

그날 깨달았다. 말하지 않으면 보이지 않을 이 행복의 신호를 세상에 알려야 한다고. 영국의 심장부에서 일어난 '작은 통일'의 현장을 기록해야 한다고.

이듬해 3월 지현과 나는 파리의 한 대학에서 한국 문화를 공부하는 프랑스 학생들을 온라인으로 만났다. 나는 프랑스어를, 지현은 영어를, 학생은 한국어를 썼다. 강렬한 감정이 응축된 얼굴들이 모니터를 바둑판처럼 가득 채웠고 가슴 찡한 반응이 실시간으로 전달되었다. 여러 언어와 문화가 어우러지는 모습에 눈물이 핑 돌았다. 경계 너머에서 평온함을 느낀 순간이었다.

벽이 무너지면 우린 하나가 된다. 밀란 쿤데라가 소설 『향수』에서 말한 "모든 사람이 자기 안에 품고 있는 고향"처럼, 인간을 창조하는 신비한 작업이 펼쳐지는 내밀한 공간은 우리 각자의 내면에 존재한다.

영국에서 지현과 만난 뒤로 나는 오랫동안 회피해 오던 질문을 마주했다. 평생 남한 사람으로 살아온 내가 다른 한국인을 발견한 것이다. 지현도 마찬가지였다. 남한 사람도 북한 사람도 아닌 그냥 한국인이라는 사실을 깨달았다. 그런 각성이 막연한 불편함을 글쓰기로 이끌어주었다.

새로운 시선으로 한국을 바라보며 지현과 나는 목소리를 낸다. 우리의 목소리가 울려 퍼진다. 나란히. 공명하며. 음속으로 날아간다. 각자의 움직임이 서로에게 흔적을 남긴다. 글을 통해 우리는 세상과 새로운 관계를 맺어간다.

지현을 만나고 나서야 알았다. 평화는 남북 정상회담이 아니라 사람과 사람이 만나는 친밀한 공간에서, 소소한 대화로, 함께 보낸 역사와 잃어버린 어린 시절에 대한 그리움을 통해 이루어진다는 것을.

나는 박지현과 만나 대화하는 사이 평화롭게 '통일'을 이루었다. 이 책은 그 역사적인 순간의 기록이다.

채세린

옮긴이가 읽는 이에게

이 책의 원제는 『두 한국 여성Deux Coréennes』이다. 말 그대로 지현과 세린이라는 두 한국인의 실제 삶을 담은 기록물이다. 두 사람이 한국어로 나눈 대화를 바탕으로 하는 이 이야기는 뜻밖에도 프랑스어로 처음 세상에 나왔다. 그런 다음 영어로 다시 쓴 것을 세 번째 한국인인 번역자가 한국어로 옮기고서야 비로소 한국 독자와 만날 수 있게 되었다. 어쩌다 일이 이렇게 복잡해진 걸까?

알다시피 우리가 사는 세계에는 두 개의 한국이 있다. 지난 세기 제국주의의 광풍 속에서 식민통치를 겪은 한반도는 다시 거대한 이념을 앞세운 권력과 열강의 이해관계에 따라 참혹한 전쟁을 겪고 둘로 나뉘었다. 그로부터 70여 년이 지난 지금까지도 남과 북의 시민들은 4킬로미터 남짓한 비무장지대를 사이에 둔 채 세계에서 가장 먼 이웃으로 살고 있다.

세린과 지현은 분단이 서서히 고착화하던 1960년대에 남한과 북한에서 각각 태어났다. 양측이 체제의 우월성을 증명하고자 치열하게 경쟁하는 시기였던 만큼, 두 사람은 어려서부터 마음 깊이 애국심을 키우는 동시에 또 다른 한국의 존재를 부정하고 적대하도록 교육받으며 자랐다. 잠시 할머니 집에서 지내던 시기를 제외하면 태어난 도시를 떠나 살아본 적 없는 북의 지현은 말할 것도 없고, 외교관인 아버지를 따라 해외 여러 나라를 오가며 성장한 남의 세린도 그리 다르지 않았다.

지현이 집 앞 놀이터에서 상상 속 미국놈과 남한의 적군을 무찌르겠다며 나무 막대기를 들고 뛰어다닐 때, 세린은 아프리카의 도로 위에서 마주친 북한 외교관 차량을 두려움과 적개심 품은 시선으로 노려본다. 지현이 학교에서 벅찬 마음으로 원수님의 생애를 공부할 때, 세린은 교내 미술대회에서 빨갱이를 때려잡자는 반공 포스터를 그려 상을 받는다.

그러나 이후 성인이 된 두 사람 앞에 놓인 삶의 경로는 너무나 달랐다. 특히 이야기의 줄기를 이루는 지현의 청년기는 자긍심이 좌절로, 희망이 절망으로 깎여나가는 경험으로 점철되어 있다. 조국을 향한 강렬한 애정을 바탕으로 궁핍해도 성실하게 하루하루 살아가던 지현의 가족은 출신 성분을 앞세운 촘촘한 차별에 부딪혀 좌절하고, 재난 앞에서 인민의 목숨을 지키지 못하는 체제의 한계에 무방비로 노출된다. 1990년대 이른바 '고난의 행군'으로 알려진 시기다.

1960년대까지만 해도 남한을 앞지르며 성장하던 북한 경제는 1970~1980년대를 거치며 점차 기울다 90년대에 이르러 소비에트 연방 붕괴에 수해까지 겹치며 크게 추락하고 말았다. 신념으로는 도저히 버틸 수 없는 위기 속에 수많은 주민이 직장을 집을 목숨을 잃었으며, 위험을 무릅쓰고 국경을 넘어 북한을 탈출하는 사람도 적지 않았다.

어머니의 기막힌 장사 수완에 기대어 살아남으려 분투하던 지현의 가족도 엄혹한 생사의 갈림길에서 하나둘 흩어진다. 지현은 소식이 끊긴 어머니와 동생을 기다리며 홀로 병석에 누운 아버지를 돌보지만, 결국에는 언니 가족의 설득에 못 이겨 아버지를 남겨둔 채 국경을 넘는다.

이렇게 국경을 넘은 사람들은 모두 어디로 갔을까? 대부분은 멀지 않은 중국 연변 일대의 조선족 자치주에 숨어들었지만, 일부는 공안에 붙들려 다시 북으로 송환되거나 남한으로 넘어와 정착했다. 극소수는 국제법상 난민 지위를 획득해 영국, 미국, 일본 등 제3국으로 넘어갔다.

통계에 따르면 북한이탈주민 중에는 유독 여성이 많다. 국경 밖에서는 매매혼이나 노동력 확보를 위해 돈을 주고 여성을 구하는 수요가 높아, 보상을 약속하며 탈북을 유도하고 중개하는 조직이 급격히 늘었던 까닭이다. 심지어 자신을 기다리는 지독한 현실을 모른 채 탈북했다가 인신매매와 성 착취에 내몰렸다고 증언하는 여성도 상당히 많다.

지현도 바로 이런 경우였다. 국경을 넘자마자 믿었던 가족에게 배신당하고 조선족 남성에게 팔려 간 지현은 몇 해 동안 외딴 농장에 고립된 채 노예처럼 노동하고, 낙태를 강요당하는 등 상상하기 힘든 온갖 고통을 겪는다.

하지만 지현은 결국 살아남아 자신과 아이를 지켜내는 데 성공한다. 여러 차례 죽음의 고비를 넘긴 끝에 난민 자격으로 영국에 정착해 새로운 삶을 시작하고, 자기와 같은 고통을 겪는 여성을 돕는 인권운동에 뛰어든다. 그러다 우연히 인터뷰 통역을 하러 온 남한 출신 세린과 만난다.

그 순간이 바로 이 모든 이야기의 출발점이자 도착점이었다. 그토록 증오하던 '또 다른 한국'을 마주한 두 사람은 막연한 두려움에 사로잡히지만, 놀랍게도 서로가 무찔러야 할 적도 때려잡을 빨갱이도 아님을 깨닫는다. 오히려 똑같은 한국인이자 여성으로서, 인간으로서 공감할 수 있는 존재임을 인식하며 서서히 깊은 우정과 연대의 끈을 형성한다. 그리고 4년 후, 세린은 자신의 이야기를 글로 남기고 싶다는 지현의 바람에 따라 '어쩌면 나일 수도 있었을' 지현의 삶을 '자기 자신의 마음 속 언어'인 프랑스어로 기록해 낸다.

1년 전 이 책의 영역본을 처음 받아들 때 나는 심적으로 그리 건강한 상태가 아니었다. 세상을 더 나은 방향으로 변화시키는 것이 정말로 가능한가 하는 회의와 무력감에 빠져 있던 중이라, 책에 담겨 있을 온갖 부조리와 폭력과 좌절을 제대로 바라볼 자신이 없었다. 누군가의 상처와 불행을 통해 세상을 판단하고 분노에 휩싸이는 경험을 더는 하고 싶지 않았다. 기어이 모든 것을 딛고 일어선 용감한 개인의 서사를 칭송할 마음도 남아 있지 않았다.

하지만 책을 펼치고 얼마 지나지 않아, 나를 사로잡고 있던 막연한 두려움과 거부감은 흔적도 없이 사라졌다. 놀랍도록 세밀한 기억력으로 어린 시절부터 자신을 둘러싸고 있던 가족과 이웃의 사소한 일상을 회고해 내는 지현의 이야기에 금세 빠져들고 만 것이다.

세린은 지현의 이야기를 수동적으로 기록하는 데 머물지 않고, 남한 출신인 자신의 생애 경험과 교차시키며 물 흐르듯 하나의 이야기로 재구성한다. 가려진 세계에 사는 사람들이 이루어낸 작고 비밀스러운 승리에서부터 복잡한 욕망과 타락, 실패까지 입체적으로 드러내며 북한의 교육제도 사회문화 등을 자연스레 그려볼 수 있게 해 준다. 덕분에 나는 무거운 사회 고발서가 아니라 한 편의 소설을 읽듯 애틋하고 흥미진진한 마음으로 두 사람의 이야기를 끝까지 경청할 수 있었다. 얼마 후 이 책의 번역 의뢰를 받았을 때는 망설일 이유가 전혀 없었다.

작업 초기에는 툭하면 눈물이 흐르곤 했다. 유년 시절 지현의 세계가 찬란하게 빛날수록 앞으로 닥쳐올 비극이 겹쳐져 괴로웠다. 하지만 작업이 후반부로 넘어가면서 오히려 마음이 차분하고 단단해졌다. 지현이 점점 더 큰 고통과 상처에 빠져들면서도 끝내 버티고 이겨낸 힘이 어디에서 왔는지 알게 되었기 때문이다.

책 속의 지현은 그저 힘없이 배신당하고 착취당하다 도망친 피해자가 아니라, 자기가 배우고 익혀온 세계관 속에서 스스로 판단하고 행동하는 사람이다. 부당한 현실에 저항하고 자신의 선택과 행위를 돌아보며 성찰할 줄 아는 존엄한 인간이다. 그렇기에 세계가 무너져 내리는 절망 속에서도 자기를 잃지 않고 소중한 존재를 지켜낼 수 있었다.

하지만 그런 지현도 혼자서는 목소리를 가질 수 없었다. 영국에 정착한 후로도 아픈 상처와 복잡하게 얽힌 과거를 입 밖에 내지 못하고 침묵하던 지현은 우연히 고통받는 여성의 목소리에 귀를 기울이는 여성들을 만나고서야 비로소 자기 이야기를 꺼낼 수 있었다. 김치를 좋아하고 '정'이라는 감정과 유교적 윤리에 공감하는 또 다른 한국인이자 또래 여성인 세린을 만나고서야 그 이야기를 정갈한 글로 담아낼 수 있었다. 다시, 그 이야기를 한국어로 옮기는 역할을 맡은 나는 한국인이기 전에 폭력과 차별에 반대하는 한 인간으로서 함께 울고 웃으며 손을 보탤 수 있었다.

구술 기록이 가진 힘이 바로 이것이다. 단지 누군가의 처참한 고통을 증언하고 재현하는 일이 아니라, 보이지 않던 존재를 드러내고 들리지 않던 이야기에 목소리를 부여하는 작업이다. 따라서 이 작업을 최종적으로 완결시키는 존재는 지금 이 책을 손에 든 독자다.

더 나은 세상을 만드는 방법이 무엇인지는 앞으로도 쉼 없이 풀어야 할 숙제겠지만, 보이지 않던 존재가 드러나고 들리지 않던 이야기가 목소리를 지니는 세상은 분명 이전보다 나은 세상일 것이다. 우리가 더 많이 귀 기울이고 더 섬세하게 읽어나갈수록 그 세상은 더욱더 나아질 것이다.

자기만의 이야기를 지닌 저자와 작품을 발굴하는 데 한결같이 열정을 쏟는 도서출판 슬로비에 감사의 마음을 전한다.

장상미

옮긴이. **장상미**

대학에서 의류학을 전공하고 대학원에서 시민사회 운동을 공부했다. 번역 자원 활동을 하던 시민단체에서 상근 활동가로 일하며 사회운동 관련 출판번역을 시작했다. 2012년 부터는 '어쩌면사무소'라는 공간을 만들어 운영했고, 거주하던 재개발 지역의 마지막 모습을 담은 독립출판물 『지금은 없는 동네』와 어쩌면사무소의 전후 과정을 기록한 책 『어쩌면 이루어질지도 몰라』를 썼다. 옮긴 책으로 『일하지 않을 권리』 『재난 불평등』 등 이 있다.

가려진 세계를 넘어

**우리는 계속해서
말할 것이다**

2021년 7월 8일 1판 1쇄 펴냄
2022년 10월 21일 1판 2쇄 펴냄

지은이	박지현 채세린
옮긴이	장상미
펴낸이	이미경

편집	이미경
디자인	손지은
제작	올인피앤비

펴낸곳	도서출판 슬로비
	등록 제2013-000148호
	전화 070-4413-3037
	팩스 0303-3447-3037
	이메일 slobbiebook@naver.com
	블로그 blog.naver.com/slobbiebook

ISBN   979-11-87135-20-3(03300)

이 책은 재생지(FSC 인증 종이)를 사용해 환경에
부담이 덜하고, 종이가 다시 종이로 재생될 수 있도록
비닐 코팅을 하지 않았습니다.
책에 상처가 보이더라도 따뜻한 마음으로 안아 주세요.